Gerhard Hartmann
Die Kaiser

Gerhard Hartmann

Die Kaiser

des Heiligen Römischen Reiches

marixverlag

Covergestaltung: Nele Schütz Design, München
nach der Gestaltung von Thomas Jarzina, Köln
Bildnachweis: Corbis, Düsseldorf
Lektorat: Dr. Lenelotte Möller, Speyer
Satz und Bearbeitung: C&H Typo-Grafik, Miesbach
Gesamtherstellung: GGP Media GmbH, Pößneck
Printed in Germany

ISBN: 978-3-86539-938-0

www.marixwissen.de

www.marixverlag.de

INHALT

VORWORT

Die 71 Herrscherbiographien dieses Bandes – von Kaiser Karl dem Großen bis zum letzten österreichischen Kaiser Karl I. bzw. zum Deutschen Kaiser Wilhelm II. – umfassen einen Zeitraum von fast 1200 Jahren, und in ihnen spiegelt sich die Geschichte des »deutschen Mitteleuropas« wider. Dieser Begriff wurde 1982 vom Klagenfurter Historiker Helmut Rumpler eingeführt, um auf die über Jahrhunderte gewachsene historische Zusammengehörigkeit dieses Raums als eigenständige Geschichtslandschaft hinzuweisen und um einen Beitrag zur Lösung der schwierigen Nomenklatur zu leisten, die im Zusammenhang mit dieser »deutschen« Geschichte und den staatlichen Organisationen der einzelnen Reiche steht.

Die Geschichte dieses »deutschen Mitteleuropas« ist mehr als nur eine »deutsche« Geschichte. Denn durch seine an sich nicht unproblematische Zentrallage ergaben sich Wechselwirkungen, Einflussnahmen, Beziehungen usw. im Westen (Frankreich, Benelux-Raum, Burgund), im Süden (»Reichsitalien«), im Osten (Preußen, Polen) sowie durch die Habsburger-Monarchie im Balkanraum. In all diesen Ländern und Gegenden sind bis heute noch Spuren dieses »Kaisertums« bzw. »Reiches« zu finden, etwa die staufischen Bauten in Süditalien oder die allesamt ähnlich aussehenden Bahnhöfe, Theater- und Opernhäuser, Gymnasien und Finanzämter im Gebiet der ehemaligen k. u. k. Monarchie, um nur diese Beispiele zu erwähnen.

Betrachtet man die genealogischen Zusammenhänge dieser Herrscher näher, so verblüfft deren europäische Dimension. Innerhalb des christlichen Abendlandes gab es zwischen den Herrscherfamilien sehr oft wechselweise Verehelichungen, die praktisch dazu führten, dass fast alle hochadeligen Familien verwandt bzw. verschwägert waren. Dieser Umstand hat wesentlich dazu beigetragen, dass man zumindest in der führenden Oberschicht die Einheit des christlichen Europas als persönliche Realität erlebt hat. In den gegenwärtigen Zeiten der zunehmenden europäischen Integration und Globalisierung ist man davon eigentlich noch oder bereits weit davon entfernt.

Aber welchen Namen hatte dieses »Reich«? Der seit der karolingischen Zeit übliche Begriff *regnum Francorum,* Frankenreich, bzw. *regnum Francorum orientalium,* Ostfrankenreich, war bis weit ins 10. Jh., bis in die Zeit der Ottonen hinein, in Verwendung. Im 11. Jh. kam gelegentlich der Begriff *regnum Teutonicum* auf. Die wichtigsten Fürsten des Reiches wählten daher im Hochmittelalter primär einen *rex (Francorum)* auf fränkischem Boden (z. B. Frankfurt/Main), der erst später – aber zuerst nicht zwangsläufig – zum Kaiser gekrönt wurde. Die Wiederherstellung des (west-)römischen Kaisertums, die *translatio imperii,* zuerst mit Kaiser Karl dem Großen und dann dauerhaft mit Kaiser Otto dem Großen war ursprünglich eher auf die Person bzw. auf die Träger der Krone des *regnum Francorum* und nicht so sehr auf dessen geographisch definiertes Reich bezogen. Doch ließ sich in der Folge ein Rückgriff auf die Stadt Rom bzw. auf das alte Römische Reich nicht vermeiden, wie die Geschichte zeigt. So findet sich in einer Urkunde von Kaiser Otto II. aus dem Jahr 982 bereits die Bezeichnung *Romanorum imperator,* Kaiser der Römer. Gegen 1100 (siehe S. 68) entstand der Titel *rex Romanorum,* König der Römer bzw. römischer König, für den von den (Kur-)Fürsten gewählten König. d. h. den *rex Francorum orientalium.* Mit diesem Titel wurde auch der Anspruch des gewählten Königs auf die Kaiserkrönung dokumentiert. Spätestens ab Ks. Ferdinand I., wo automatisch im Augenblick des Regierungsantritts bzw. der Königswahl der Betreffende den Titel Kaiser annahm, wurde der Titel *rex Romanorum* für bereits zu Lebzeiten eines Kaisers und als dessen Nachfolger gewählte und gekrönte Könige verwendet, die dann beim Tod ihres Vorgängers, in der Regel der Vater oder ein anderer naher Verwandter, automatisch Kaiser wurden. Letztmalig gab es den Titel *Roi de Rome* für den Sohn Kaiser Napoleons I., den späteren Herzog von Reichstadt. Den Titel »deutscher König« gab es nicht, und der Titel »deutscher Kaiser« war erst gegen Ende des Heiligen Römischen Reiches umgangssprachlich in Gebrauch. Die Begriffe römisch-deutscher König bzw. Kaiser haben sich seit einiger Zeit in historischen Darstellungen der Einfachheit für den Leser halber durchgesetzt.

Die ursprüngliche sakrale, ja sogar sakramentale Ausstrahlung des Kaisertums verblasste zur Zeit der Salier im Zuge der Auseinandersetzungen zwischen Papst und Kaiser zunehmend, so dass unter Kaiser Friedrich I. Barbarossa der Begriff *sacrum imperium* quasi als Ersatz eingeführt wurde. Aus dem Jahr 1254 ist erstmals der Begriff *Sacrum Romanum Imperium,* Heiliges Römisches Reich, abgekürzt *S. R. I.*, belegt, der dann ab Kaiser Karl IV. regelmäßig verwendet wurde. Mitte des 15. Jh. tauchte dann der Zusatzbegriff *nationis Germanicae,* deutscher Nation, auch in offiziellen Dokumenten auf. Ab dem 17. Jh. ist gelegentlich vom Deutschen Reich die Rede. Der Begriff Deutschland wird erst richtig im 19. Jh. gebräuchlich (siehe z. B. das »Deutschlandlied«). Historisch-retrospektiv wird aber gemeinhin als Heiliges Römisches Reich jenes staatliche Gebilde bezeichnet, das mit der Kaiserkrönung Karls des Großen seinen Anfang nahm und was sich mit der geographischen Herausbildung des Ostfrankenreichs ab ca. 900 fortsetzte. Als durchaus machtvolles Reich hat es eigentlich erst mit Kaiser Otto I. richtig Bestand. Ab dem 13. Jh. beginnt der Prozess der Zurückdrängung der Königs- bzw. Kaisergewalt im Reich, das spätestens ab 1648 zu einem eigenen, souveränen Handeln kaum mehr fähig war und im Zuge des Umbruchs in der Napoleonischen Zeit im Jahr 1806 aufgelöst wurde.

In diesem Band werden alle jene Herrscher behandelt, die ab der Wiederbegründung des (west-)römischen Kaisertums im Jahre 800 diese Krone getragen haben; darüber hinaus auch alle ostfränkischen und dann in der Folge römisch-deutschen Könige (*rex Romanorum*), die keine Kaiser waren. Sinnvollerweise wird diese Reihe mit den jeweils drei österreichischen sowie Deutschen Kaisern ergänzt.

Der Ansatz, aus dem Blickwinkel des jeweiligen Herrschers die Geschichte eines bestimmten Raums bzw. einer Epoche zu beschreiben, ist durchaus legitim, denn der Monarch bestimmte früher zumindest die »Richtlinien der Politik«, und nicht selten mischte er sich auch in Detailfragen ein. Mit der zunehmenden Partizipation weiterer Kreise an der politischen Willensbildung traten seine Gestaltungsmöglichkeiten zurück. Aber für den Zeitraum bis 1918 besaßen die Monarchen trotz des im 19. Jh. beginnenden Konstitutionalismus und Parlamentarismus immer noch einen entsprechenden Einfluss, vor allem mit ihrer Prärogative in der Außen- und Sicherheitspolitik. Politische Prozesse wurden und werden immer von politisch handelnden Personen angestoßen, beeinflusst und gestaltet. Diese dann aus deren Perspektive zu beschreiben, ist insofern nicht nur angemessen, sondern auch faszinierend.

So möge dieser Band auch dazu beitragen, beim Leser bzw. der Leserin Verständnis für die historische Entwicklung der europäischen Mitte zu wecken, um damit vielleicht die gegenwärtigen politischen Gegebenheiten und Prozesse in Europa allgemein, sowie besonders im deutschen Sprachraum, aus der historischen Genese heraus verstehen zu können.

Kevelaer, im Jahr 2007, am Fest des hl. Markgrafen Leopold III. von Österreich, mit dem in zweiter Ehe Agnes, Tochter Kaiser Heinrichs IV., Mutter König Konrads III. und Großmutter Kaiser Friedrichs I. Barbarossa, verheiratet war.

DIE HERRSCHER DER KAROLINGERZEIT (800–911)

Gegen Ende des Weströmischen Reiches setzte jene Periode ein, die als Völkerwanderung bezeichnet wird. Diese betraf im besondern Maße die germanischen Stämme, die hauptsächlich vom Ostseeraum kommend nach Süden und Westen vorstießen. Einer dieser Stämme, die Franken, drang bereits im 4. Jh. nach Nordostgallien vor und bildete dort im 5. Jh. unter Kg. Childerich I. († 482) ein selbständiges Reich. Dessen Sohn Chlodwig I. (466–511; Chlodowech = Ludwig, frz. *Clovis*) konnte sich als Alleinherrscher der Franken durchsetzen. Am Weihnachtstag des Jahres 498 ließ er sich von Bischof Remigius (436–533) in Reims taufen.

Nach Chlodwigs Tod wurde das Reich unter seinen Söhnen bzw. deren Nachfahren in verschiedenen Varianten geteilt. Ab 558 unter Kg. Chlothar I. (498–561) war es dann wiederum vereint, wobei die drei Reichsteile (Neustrien, Austrien und Burgund) unter der Verwaltung von Hausmaiern (*maior domus*) bestehen blieben. Unter diesen gewann das Adelsgeschlecht der Pippiniden immer mehr an Bedeutung, die dann in der Folge die Macht der Merowingerkönige zurückdrängen konnten. Karl Martell (686–741), Sohn Pippins II. (635–714), konnte sich als Hausmaier schließlich im gesamten Frankenreich durchsetzen und mit seinem Sieg über die Mauren 732 bei Tours und Poitiers die islamische Gefahr bannen.

Dessen Sohn Pippin III. der Jüngere (oder auch der Kleine oder der Kurze genannt) (714–768) erreichte 751 bei Papst Zacharias (741–752), dass nun er zum Kg. der Franken erhoben werde und der letzte merowingische Schattenkönig Childerich III. (720–755) ins Kloster gehen müsse.

Aufgrund von Schwierigkeiten mit den in Norditalien siedelnden und herrschenden Langobarden begab sich Papst Stephan II. (752–757) im Oktober 753 ins Frankenreich und erbat von Pippin Schutz und Hilfe. Dieser versprach gleichzeitig dem

Papst auch Gebiete in Mittelitalien (sog. Pippinsche Schenkung), dafür verlieh dieser Kg. Pippin den Titel *Patricius Romanus*, Schutzherr über die westliche Kirche. In zwei Feldzügen 754 und 756 wurde das Langobardenreich unterworfen und musste die Oberhoheit des fränkischen Königs anerkennen. Damit wurde der Grundstein für das oberitalienische »Reichsitalien« gelegt, d. h. in der Folge die Zugehörigkeit dieses Raumes zum Heiligen Römischen Reich. Dieser »deutsche« Einfluss in Oberitalien endete letztlich erst 1859/1866, als Österreich das Königreich Lombardei-Venetien abtreten musste. Der Papst erhielt damals die versprochenen Gebiete in Mittelitalien und legte damit den Grundstein des bis 1870 existierenden Kirchenstaats.

Gegen Ende der Regierungszeit Pippins umfasste das Frankenreich das Gebiet des heutigen Frankreich und der Benelux-Staaten und reichte im Nordosten bis an den Rhein, im Südwesten bis an den Lech (Herzogtum Alemannien), in der Mitte bis in das Gebiet von Hessen und Thüringen. Die »älteren« Stammesherzogtümer Bayern und Sachsen waren damals noch unabhängig.

Kaiser Karl I. der Grosse (768/800–814)

Ks. Karl der Große wurde am 2. April 747 oder 748 geboren (Ort unbekannt). Seine Eltern waren Kg. Pippin III. der Jüngere (714–768) und Bertrada (um 725–783). Für Karl sind vier Ehefrauen und fünf Konkubinen bezeugt, deren Namen nicht mehr alle bekannt sind. Zu den bekannten zählt Hildegard (758–783), Tochter des fränkischen Gf. Gerold, die Karl um 771 ehelichte. Mit diesen Ehefrauen und Konkubinen (»Friedelehen«, darüber S. 29) sind 18 Kinder belegt, darunter Kg. Pippin der Bucklige (um 770–811), Kg. Karl (772/73–811), Kg. Karlmann (später Pippin genannt) (777–810) und der Ks. Ludwig der Fromme (siehe unten).

9. 10. 768	fränkischer Teil-Kg.
Dez. 771	Alleinherrscher des Frankenreichs
Juni 774	Kg. der Langobarden

25. 12. 800	Kaiserkrönung in Rom, St. Peter, durch Papst Leo III. (795–816)
28. 1. 814	Tod in Aachen, Beisetzung im dortigen Dom
1165	Heiligsprechung durch Gegenpapst Paschalis III. (1164–1168)

Über die Kindheit und Jugend Karls des Großen gibt es keine sicheren Nachrichten. Der Vater Kg. Pippin der Jüngere dürfte seine beiden Söhne Karl und Karlmann (751–771) gleich behandelt und beabsichtigt haben, das Frankenreich unter ihnen aufzuteilen. Bei dessen Tod 768 wurden Karl und Karlmann fränkische Teil-Könige, und es zeigte sich bald, dass sowohl Karl als auch seine Mutter Bertrada Karlmann ausmanövrieren wollten. Mit dem plötzlichen Tod Karlmanns 771 veränderte sich die politische Lage, und es gelang Karl in der Folge rasch und endgültig, die Erbfolge in seinem Sinne und gegen die unmündigen Kinder Karlmanns zu lösen.

Karls des Großen gesamte Regierungszeit war von Kriegen geprägt. Der erste Feldzug galt den Langobarden, wohin die Witwe Kg. Karlmanns mit ihren Kindern geflohen war. 774 nahm Karl den Titel eines »Königs der Franken und Langobarden« an, 776 konnte die fränkische Herrschaft in Oberitalien gesichert werden, und nach weiteren Italienzügen 780/81 wurde das Langobardenreich nach fränkische Muster umorganisiert.

778 unternahm Karl einen Feldzug in das Gebiet südlich der Pyrenäen, das von den Mauren beherrscht war. Im August 778 kam es auf dem Rückmarsch in den Pyrenäen zur Katastrophe, als die Nachhut in Roncesvalles (nordöstlich von Pamplona) von den Basken überfallen und vollkommen vernichtet wurde. Das Rolandslied (Hruodland, Graf der Bretonischen Mark) hat diese Niederlage im Gedächtnis der Nachwelt erhalten. Erst 801 konnte Karls Sohn Ludwig das Gebiet bis zum Ebro erobern und die Spanische Mark errichten.

Für die weitere Geschichte des »deutschen Mitteleuropas« waren aber zwei andere Eroberungen wichtiger. Ohne Krieg konnte Bayern an das Frankenreich angegliedert werden. Es gelang, Herzog Tassilo III. (741–796) politisch zu isolieren, und er legte wie schon 757 im Jahr 787 neuerlich den Vasalleneid auf Karl ab. Unter dem Vorwurf, er hätte mit den Awaren paktiert, wurde er 788 gefangen genommen. Bayern kam unter die Leitung eines Präfekten, blieb aber als politische Einheit bestehen. Trotzdem war dies das Ende dieses »älteren Stammesherzogtums«. Da die Awaren ab diesem Jahr aus Pannonien kommend nach Bayern und Italien vorstießen, unternahm Karl 791 gegen diese seinen ersten Zug, der aber erfolglos blieb. Um – man würde heute sagen – die »logistischen« Voraussetzungen für weitere Awarenzüge zu haben, versuchte Karl, zwischen Main und Donau einen Kanal zu errichten, was jedoch aufgrund der damals mangelnden technischen Möglichkeiten alsbald scheiterte.

Bei weiteren Awarenzügen in den Jahren 795 und 803 gelang die endgültige Unterwerfung. 796 wurde die vorerst noch nicht dauerhafte bayrische Ostmark (östlich der Enns) errichtet. In diesem Zusammenhang entstand Karls Ansehen bei den slawischen Völkern Ostmitteleuropas, so dass in Abwandlung seines Namens Karl zum Begriff Herrscher bzw. König wurde (z. B. Krol, Král im Tschechischen, Király im Ungarischen).

Die zweite Eroberung betraf Sachsen. Abgesehen von Grenzkriegen, die es schon früher gegeben hatte, gab es zwischen 772 bis 785 und von 792 bis 804 mehrere Sachsenzüge bzw. Kriege, insgesamt also rund 25 Jahre. Karl der Große plante zum Unterschied zu seinen Vorfahren, ganz Sachsen zu unterwerfen und es durch die Christianisierung dem Frankenreich einzuverleiben. 772 rückte er mit einem Heer in das Gebiet von Engern (südlich von Paderborn). Die Eresburg wurde genommen, und die Irminsul, ein gewaltiger Baumstamm in einem heiligen Hain, wurde zerstört. Das stachelte die Sachsen 773/774 zum Gegenschlag auf. Doch der sächsische Adel war bereit, sich den Franken zu unterwerfen, womit die Einverleibung Sachsens möglich schien. 776 kam es in diesem Zusammenhang zu einer erzwungenen Massentaufe in Lippspringe. Ab nun wurde der Widerstand gegen die fränkische Fremdherrschaft und die Christianisierung von den freien Bauern unter der Führung des Adeligen Widukind (743–807) getragen. Dieser drang bis zum Rhein und bis nach Fulda vor. Im Gegenzug errichteten die Franken zahlreiche Stützpunkte in Sachsen, führten 782 die fränkische Grafschaftsverfassung ein und schafften die sächsische Verfassung ab.

Die Folge war ein heftiger Aufstand, Priester wurden erschlagen oder vertrieben, und ein fränkische Heer wurde 783 vernichtet. Karl musste nun selber eingreifen. Das sächsische Hauptheer wurde umzingelt, doch Widukind konnte entkommen. Bei Verden an der Aller wurden die Rädelsführer enthauptet, es wird von 4500 berichtet, was übertrieben sein dürfte. An dieser Episode hat sich später heftige Kritik an Karl entzündet (»Sachsenschlächter«).

Von der steten Festigkeit Karls bzw. der Franken gegenüber Sachsen beeindruckt kam der Sachsenführer Widukind 785 in die königliche Pfalz Attigny (Nordfrankreich) und ließ sich zusammen mit seinen engsten Gefährten taufen. Über sein weiteres Leben herrscht Ungewissheit. Ein letztes sächsisches Aufbäumen gab es noch in den Jahren 793 und 797. Dabei wurde die Pfalz Paderborn zerstört.

Nach den Eroberungen in Italien, Nordostspanien, Bayern und Pannonien (Pannonische Mark) sowie in Sachsen mit der Oberherrschaft über die slawischen Stämme östlich der Elbe war Karl der Große – mit Ausnahme des Kaisers in Konstantinopel – der mächtigste Herrscher der damals bekannten Welt, dessen Reich ca. 1 Million qkm umfasste. Es wunderte daher nicht, dass nach den Siegen über die Sachsen und Awaren von Karl bereits als *imperator* gesprochen wurde.

Im Jahr 799 wurde Papst Leo III. während einer Prozession in Rom gefangengenommen. Es gelang ihm aber, zu Karl nach Paderborn zu fliehen, der ihn mit sicherem Geleit nach Rom zurückbringen ließ. Nachdem Karl am Beginn seines Romzuges im Jahr 800 bereits mit kaiserlichen Ehren empfangen worden war, konnte es kaum überraschend sein, dass der Papst ihm während der Weihnachtsmesse die Kaiserkrone aufs Haupt setzte. Karls späterer Biograph Einhard (um 770–840) behauptet zwar, dass Karl nicht in die Kirche gegangen wäre, wenn er gewusst hätte, dass er zum Kaiser gekrönt würde. Doch ist zu bezweifeln, ob diese Aussage Karls tatsächlich seine Stimmung an diesem Tag wiedergegeben hat.

Die in der Folge dieser Krönung aufgetretenen Probleme und Auseinandersetzungen mit dem oströmischen Kaisertum in Byzanz endeten 812 mit dem Austausch von Friedensurkunden (Vertrag von Aachen), die einer gegenseitigen Anerkennung gleichkamen. Beachtenswert sind auch Karls Versuche, mit der muslimischen Welt in Kontakt zu treten. Zwei Gesandtschaften reisten 798 und 802 nach Bagdad zum Kalifen Harun ar-Raschid (um 763–809). Sie brachten einen Elefanten ins Frankenreich mit, der dort noch rund zehn Jahre lebte. Die zweite Gesandtschaft erreichte es auch, dass Karl die Verfügungsgewalt über das Grab Christi und den Schutz über die Pilger erhielt.

In der Regierungszeit Karls des Großen und seines Vaters Pippin als fränkischen Könige – also in der Zeit von 751 bis 814 – wurde die kirchliche Grundstruktur Deutschlands wesentlich ausgebaut. Dieser Prozess begann mit dem päpstlichen Missionsauftrag an den Angelsachsen Bonifatius/Winfried (672–754) im Jahr 719. Bis zu diesem Zeitpunkt hatte es im deutschen Sprachraum das teilweise bis in die Spätantike zurückreichende Erzbistum Trier sowie die Bistümer Köln, Mainz, Chur, Konstanz, Straßburg, Basel, Metz, Worms, Speyer und Säben (später nach Brixen verlegt) gegeben. Es handelte sich dabei praktisch nur um linksrheinische Bistümer, die im Lauf der Völkerwanderung ein oft wechselhaftes Schicksal erlebten. Im Jahr 739 wurden nun von Bonifatius die bayerischen Bistümer Salzburg, Regensburg, Freising und Passau errichtet. 742 wurden die Bistümer Würzburg und Erfurt (später mit Mainz vereinigt) gegründet. 777, 785 und 798 wurden Mainz, Köln und Salzburg zu Erzbistümern erhoben. 787 wurde das Bistum Bremen errichtet (864 mit dem Erzbistum Hamburg vereint), es folgten 799 Paderborn und Minden (in der Reformation untergegangen), 800 Osnabrück, 804 Halberstadt (in der Reformation untergegangen) und 805 Münster. Damit gab es im heutigen deutschsprachigen Gebiet des Frankenreiches zum Zeitpunkt Karls des Großen vier Kirchenprovinzen, wobei sich Mainz zweifelsohne als die bedeutendste zu entwickeln begann.

Ziel der fränkischen Karolinger schon vor Karl dem Großen war die Zurückdrängung, Abschaffung bzw. Einverleibung der »älteren Stammesherzogtümer« östlich des Rheins und die Errichtung einer fränkischen Grafschaftsverfassung an deren Stelle. Diese zentralistisch ausgerichtete Struktur, die auf die Hilfe eines Reichsadels baute, konnte zwar im Westen des Frankenreichs mehr oder minder durchgesetzt werden, nicht jedoch östlich des Rheins, wo sich noch erkennbare Reste dieser Herzogtümer erhalten und ab Anfang des 10. Jh. wieder entfalten konnten.

Karl der Große hatte in seiner Kindheit und Jugend wahrscheinlich keine adäquate Ausbildung genossen, bemühte sich aber später, diese nachzuholen und war lernbegierig. So versuchte er noch im Alter, Lesen und Schreiben zu lernen, und holte bedeutende Gelehrte an seinen Hof in Aachen, das er als Rom des Nordens betrachtete und ausbaute. Mit dem Namen Karls des Großen ist auch eine Reform der Schrift verbunden. Unsere heutige Druckschrift geht im Wesentlichen auf die karolingische Minuskel, die damals entwickelt wurde, zurück.

Betrachtet man eingangs dieser Biographie das Eheleben Karls des Großen, wird man schwer eine Übereinstimmung mit der katholischen Lehre finden können. Noch waren nämlich verschiedene germanische Vorstellungen (»Friedelehe«, siehe unten S. 29) präsent. Diese »unregelmäßigen Zustände« (Konkubinate) des Kaisers haben nach dessen Tod Kritik hervorgerufen. 18 Kinder sind namentlich bezeugt, es dürften aber weitaus mehr gewesen sein, so dass in neuerer Zeit die Ansicht besteht, dass ein großer Teil der Deutschen (und Österreicher) in sich die Gene Karls des Großen tragen dürften.

Wegen seiner zahlreichen erbberechtigten Söhne hatte Karl im Jahr 806 bestimmt, dass das Frankenreich, in mehrere Teilreiche aufgeteilt werden sollte. Wäre dies passiert, dann hätte die Reichsidee Karls schon relativ früh ein Ende gefunden. Doch es kam vorerst nicht so, denn seine drei ältesten Söhne, Pippin der Bucklige, Karl und Karlmann, starben alle um 810/811, so dass sich als einziger Erbe sein viertältester Sohn Ludwig durchsetzen konnte.

Relativ bald nach dem Tode Ks. Karls begann seine Heroisierung. Nach 70 Jahren erhielt er den Beinamen *Magnus*, »der Große«. Die Biographie Einhards sorgte dafür, dass das Bild Karls, so wie er es sah, der Nachwelt überliefert wurde. Deutschland und Frankreich (*charlemagne*) berufen sich auf ihn als »Ur-Monarchen«. Die jeweilige Kaiser- bzw. Königszählung beginnt mit Ks. Karl I. dem Großen, sie endet in Deutschland mit dem Wittelsbacher Ks. Karl VII. (siehe S. 163) und in Frankreich mit dem Bourbonen Kg. Karl X. (1757–1836).

Im Jahr 1165 wurde Karl der Große von Gegenpapst Paschalis III. auf Ersuchen Ks. Friedrichs I. Barbarossa (siehe S. 81) heilig gesprochen. Diese Kanonisation ist kirchenrechtlich nicht als vollgültig anzusehen, so dass seine Verehrung bzw. sein Kult auf den Aachener Raum beschränkt bleibt.

Einer Sage zufolge soll Karl der Große im Untersberg, zwischen Salzburg und Berchtesgaden, auf die Auferstehung warten. Alle hundert Jahre soll er aufwachen, und wenn er sieht, dass noch immer die Raben um den Berg fliegen, dann schläft er ein weiteres Jahrhundert. Eine ähnliche Sage gibt es auch für Kaiser Friedrich I. Barbarossa (siehe S. 83).

Während in den dreißiger Jahren des letzten Jahrhunderts Karl in Deutschland als »undeutscher« Herrscher abgewertet wurde, erlebte er nach 1945 eine idealisierte Renaissance im Zuge der Gründung der EWG 1957. In der Tat machte die damalige Sechsergemeinschaft (Frankreich, Deutschland, Italien, Beneluxstaaten) einen Gebietsumfang aus, der dem Reich Karls des Großen nicht unähnlich war. Auch wenn es historisch-kritisch sehr schwer ist, Karl für die europäische Integration als Vorbild zu instrumentalisieren, so ist dieser historische Rückgriff für die europäische Identitätsfindung doch durchaus von symbolischem Wert.

Kaiser Ludwig I. der Fromme (814–840)

Ks. Ludwig I. der Fromme (*Hludowicus Pius*; in Frankreich *Louis le Débonnaire*, der Gutmütige, genannt) wurde am 16. 4. 778 in Chasseneuil bei Poitiers (Aquitanien) geboren. Seine Eltern waren Ks. Karl der Große und Hildegard (siehe oben). Er war zweimal verheiratet: ab 794 mit Ermengard († 818), einer Tochter des fränkischen Gf. Ingram, und ab 819 mit Judith († 843), einer Tochter des schwäbischen Gf. Wulf. Er hatte neun Kinder, darunter Ks. Lothar I. (siehe unten), Kg. Pippin (um 797–838), Kg. Ludwig den Deutschen (siehe unten) und Ks. Karl II. den Kahlen (siehe unten).

15. 4. 781 Salbung in Rom zum Unter-Kg. von Aquitanien durch Papst Hadrian I. (772–795)

11. 9. 813	Krönung in Aachen von zum Mit-Ks. durch Ks. Karl I.
28. 1. 814	Regierungsübernahme im Frankenreich nach dem Tod seines Vaters Ks. Karl I.
816	Kaiserkrönung in Reims durch Papst Stephan IV. (816/17)
30. 6. 833– 1. 3. 834	als Ks. abgesetzt
20. 6. 840	Tod auf einer Rheininsel bei Ingelheim; Beisetzung in der Kathedrale St. Arnulf in Metz

Kurz vor Karls des Großen Tod wurde Ludwig als fränkischer Alleinherrscher durch die Kaiserkrönung legitimiert. Ludwig war von einem etwas anderen Charakter als sein Vater. So war er von persönlicher Frömmigkeit geprägt, was sich auf seine Stellung gegenüber der Kirche auswirkte und zu seinem Beinamen »der Fromme« (*Pius*) führte.

Die Regierung Ludwigs war von innerer Konsolidierung gekennzeichnet und nicht von einer weiteren Ausdehnung des Reiches, das vorläufig an seine Grenzen gestoßen war. Dort kam es anfänglich auch zu Kriegen gegen die Dänen, die Sorben und die Basken. 817/818 begann die normannische Bedrohung. Die »Nordmänner« fuhren mit den Schiffen plündernd die Loire und die Elbe aufwärts und wurden im Verlauf des 9. Jh. die gefährlichsten Gegner des Frankenreiches. Im Süden bedrängten wiederum die Sarazenen die Spanische Mark, die sie zurückerobern wollten.

Im Innern entfaltete Ks. Ludwig in den ersten Jahren seiner Regierung intensive Tätigkeiten, um das von Benedikt von Aniane (vor 750–821) und Helisachar († 820) formulierte Regierungsprogramm einer »Erneuerung des Frankenreichs« (*Renovatio regni Francorum*) umzusetzen. Die Verwaltung wurde verbessert (Intensivierung der Grafschaftsverfassung und der »Königsboten« – *missi dominici*). Benedikt von Aniane initiierte auch die beiden Reichssynoden 816 und 817 in Aachen, in denen das Klosterleben reformiert wurde. 817 wurde dabei auch die Nachfolge geregelt (*Ordinatio imperii*). Danach sollte Ludwigs ältester Sohn Lothar die Gesamtnachfolge antreten, dessen jüngere Brüder aber nur abhängige Teilherrschaften bekommen.

Weil er in dieser Thronfolge nicht berücksichtigt wurde, rebellierte Bernhard (797–818), Kg. von Italien, Sohn von Ludwigs Bruder Karlmann. Dieser Aufstand wurde niedergeschlagen, und Bernhard wurde geblendet und starb an den Folgen der Verletzung.

Nach dem Tod seiner ersten Frau heiratete Ludwig 819 die Welfin Judith, die einen Sohn gebar, den späteren Ks. Karl den Kahlen. Judith setzte nun alles daran, diesen in die Nachfolgeordnung Ludwigs einzubinden. Im Klartext bedeutete dies die Umstoßung der Thronfolgeregelung von 817. In diesem zeitlichen Umfeld und Zusammenhang gab es auch Revirements am Hof sowie andere Ereignisse, die 830 zu einer Revolte führten. Deren Drahtzieher nahmen auch zu den älteren Söhnen des Kaisers, Lothar und Pippin, Kontakt auf. Diese Revolte endete zwar unblutig, doch war damit die Krise noch nicht überwunden. Im Jahr 833 kam es wiederum zu Aufstandsbewegungen, in deren Verlauf Ks. Ludwig gefangen und abgesetzt wurde. Seine Anhänger widersetzten sich dem, so dass es 835 zu einer Wiedereinsetzung Ludwigs kam.

Nachdem Pippin, der zweitälteste Sohn Ludwigs, Ende 838 gestorben war, kam es 839 durch eine Initiative Judiths auf dem Reichstag zu Worms zur Versöhnung zwischen Ks. Ludwig und seinem ältesten Sohn Lothar. Die Folge davon war, dass das Reich zwischen diesem und Karl, dem Sohn Ks. Ludwigs aus der Ehe mit Judith, aufgeteilt wurde. Die Maas sollte die Grenze zwischen den Reichen Lothars und Karls bilden, und der dritte Bruder, Ludwig der Deutsche, sollte auf sein Unterkönigtum Bayern beschränkt bleiben.

In der Regierungszeit Ludwigs des Frommen wurde der Ausbau der kirchlichen Organisation fortgeführt. Im Jahr 815 wurde das Bistum Hildesheim gegründet, im folgenden Jahr das Bistum Verden (in der Reformation untergegangen) und im Jahr 831 das Erzbistum Hamburg errichtet (in der Reformation untergegangen, wiederbegründet 1995).

Als Ludwig starb, ging die Einheit des Frankenreichs zu Ende, daher ist die Periode der nun folgenden 60 Jahre nicht leicht zu strukturieren. Ab 887 entwickelten sich in der Folge endgültig aus dem Westfrankenreich Frankreich und aus dem Ostfrankenreich das spätere Heilige Römische Reich. Damit verbunden war auch die Herausbildung der Sprachgrenze zwischen Französisch und (Althoch-)Deutsch, die um die Jahrtausendwende abgeschlossen war.

Beschränkt man sich bei der folgenden Herrscherdarstellung nur auf die Träger der Kaiserkrone, wird man diese Zeitepoche nie gänzlich behandeln können, weil es keine klare Abfolge von Kaisern gegeben hat. Beschränkt man sich aber nur auf die Herrscher des Ostfrankenreiches, dann hat man zwar dort eine solche ununterbrochene Reihenfolge, aber nicht alle Amtsinhaber waren auch Kaiser.

In der folgenden Darstellung bis 911 werden die Repräsentanten der kaiserlichen Linie mit denen der königlichen Ostfränkischen Linie in zeitlicher Abfolge gemischt behandelt.

Kaiserliche Linie		*Königliche Linie gesamtes Frankenreich bzw. Ostfrankenreich*	
800–814	Karl I. der Große	771–814	Ks. Karl I. der Große
814–840	Ludwig I. der Fromme	814–840	Ks. Ludwig I. der Fromme
840–855	Lothar I.	840–876	Kg. Ludwig (II.) der Deutsche
855–875	Ludwig II., Kg. der Langobarden bzw. Italiens		
875–877	Karl II. der Kahle, Kg. von Westfranken	876–882	Kg. Ludwig (III.) der Jüngere
882–887	Karl III. der Dicke, Kg. von Ost- und Westfranken	882–887	Ks. Karl III. der Dicke
887–899	Arnulf von Kärnten	887–899	Ks. Arnulf von Kärnten
		900–911	Kg. Ludwig (IV.) das Kind

Kaiser Lothar I.

(840–855)

Ks. Lothar I. wurde 795 geboren (Datum und Ort unbekannt). Seine Eltern waren Ks. Ludwig der Fromme und Ermengard (siehe oben). Er ehelichte 821 Ermengard († 851), eine Tochter des Gf. Hugo von Tours. Er hatte neun Kinder, darunter Ks. Ludwig II. (siehe unten), Kg. Lothar II. (siehe unten) und Kg. Karl von Burgund (845–863).

1. 8. 814	Unter-Kg. in Bayern
Juli 817	Mit-Ks.
822–825 u. 829–840	Herrscher in Italien
Ostern 823	Kaiserkrönung in Rom durch Papst Paschalis I. (817–824)
30. 6. 833–1. 3. 834	Ks. infolge zeitweiliger Abdankung seines Vaters Ludwigs des Frommen
20. 6. 840	Ks. nach dem Tod Ludwigs
Sept. 855	Abdankung
29. 9. 855	Tod Ks. Lothars I. im Kloster Prüm (Eifel); Beisetzung ebendort

Nach dem Tod Ks. Ludwigs I. beanspruchte Lothar I. seine vollen Rechte als Kaiser, wie es in der *Ordinatio imperii* festgelegt war. Das führte zwangsläufig zum Konflikt mit seinen Brüdern Ludwig dem Deutschen und Karl dem Kahlen (beide siehe unten), die sich verbündeten. In der Schlacht von Fontenoy (südwestlich von Auxerre, Burgund) am 25. 6. 841 besiegten sie Lothar. In Diedenhofen (Thionville; Lothringen) kam es zu einem vorläufigen Frieden zwischen den Brüdern. Im August 843 wurde im Vertrag von Verdun das Frankenreich endgültig aufgeteilt, obwohl die ideelle Einheit des Reiches fortbestand.

Lothar erhielt das Mittelreich, das sich von der Nordsee zwischen Schelde, Rhein und Maas bis nach Italien erstreckte. Aachen und Rom waren die beiden Hauptstädte. Außerdem behielt er die Kaiserwürde. Da er sich hauptsächlich nördlich der Alpen aufhielt, übertrug er die Regierung in Italien seinem Sohn, dem späteren Ks. Ludwig II. Die Provence wurde seinem anderen Sohn Karl zugeteilt. Karl der Kahle herrschte über das Westfrankenreich, Ludwig der Deutsche über das Ostfrankenreich.

Während sich Ks. Lothar I. hauptsächlich in Aachen aufhielt, verwüsteten die Araber 848 seine süditalienischen Provinzen, und die Normannen plünderten die Nordseeküste. Im Inneren war Lothar ein schwacher Herrscher. Das führte dazu, dass sein Bild in der Geschichte eher negativ dasteht. Schwerkrank teilte er kurz vor seinem Tod im September 855 sein Herrschaftsgebiet unter seinen Söhnen auf. Bereits früher erhielten Ludwig Italien und Karl die Provence und Burgund, während Lothar II. (siehe S. 28) im nördlichen Mittelreich regieren sollte. Mit dieser Maßnahme zersplitterte er das Mittelreich und verhinderte so im Gegensatz zum Westreich und Ostreich eine eigene politische Entwicklung. Vor allem der nördliche Teil blieb in seinen sprachlichen Grenzen unscharf und wurde später zum Zankapfel zwischen Deutschland und Frankreich, eine Situation, die letztlich erst 1945 beendet wurde. Lothar I. zog sich schließlich in die Abtei Prüm (Eifel, nördlich von Trier) zurück, wo er am 29. 9. 855 starb.

Kaiser Ludwig II.

(850/55–875)

Ks. Ludwig II. wurde wahrscheinlich im Jahr 825 geboren (Datum und Ort unbekannt). Seine Eltern waren Ks. Lothar I. und Ermengard (siehe oben). Er ehelichte 852/53 Angilberga/ Engelberga, (um 835–896/901), eine Tochter des Gf. Adelgius von Parma von fränkischer Herkunft. Er hatte zwei Töchter, darunter Ermengard (852/855–896), der späteren Ehefrau von Boso von Vienne († 887), Kg. von Niederburgund/Provence.

839/40	Titular-Kg. von Italien
15. 6. 844	Krönung zum Kg. der Langobarden durch Papst Sergius II. (844–847)

6. 4. 850	Krönung in Rom zum Mit-Ks. durch Papst Leo IV. (847–855)
Sept. 855	Ks. nach Abdankung seines Vaters Ks. Lothars I.
872	erneute Kaiserkrönung durch Papst Hadrian II. (867–872)
12. 8. 875	Tod Ks. Ludwigs II. starb bei Brescia; Beisetzung in Mailand, San Ambrogio

Da Ludwig bereits 850 zum Kaiser gekrönt worden war, blieb ihm diese Würde zwar erhalten, doch sank sie unter ihm zu einem bloßen Titel herab, hinter dem keine nennenswerte Macht stand. Politisch-militärisch engagierte er sich hauptsächlich in Unter-Italien (871 Eroberung von Bari) und konnte die innere Lage des Königreichs Italiens stabilisieren.

Seine letzten Lebensjahre standen im Zeichen einer Nachfolgeregelung, die – da er nur Töchter hatte – schwierig war. Seine Brüder machten sich zwar Hoffnungen, doch schließlich erbte sein Onkel Ks. Karl II. der Kahle Italien und erlangte damit auch die Kaiserwürde.

König Ludwig (II.) der Deutsche (840–876)

Kg. Ludwig (II.) der Deutsche wurde um 806 geboren (Datum und Ort unbekannt). Seine Eltern waren Ks. Ludwig der Fromme und dessen Frau Ermengard (siehe oben). Er ehelichte 827 Hemma († 876), die Tochter eines schwäbischen Grafen. Für die beiden sind sieben Kinder belegt, darunter Kg. Karlmann, Kg. Ludwig (III.) der Jüngere und Ks. Karl III. der Dicke (alle siehe unten).

817	Unter-Kg. in Bayern
826	Königserhebung (*rex Baiwariorum*)
833–837 u.	
ab 840/43	Kg. von Ostfranken nach dem Tod Ks. Ludwigs des Frommen
28. 8. 876	Tod Kg. Ludwigs in Frankfurt/Main; Beisetzung im Kloster Lorsch

In der langen Regierungszeit Kg. Ludwigs des Deutschen – von 826 bis zum Tod waren es letztlich 50 Jahre – fielen die entscheidenden Weichenstellungen hin zum späteren Heiligen Römischen Reich des Mittelalters.

Während des Aufstands gegen seinen Vater Ks. Ludwig I. 830 hielt er sich zurück und stellte sich nach dessen Rückkehr auf seine Seite. Erst als ab 838 die ursprüngliche Reichsteilung zu seinen Ungunsten umgestoßen wurde (siehe oben), griff Ludwig zu den Waffen, was seine Lage kurzfristig verschlechterte. Doch nach dem Tod seines Vaters kam es wegen ungeschickten Verhaltens seines Bruders Ks. Lothars I. zu einem Bündnis zwischen ihm und Karl dem Kahlen und zur Schlacht von Fontenoy (siehe oben). Im darauf folgenden Vertrag von Verdun im Jahr 843 erhielt bei nomineller Reichseinheit Ludwig endgültig die Herrschaft über das Ostfrankenreich, und zwar über Bayern, Schwaben, (Main-)Franken, Sachsen und Thüringen. Die Rheingrenze wurde im Bereich von Mainz, Worms und Speyer zugunsten Ludwigs und am Niederrhein zugunsten Lothars überschritten.

Aufgrund der nominellen Einheit des Frankenreiches kam es in den folgenden Jahren immer wieder zu Treffen der drei Brüder – Ks. Lothar, Kg. Ludwig der Deutsche und Ks. Karl der Kahle –, doch blieben diese ohne politische Folgen. Allerdings gab es zwischen ihnen in diesen Jahren keine kriegerischen Auseinandersetzungen. Dies sollte sich mit dem Tod Lothars I. ändern. Obwohl das Kaisertum bereits auf dessen Sohn Ludwig II. übergegangen war, fühlte sich Ludwig der Deutsche als Senior des karolingischen Hauses, was zu Konflikten mit seinem Bruder Karl dem Kahlen führte. Es gelang ihm nicht, eine Art Oberherrschaft im Frankenreich zu erringen, so dass nach dem Tod Ks. Ludwigs II. im Jahr 875 der jüngere Karl der Kahle zum Kaiser gekrönt wurde. Doch Ludwig der Deutsche sicherte sich im Vertrag zu Meersen 870 wenigstens die Hälfte des Reiches von Lothar II.

In seinem Herrschaftsgebiet, dem Ostfrankenreich, konnte Ludwig der Deutsche beachtliche Erfolge erringen. Durch einen Friedensschluss von 845 gelang es ihm, für Jahrzehnte die normannische Gefahr in Norddeutschland zu bannen. Im Südosten des Reiches ging eine solche vom Mährischen Reich aus, aber nach mehreren Feldzügen, in denen einmal Kg. Ludwig sein Leben nur knapp retten konnte, erkannten 864 die Mährer die fränkische Oberhoheit an.

Ludwig der Deutsche hatte drei Söhne – Karlmann, Kg. Ludwig (III.) den Jüngeren und den späteren Ks. Karl III. den Dicken –, die bereits ab 876 Könige in verschiedenen Reichsteilen waren. Dadurch entstanden Spannungen und Konflikte zwischen ihm und seinen Söhnen, die typisch für diese Zeit waren. Denn der König konnte nicht überall gleichzeitig anwesend sein, daher wurden Teil-Königsherrschaften für dessen Söhne eingerichtet. Damit sich diese in den jeweiligen Gebieten durchsetzen konnten, mussten sie sich mit dem regionalen Adel arrangieren. Dadurch gerieten sie in Opposition zu ihrem Vater bzw. wurden als Aushängeschild für die Interessen des Adels instrumentalisiert.

Im Gegensatz zum Westfrankenreich und Italien, wo die römische Kultur prägend war, galt damals das Ostfrankenreich kulturell als Entwicklungsland. Ludwig bemühte sich daher, das geistige Leben in seinem Reich zu fördern. Insbesondere war die Verschriftlichung der Volkssprache, des Althochdeutschen, sein Anliegen. Aus dieser Zeit sind ein fränkisches Evangelienbuch (Abt Otfried von Weißenburg), eine althochdeutsche Übertragung der Evangelienharmonie von Tatian und das Bibelgedicht »Heliand« überliefert.

Allem Anschein nach verlief seine Ehe mit Hemma sehr harmonisch, was bei seinen Vorfahren und Nachkommen nicht immer so war. Ihr Tod dürfte daher den seinen beschleunigt haben. Sein Beiname *Germanicus* wurde mit »der Deutsche« übersetzt und findet sich bereits in zeitgenössischen Quellen. Aber als *Germania* wurde in karolingischer Zeit das Gebiet östlich des Rheins bezeichnet, daher wundert es nicht, dass derjenige, der dieses Gebiet beherrschte, einen solchen Beinamen erhielt. Der ursprünglich rein geographische Hintergrund für diesen Beinamen erhielt in der späteren historischen Interpretation einen anderen Sinn: Kg. Ludwig der Deutsche war der erste Herrscher, der das Ostfrankenreich erfolgreich zu einer Einheit zu formen versuchte, die dann später Grundlage für die weitere Geschichte des »deutschen Mitteleuropas« war.

Kaiser Karl II. der Kahle

(875–877)

Ks. Karl II. der Kahle (*Carolus calvus*) wurde am 13. 6. 823 in Frankfurt/Main geboren. Seine Eltern waren Ks. Ludwig der Fromme und Judith (siehe oben). Er war zweimal verheiratet: 842 mit Ermentrud (830–869), einer Tochter des Gf. Odo von Orléans, und 870 mit Richildis († 910/914), einer Tochter des Gf. Buwin. Er hatte zwölf Kinder, darunter Kg. Ludwig II. den Stammler (*Hludowicus Balbus*) von Westfranken (846–879) und Kg. Karl das Kind von Aquitanien (847–866).

Aug. 929	Hz. von Alemannien
Sept. 838	Kg. von Neustrien (nördliches Frankreich)
843	Kg. von Westfranken
848	Kg. von Aquitanien
869	Kg. von Lotharingien
875	Kg. von Italien
25. 12. 875	Kaiserkrönung in Rom durch Papst Johannes VIII. (872–882)
6. 10. 877	Tod in Avrieux, Savoyen; Beisetzung zuerst in Nantua (Burgund, westlich von Genf), dann in Saint-Denis, Paris

Karl der Kahle, der jüngere Halbbruder Ludwigs des Deutschen, konnte sich mit Unterstützung seiner Mutter aus dem Erbe seines Vaters, Ks. Ludwigs d. Frommen, im Vertrag von Verdun 843 das Westfrankenreich sichern. In weiterer Folge errang er 848 die Herrschaft in Aquitanien und 869 die westliche Hälfte aus dem Erbe Kg. Lothars II. Als 875 Ks. Ludwig II. starb erlangte er auch die römische Kaiserwürde. Ks. Karl II. gilt – ähnlich wie sein Halbbruder Kg. Ludwig für Deutschland – als Gestalter des Westfrankenreichs zu einem Königreich Frankreich. In der französischen Historiographie wird er daher allgemein auch als der erste König Frankreichs bezeichnet.

Im Zuge der seit 875 imperialen, in römische Angelegenheiten sich verwickelnden Politik entstand eine Opposition des westfränkischen Adels gegen ihn, die seine Königsgewalt beschränken wollte. Der Adel glaubte, bei der Abwehr der normannischen Gefahr von Ks. Karl II. im Stich gelassen worden zu sein. Zu einer Auseinandersetzung mit ihm kam es aber nicht mehr, weil dieser bei einer Rückkehr von einem Romzug in den Alpen verstarb.

Er hatte als Begräbnisort Saint-Denis in Paris gewählt und förderte damit die Verehrung dieses Märtyrers (Dionysos), eines Pariser Lokalheiligen, der einer der Patrone Frankreichs wurde. Karls Nachfolger als westfränkischer Kg. wurde dessen ältester Sohn Kg. Ludwig II. der Stammler, der jedoch bereits zwei Jahre später (879) starb. Nachfolger wurden dann der Reihe nach dessen Söhne Ludwig III. (863/65–882) und Karlmann (866–884). Danach konnte der ostfränkische Herrscher Ks. Karl III. der Dicke (siehe unten) für 885 bis 888 auch im Westfrankenreich die Königsherrschaft erringen. Nach einem Kapetinger als König war der dritte Sohn Ks. Karls II., Karl III. der Einfältige, ab 898 König. Von 936 bis 987 regierten weitere drei Könige aus dem Geschlecht der Karolinger, dann kamen die Kapetinger endgültig an die Macht.

König Lothar II.

(855–869)

Kg. Lothar II. wurde wahrscheinlich 835 geboren (Datum und Ort unbekannt). Seine Eltern waren Ks. Lothar I. und Ermengard (siehe oben). 855 ehelichte er Teutberga († 875), eine Tochter des Gf. Boso von Arles, und 862, kirchlich nicht anerkannt, Waltrada († 868). Er hatte vier Kinder.

855	Kg. von Lotharingien
8. 8. 869	Tod bei Piacenza; Beisetzung im Kloster St. Antonin bei Piacenza

Der vor dem Tod seines Vaters Ks. Lothar I. kaum hervorgetretene Kg. Lothar II. erhielt aus der Erbmasse des sog. Mittelreiches den nördlichen Teil, das *regnum Lotharii*, mit der Residenz

Aachen. Aus dieser Formulierung rührt der spätere Territorialbegriff Lothringen.

Neben dieser Namensgebung ist Lothar II. vor allem durch seine Ehe-Auseinandersetzungen in der Geschichte bekannt geworden, auf die näher einzugehen sich lohnt. Lothar war ursprünglich in einer sog. Friedelehe mit Waltrada verbunden, heiratete dann in einer sog. Muntehe Teutberga. Eine Friedelehe (*friudiea* = ahd. Geliebte) war im Frühmittelalter, offenbar auf germanisch-rechtlichen Vorstellungen beruhend, eine Ehe minderen Rechts. Der Ehemann war nicht Vormund der Frau, sowohl Mann wie Frau konnten sich scheiden lassen. In der Regel wurden solche Friedelehen, die auf einer beiderseitigen Willensübereinkunft beruhten, zwischen Paaren aus unterschiedlichen Ständen geschlossen. Eine Friedelehe kam – ähnlich wie eine Ehe im römischen Recht – durch eine öffentliche Heimführung der Braut und die Hochzeitsnacht (*matrimonium consumatum*) zustande. Sie konnten in eine Muntehe umgewandelt werden, wenn der Ehemann nachträglich den Brautschatz leistete. Die Kinder aus solch einer Ehe unterstanden nur der Verfügungsgewalt der Mutter und waren anfänglich auch voll erbberechtigt. Die Kirche versuchte im Laufe des 9. Jh., die Friedelehe zurückzudrängen. Der Fall Lothars II. ist ein signifikantes Beispiel dafür.

Hingegen ist die Muntehe (*munt* = ahd. Vormund) die gebräuchliche Form der mittelalterlichen Eheschließung, die ein Rechtsakt bzw. ein Rechtgeschäft zwischen den beteiligten beiden Familien war. Die Vormundschaft über die Frau ging von deren Vater auf den Ehemann über. (Der Brauch, dass der Vater in der Kirche seine Tochter zum Altar führt und dem dort stehenden künftigen Ehemann übergibt, rührt daher.) Die Trauung stellte einen weltlichen, öffentlichen Rechtsakt dar, in welchem dieser Übergang bekundet wurde und dem die Ehefrau zustimmen musste. Im Gegensatz zur Friedelehe hatte in einer Muntehe nur der Mann das Scheidungsrecht, aber die Pflicht, seine Frau zu schützen und für sie zu sorgen.

Während Lothar in seiner ersten Friedelehe mit Waltrada Kinder hatte, blieben ihm diese in der Folge in der Muntehe mit Teutberga versagt. Die bisherige Geschichte der karolingischen Erbfolgen hat gezeigt, dass es für jeden Herrscher absolut wichtig war, einen legitimen Nachfolger zu besitzen. Aus diesem Grund trennte sich Lothar II. von Teutberga und heiratete in einer Muntehe offiziell Waltrada. Auf den Aachener Synoden von 860 und 862 wurde diese Vorgehensweise gebilligt. Da es aber in dieser Sache politisch auch und vor allem um die Anerkennung legitimer Erben ging, wurde dieser Streit auf eine andere Ebene gestellt, da »potentielle Erben« bzw. Interessenten (wie etwa Karl der Kahle) bereits in Wartestellung standen. Daher verlangte Papst Nikolaus I. (858–867), dass auf einer gesamtfränkischen Synode, zu der er einen Legaten entsandte, eine Entscheidung gefällt werden sollte. Diese tagte im Juni 863 in Metz, wobei Lothar mit Erfolg versuchte, seine zeitlich frühere Friedelehe als gültige Muntehe darzustellen. Dabei wurde er von den Erzbischöfen Gunthar von Köln († 873) und Dietgold (Tiutgaud) von Trier († 868) unterstützt, die ihrerseits vom Papst aufgefordert wurden, das Protokoll in Rom vorzulegen. Dies geschah im Oktober desselben Jahres, wobei dann der Papst das Ergebnis nicht anerkannte und die beiden Erzbischöfe absetzte. Lothar resignierte aber nicht und strebte eine Neuaufrollung des Prozesses an. Der neue Papst Hadrian II. erlaubte eine Wiederaufnahme, die aber wegen des Todes Lothars im Jahr 869 hinfällig wurde. Dieser beispielhafte Streit zeigt auch, wie der Papst versuchte, sich einen »Jurisdiktionsprimat« über die Bischöfe bis hin zur Absetzung anzueignen und im Eherecht Einfluss zu nehmen. (Nach dem Sachverhalt, soweit er jetzt noch zu ermitteln ist, hätte Lothar heute ohne jeglichen politischen Druck seine Ehe vor einem kirchlichen Gericht für nichtig erklären lassen können.)

Mit dem Tod Lothars trat das ein, was er in seinem »Ehestreit« zu verhindern suchte: Sein geographisch schmales nördliches Mittelreich wurde zwischen dem Ost- und Westfrankenreich geteilt und blieb bis Mitte des 20. Jh. ethnographischer und politischer Zankapfel (Elsass-Lothringen) zwischen Deutschland und Frankreich.

König Karlmann

(876–880)

Kg. Karlmann wurde um 830 geboren (Datum und Ort unbekannt). Seine Eltern waren Kg. Ludwig der Deutsche und Hemma (siehe oben). Für ihn ist eine Ehe bezeugt sowie eine sog. Friedelehe (darüber siehe oben) mit Liutswind (835–891), einer Tochter von Hroudperht von Freising. Aus der letztgenannten Verbindung stammt Ks. Arnulf (siehe unten).

856	*dux*
876	Kg. von Bayern
877	Kg. von Italien.
22. oder 29. 9. 880	Tod in der Pfalz (Alt-)Ötting; Beisetzung ebendort

Nach dem Teilungsplan Kg. Ludwigs des Deutschen bekam dessen ältester Sohn Karlmann Bayern. Des Weiteren bestand eine Option auf die Kaiserkrone (die aber dann Karl II. der Kahle erhielt) und auf Italien. Um sein Anrecht hierauf durchzusetzen, zog er nach Italien. Bevor es aber zu militärischen Auseinandersetzungen mit Ks. Karl II. kam, starb dieser 877. Danach wurde Kg. Karlmann von einer unbekannten Krankheit befallen. Im Winter 878/79 erlitt er einen Schlaganfall, der ihm die Sprache raubte. Seine Krankheit verschlimmerte sich so sehr, dass er 879 Bayern an Ludwig den Jüngeren und Italien an Karl den Dicken abtreten musste.

König Ludwig (III.) der Jüngere

(876–882)

Kg. Ludwig (III.) wurde um 835 wahrscheinlich in Bayern geboren (Datum und Ort unbekannt). Seine Eltern waren Kg. Ludwig der Deutsche und Hemma (siehe oben). Er ehelichte 876/77 Liutgard († 885), eine Tochter des sächsische Gf. bzw.

Hz. Liudolf (wohl 806–866). Von ihm sind drei Kinder bezeugt.

28. 8. 876	Kg. von Franken, Sachsen sowie Lotharingien nach Ablebens seines Vaters Kg. Ludwigs des Deutschen
879	Kg. von Bayern
20. 1. 882	Tod in Frankfurt/Main; Beisetzung im Kloster Lorsch

Kg. Ludwig (III.) der Jüngere war wohl der bedeutendste der drei Söhne Ludwigs des Deutschen, was aber durch seine nur sechsjährige Regierungszeit nicht offenbar werden konnte. Er erhielt aus der Masse des ostfränkischen Reiches den nördlichen und mittleren Teil und war gleich zu Beginn seiner Regierungszeit mit Ansprüchen seines Onkels, Ks. Karls II. des Kahlen, konfrontiert. Ludwig versuchte vorerst, eine kriegerische Auseinandersetzung zu vermeiden, aber Karl der Kahle lehnte Verhandlungen ab, so dass ein Krieg unausweichlich wurde. In der Schlacht von Andernach am 8. 10. 876 konnte der militärisch unterlegene Ludwig durch geschicktes Taktieren Karl den Kahlen besiegen. Damit war die westfränkische Gefahr gebannt.

Als Ks. Karls II. 877 starb, wurde dessen Sohn Ludwig der Stammler westfränkischer König. Dieser schloss mit seinem gleichnamigen Vetter Ludwig dem Jüngeren 878 ein Freundschaftsabkommen, das u. a. das Erbrecht der jeweiligen Nachkommen garantierte. Als Ludwig der Stammler bereit 879 starb, forderte eine Partei Ludwig den Jüngeren auf, die Nachfolge im Westfrankenreich anzutreten. Die Folge davon war, dass dieser im Vertrag von Ribémont (bei St. Quentin) im Jahr 880 die Westhälfte Lotharingiens zugesprochen bekam. Mit diesem Vertrag hatte das ostfränkische Reich jene Westgrenze erreicht, die es dann im Wesentlichen bis ins 14. Jh. beibehalten sollte.

Die wichtigste Aufgabe Ludwigs des Jüngeren war aber sein Kampf gegen die Normannen, die seit dem Sommer 879 ihre Angriffe auf die Nordseeküste intensivierten und gelegentlich weit ins Binnenland vorstießen. Im Jahr 880 konnte Ludwig bei Thiméon im Hennegau ein normannisches Heer besiegen, doch im selben Monat erlitt ein sächsisches Heer bei Hamburg eine Niederlage. Auch wenn es in der Folge – nach Ludwigs Tod –

militärische Erfolge gegen die Normannen gab, konnten doch weitere Einfälle auf die Dauer nicht verhindert werden.

Kaiser Karl III. der Dicke

(882–887)

Ks. Karl III. wurde 839 geboren (Datum Ort unbekannt). Seine Eltern waren Kg. Ludwig der Deutsche und Hemma (siehe oben). Er ehelichte 862 Richardis († 906/09), eine Tochter des elsässischen Gf. Erchangar. Die Ehe wurde um 886 annulliert. Von ihm ist ein Sohn aus einem Konkubinat bezeugt.

876	Kg. von Alemannien
Nov. 879	Kg. von Italien
12. 2. 881	Kaiserkrönung in Rom durch Papst Johannes VIII. (872–882)
882	Kg. von Ostfranken
885	Kg. von Westfranken
Nov. 887	Absetzung als Kg. in Ostfranken
13. 1. 888	Tod in Neudingen/Donau; Beisetzung in Mittelzell auf der Insel Reichenau

Karl der Dicke wird in der historischen Bewertung als der schwächste der drei Söhne Ludwigs des Deutschen angesehen. Als »Dicker« (*crassus*) wird er erst seit dem 12. Jh. bezeichnet, was seine mangelnde Tatkraft ausdrücken sollte. Er erhielt aus der Erbmasse der Herrschaft seines Vaters nur einen relativ kleinen Teil, nämlich Alemannien (u. a. der größte Teil des heutigen Bundeslandes Baden-Württemberg und die Ost-Schweiz), aber durch einen »biologischen Zufall« erreichte er in wenigen Jahren und für wenige Jahre (885–887) die Herrschaft über das gesamte Frankenreich – so wie es unter Karl dem Großen und Ludwig dem Frommen bis 840 der Fall war. Durch die frühen Tode seiner Brüder Karlmann und Ludwig der Jüngeren sowie seines westfränkischen Vetters Ludwig des Stammlers und dessen Sohns Ludwig wurde er nacheinander König von Italien, Kaiser, König von ganz Ostfranken und König von Wesfranken.

Diese Jahre 882 bis 885 wurden von Auseinandersetzungen mit den Normannen geprägt, wobei man versuchte, diese in das System des Frankenreichs einzugliedern und sie zu loyalen Gliedern zu machen. Dies scheiterte jedoch 885. In der Folge unternahmen die Normannen sogar einen Einfall Seine aufwärts bis Paris.

Da Ks. Karl III. keine legitimen Nachkommen hatte, versuchte er zuerst, seinen Sohn aus einem Konkubinat bzw. einer Friedelehe zu legitimieren, was aber scheiterte. Zwei folgende Adoptionen blieben erbrechtlich ebenso ohne Wirkung.

Im Jahr 887 kam die Krankheit, unter der Karl III. gelitten hatte, verstärkt zum Ausbruch, so dass er gegen Ende dieses Jahres schon regierungsunfähig gewesen sein dürfte. Durch die im November 887 in Frankfurt/Main erfolgte Wahl und Krönung Arnulfs von Kärnten zum König galt Karl III. als abgesetzt, starb aber bereits kurze Zeit später Anfang 888.

Kaiser Arnulf von Kärnten (887–899)

Ks. Arnulf wurde um 850 geboren (Datum und Ort unbekannt). Seine Eltern waren Kg. Karlmann und Liutswind (siehe oben). Für ihn sind drei Friedelehen und eine Ehefrau, die Konradinerin Oda (Ute) († nach 903), sowie vier Kinder bezeugt, darunter Kg. Ludwig das Kind (siehe unten).

876	Präfekt der östlichen Marken
Nov. 887	Erhebung zum Kg. von Ostfranken in Frankfurt/ Main
Ende Feb.	896 Kaiserkrönung in Rom durch Papst Formosus (891–896)
29. 11. oder 8. 12. 899	Tod in (Alt-)Ötting oder Regensburg; Beisetzung in St. Emmeran, Regensburg

Als eine einflussreiche Gruppe ostfränkischer Adeliger wegen Regierungsunfähigkeit Ks. Karl III. abgesetzt hatte, verblieb man aber beim karolingischen Reichsgedanken. Da von den

Söhnen Ludwigs des Deutschen keiner einen legitimen Nachkommen hinterlassen hatte, wählte man den ältesten illegitimen Spross einer der Ludwigssöhne: Das war Arnulf, der Sohn Kg. Karlmanns. Als dieser im Jahr 876 König wurde, machte er Arnulf zum Präfekten der östlichen Grenzmarken, woher dann dessen Beiname »von Kärnten« kam.

Nach seiner Wahl zum König waren seine bevorzugten Aufenthaltsorte Regensburg und Frankfurt/Main. Auch setzte er seine Herrschaftsrechte nach und nach in Sachsen und Lotharingien durch. Die normannische Gefahr stand anfänglich auch für Arnulf im Zentrum seiner Politik. Nach einer Niederlage im Juni 891 konnten die Ostfranken Mitte Oktober 891 in Dyle bei Löwen die Normannen vollständig besiegen. Dieser Sieg brachte die endgültige Wende. Abgesehen von einem Vorstoß Anfang 892 nach Prüm beendeten die Normannen ihre Invasionen auf dem europäischen Festland und wandten sich in der Folge England zu.

Bereits 890 hatte der Papst Arnulf aufgefordert, nach Rom zu ziehen. 894 war es dann so weit, nicht zuletzt auch um seine Herrschaft in Italien zu sichern. Zwei Jahre später unternahm Arnulf einen weiteren Italienzug, um in Rom die Kaiserkrone zu empfangen. Zwischenzeitlich hatte Papst Formosus bereits Herzog Guido/Wido von Spoleto und dessen Sohn Lambert zu Kaisern gekrönt (siehe S. 38), aber der Papst war mit diesen unzufrieden.

Ende Februar 896 wurde daher Arnulf in Rom zum Kaiser gekrönt. Für 66 Jahre – bis zur Krönung Ks. Ottos I. d. Großen (siehe S. 48) – war es die letzte Kaiserkrönung eines ostfränkischen Königs. Von Italien kehrte Arnulf als kranker Mann zurück, es gelang ihm 897 noch, die Nachfolge seines Sohnes Ludwig im Ostfrankenreich durchzusetzen. Danach verschlimmerte sich seine Krankheit, und er wurde praktisch regierungsunfähig. Im Juni 899 erfolgte ein schwerer Schlaganfall, der ihn lähmte, Ende dieses Jahres starb er.

Die Geschichtsschreiber des 10. Jh. bewerteten die Regierungszeit Arnulfs weitgehend negativ. Aber wenigstens in seiner wichtigsten Residenzstadt Regensburg, wo Arnulf auch begraben wurde, blieb sein Gedächtnis lebendig. Bis ins Spätmittelalter fanden an seinem Todestag Armenspeisungen im Kloster St. Emmeran statt.

König Ludwig (IV.) das Kind

(900–911)

Kg. Ludwig (IV.) wurde im Herbst 893 in (Alt-)Ötting geboren (Datum unbekannt). Seine Eltern waren Ks. Arnulf und dessen Frau Oda (siehe oben). Er blieb unverheiratet und kinderlos.

4. 2. 900	Erhebung und Krönung zum Kg. von Ostfranken in Forchheim
März 900	Kg. von Lotharingien
24. 9. 911	Tod, wahrscheinlich in Frankfurt/Main; Grabstätte unbekannt (wohl kaum St. Emmeran, Regensburg)

Die Historiographie wertet es als erstaunliche Tatsache, dass relativ rasch nach dem Tod Ks. Arnulfs dessen siebenjähriger Sohn Ludwig – daher der Beiname »das Kind« – zum König erhoben und gekrönt wurde. Es war dies die erste Königskrönung im Bereich des Ostfrankenreichs. Ansonsten wurden die fränkischen Könige nur (auf das Schild bzw. den Thron) »erhoben«. Gekrönt worden waren bis dahin nur die Kaiser.

Diesen Vorgang, nämlich die Erhebung eines siebenjährigen legitimen Nachkommens zum König und nicht der Rückgriff auf die westfränkische Verwandtschaft, beweist, welch hohes Maß an Zusammengehörigkeitsgefühl und Eigenbewusstsein das Ostfrankenreich bereits entwickelt hatte. Der junge König konnte natürlich nicht selbst regieren, aber mit unsicherer Kinderhand hat er unter Urkunden den Vollziehungsstrich in das Königsmonogramm gezogen. In Wirklichkeit regierte ein Regentschaftsrat. Trotz alledem hat sich der unmündige König als Klammer der Großen in Nord und Süd erwiesen. Doch gab es in den ersten Jahren des 10. Jh. im Maingebiet heftige Kämpfe zwischen den Adelsfamilien der Babenberger und der Konradiner, um sich einen möglichst günstigen Ausgangspunkt für die Zeit nach Ludwig dem Kind zu sichern. Aus diesen Auseinandersetzungen gingen schließlich die Konradiner siegreich hervor.

Diese zentrifugalen Kräfte im Ostfrankenreich, die immer stärker hervortraten, wurden durch äußere Bedrohung verstärkt. Die Ungarn verwüsteten ab 900 immer wieder den deutschen Südosten. Markgraf Liutpold von Bayern versuchte 907, in einem Feldzug die Ungarngefahr zu bannen. Es endete aber bei Preßburg in einer verheerenden Niederlage, bei der Liutpold auch fiel. Im Sommer 910 versuchte der junge Kg. Ludwig selbst, sich auf dem Lechfeld den Ungarn entgegenzustellen, was erneut in eine schweren Niederlage mündete und sein Königtum aufs äußerte gefährdete.

Ein Jahr später starb der kränkelnde junge Mann. Damit war der ostfränkische Zweig der Karolinger erloschen. Die Tatsache, dass keine zeitgenössische Quelle den Sterbeort und das Grab nennt, ist ein deutlicher Hinweis darauf, dass sich Kg. Ludwig das Kind nicht in das Bewusstsein seiner Nachwelt eingeprägt hat.

Kaiser Arnulf von Kärnten

DIE ITALIENISCHEN KAISER (891–928)

Der Verfall der karolingischen Macht gegen Ende des 9. Jh. hatte auch Auswirkungen auf die im Jahr 800 wiedererrichtete Institution des weströmischen Kaisertums. Damit zeitlich verbunden war eine der dunkelsten Epochen der Papstgeschichte, beginnend mit der Ermordung von Papst Johannes VIII. im Jahr 882 und endend erst im Lauf des 10. Jh. Das Königreich Italien wurde zum Spielball lokaler Fürsten, während auf dem Papstthron in Rom schwache und korrupte Gestalten saßen. Diese instrumentalisierten das Kaisertum, indem sie Könige von Italien bzw. Langobardien in der Nachfolge der Karolinger zum Kaiser krönten.

Nach Ks. Karl III. dem Dicken und Ks. Arnulf von Kärnten gab es vier solche Kaiser, deren Machbefugnisse nicht einmal zur Gänze Ober- und Mittelitalien betrafen, also keine Spur einer imperialen Stellung aufwiesen. Auch hatten sie jeweils zuvor keine nennenswerte überregionale bzw. nachhaltige politische Bedeutung besessen. Sie werden daher auch in historischen Darstellungen nur am Rande erwähnt. Die Geschichtsschreibung in Deutschland sieht die Linie des 800 erneuerten römischen Kaisertums derart mit der (ost)fränkischen bzw. römisch-deutschen Königswürde verbunden, dass sie einen Kaiser außerhalb dieses Amtes einfach nicht anerkennt.

Kaiser Guido von Spoleto

(891–894)

Ks. Guido (eigentlich Wido III.) – Geburtsjahr und Geburtsort sind nicht bekannt – war der Sohn von Hz. Guido (Wido) I. von Spoleto († 859) und von Itana, vermutlich eine Tochter von Hz. Sico von Benevent. Er war mit Ageltrude († nach 923), einer Tochter von Hz. Adalgis von Benevent, verheiratet und hatte zwei Söhne, darunter Ks. Lambert (siehe unten).

882/883	Hz. von Spoleto
888	Krönung zum westfränkischen (Gegen-)König, aber keine Durchsetzung gegen Kg. Odo von Paris
889	Krönung in Pavia zum Kg. von Italien
21. 2. 891	Kaiserkrönung durch Papst Stephan V. (885–891)
Dez. 894	Tod

Kaiser Lambert von Spoleto

(894–898)

Ks. Lambert von Spoleto wurde um 875 geboren (Datum und Ort unbekannt). Sein Vater war Ks. Guido von Spoleto (siehe oben). Er blieb unverheiratet und kinderlos.

892	Krönung zum Mit-Kaiser durch Papst Formosus (891–896)
894	Nachfolger seines Vaters
15. 12. 898	Tod bei einem Jagdunfall in Marengo

Kaiser Ludwig der Blinde

(901–905)

Ks. Ludwig wurde um 881/882 geboren (Datum und Ort unbekannt). Seine Eltern waren Gf. Boso von Vienne (825/28–887) (aus der Familie der Buviniden) und Ermengard (852/55–896), eine Tochter von Ks. Ludwig II. (siehe oben). Er heiratete zweimal: um 900 Anna von Byzanz (886-vor 914), eine Tochter von Ks. Leo VI. (866–912), und 914 Adelheid, eine Tochter von Kg. Rudolf I. von Hochburgund († 912). Er hatte aus jeder Ehe einen Sohn.

887	Kg. von Niederburgund
900	Krönung zum Kg. der Langobarden
901	Kaiserkrönung durch Papst Benedikt IV. (900–903)
905	Niederlage gegen Berengar von Friaul (siehe unten), der ihn blendete (daher der Beiname) und aus Italien vertrieb; Ende seiner kaiserlichen Macht
5. 6. 928	Tod in Arles

Kaiser Berengar von Friaul (905–924)

Ks. Berengar wurde um 840/845 geboren (Datum und Ort unbekannt). Seine Eltern waren Mgf. Eberhard von Friaul († 866) aus dem Geschlecht der Uruochinger und Gisela (819/822–874), einer Tochter Ks. Ludwigs I. des Frommen. Er war zweimal verheiratet: ab 880/890 mit Bertila von Spoleto († vor Dezember 915), einer Tochter von Hz. Suppo II. von Spoleto, Graf von Camerino, und ab vor Dezember 915 mit Anna († nach Mai 936; weitere Angaben unbekannt). Aus der ersten Ehe hatte er drei Kinder.

874	Mgf. von Friaul
888	Krönung zum Kg. der Langobarden
915	Kaiserkrönung in Rom durch Papst Johannes X. (914–928)
7. 4. 924	Ermordung in Verona

DIE HERRSCHER DER OTTONENZEIT (911–1024)

In der späten Ära der Karolinger begann eine Umstrukturierung des Ostfrankenreiches. Die Tendenz ging weg von der Grafschaftsverfassung hin zu Herzogherrschaften, also zu Mittelgewalten, die ja die Karolinger durch die Einverleibung bzw. Abschaffung der »älteren Stammesherzogtümer« verhindert hatten. Die nun entstehenden bezeichnet man auch als »jüngere Stammesherzogtümer«. Dieser Prozess führte zu inneren Konflikten, wie bereits unter Kg. Ludwig dem Kind deutlich geworden war, an denen die Konradiner Hauptbeteiligte waren. Dieses Adelsgeschlecht war ab 830 im hessischen Rhein-Main-Gebiet fest verankert.

Da Kg. Konrad I., der einzige Konradiner auf dem Königsthron, keine Nachkommen hatte, empfahl dieser als Nachfolger Heinrich aus dem sächsischen Geschlecht der Liudolfinger, das sich im Gebiet zwischen Leine und Harz bis Mitte des 9. Jh. zurückverfolgen lässt. Benannt wurde dieses Geschlecht nach Liudolf († 866), der bereits die herausragende Stellung eines *dux orientalium Saxonum* eingenommen hatte. Nach den drei Kaisern, die es hervorgebracht hatte, spricht man aber auch von den »Ottonen«.

König Konrad I.

(911–918)

Kg. Konrad I. (der Jüngere) wurde um 880/85 geboren (Datum und Ort unbekannt). Seine Eltern waren Gf. Konrad der Ältere vom (Ober-)Lahngau (um 855–906) und dessen Frau Glismoda. Er heiratete 913 Kunigunde (vor 878–915/36), Witwe Mgf. Liutpolds von Bayern und (wahrscheinlich) Tochter des schwäbischen Pfgf. Berthold. Die Ehe blieb kinderlos.

ab 906	herzogliche Stellung in Ostfranken
7.-10. 11. 911	Königserhebung in Forchheim
23. 12. 918	Tod; Beisetzung Kloster Fulda

Nachdem Gf. Konrad der Ältere im Kampf gegen die Babenberger sein Leben hatte lassen müssen, folgte ihm Konrad der Jüngere nach. Er wurde Mitglied des Regentschaftsrats für Kg. Ludwig das Kind und erlangte im Ostfränkischen die Stellung eines *dux*/Herzogs. Da man sich im Laufe der letzten Jahre bzw. Jahrzehnte immer weniger an das karolingische Geblütsvorrecht gebunden fühlte, einigten sich zwischen dem 7. und dem 10. November 911 die wichtigsten Repräsentanten des Reiches in Forchheim auf Konrad den Jüngeren und erhoben ihn zum König, der dann gesalbt, aber nicht gekrönt wurde.

Die drei wichtigsten Aufgaben Kg. Konrads I. waren die Rückgewinnung Lotharingiens, die Bannung der Gefahren durch die Ungarn und die Lösung des Problems der aufkommenden neuen Mittelgewalten.

Die Rückgewinnung Lotharingiens schaffte er nicht. Drei Feldzüge in den Jahren 912/13 brachten keinen Erfolg. Die Herrschaft Karls des Einfältigen blieb dort unbehindert bestehen. Ab 913 wurden die Ungarneinfälle in Süddeutschland wieder stärker. Die Etablierung der sich immer mehr ausbreitenden herzoglichen Gewalten konnte Kg. Konrad I. nicht verhindern. In Sachsen und Bayern wurde das Herzogtum gefestigt, in Schwaben begann es, sich auszubilden. Einzig die Bischöfe waren eine Stütze des Königtums, weil sie u. a. den König als »Gesalbten des Herren« anerkannten, gegen den aufzubegehren ein Sakrileg darstellte. Bewirkt hat diese Haltung aber nur wenig.

An allen seinen großen Aufgaben gescheitert, starb dieser glücklose König, ohne einen Sohn als möglichen Nachfolger zu hinterlassen. Er hatte es nicht geschafft, die sich herausbildenden Herzogsgewalten in die Staatsorganisation einzubauen, dazu war er noch zu sehr dem karolingischen Denken verhaftet. Er war somit ein König an der Schwelle von der fränkischen zur deutschen Geschichte.

König Heinrich I.

(919–936)

Kg. Heinrich I. wurde um 876 geboren (genaues Datum und Ort unbekannt). Seine Eltern waren Gf. (Hz) Otto der Erlauchte (836/40–912) und Hadwig (850/55–903) aus der Familie der Babenberger. Er war zweimal verheiratet: 906 mit Hatheburg, einer Tochter des Gf. Erwin von Merseburg, und 909 mit Mathilde (895–968), einer Tochter des Gf. Dietrich in Westfalen aus dem Geschlecht des Sachsen-Hz. Widukind. Aus dieser Ehe entstammten fünf Kinder, darunter Ks. Otto I. (siehe unten), Gerberga (um 913/14–969), Ehefrau des französischen Kg. Ludwigs IV. des Überseeischen (920/21–954), und Brun (925–965), Ebf. von Köln.

912	Nachfolge im väterlichen herzoglichen Machtbereich in Sachsen und Thüringen
Zw. 12. u. 24. 5. 919	Königserhebung in Fritzlar
2. 7. 936	Tod in Memleben; Beisetzung in Quedlinburg (damalige St.-Peters-Kirche, später Dom St. Servatius)

Auf dem Totenbett empfahl Kg. Konrad I., Hz. Heinrich von Sachsen die Königskrone anzutragen. Nach fünfmonatigen Beratungen und Verhandlungen, in deren Rahmen es zu einem gemeinsamen Vorgehen zwischen Franken und Sachsen kam, erfolgte in Fritzlar, zwar noch auf fränkischen Boden, aber Nahe der Grenze zu Sachsen, die Königswahl. Für Kg. Heinrich I. war es in seiner Position als Herzog von Sachsen durchaus hilfreich, dass seine zweite Frau eine Nachfahrin des Sachsenführers Widukind war.

Heinrich I. verweigerte es, sich nach der Königserhebung salben und krönen zu lassen, weil er sich nur als *primus inter pares* sah. In Fritzlar waren die Alemannen und die Bayern nicht anwesend, doch konnte Heinrich beide bis 921 für sich gewinnen. Im selben Jahr kam es auf einem Schiff am Rhein bei Bonn auch zu einer Einigung zwischen Kg. Heinrich I. (*rex Francorum orientalium*) und Kg. Karl dem Einfältigen (*rex Francorum occidentialum*). Daraufhin erfolgte 925 dann die Rückgliederung Lotharingiens. Eine weitere Stärkung der Position Heinrichs war 926 die Gelegenheit, in Alemannien die Herzogsgewalt stärker an die Krone zu binden.

Zum Wormser Reichstag vom November 926, auf dem erstmals seit langem wieder alle Großen des Reiches erschienen, kam auch Kg. Rudolf II. von Hochburgund (um 880–937) und übergab Heinrich die Heilige Lanze, die er als Throninsignie des *regnum Italiae* von oberitalienischen Adeligen mit der Aufforderung der Herrschaftsübernahme erhalten hatte. Von ihr heißt es, dass sie Teile der Nägel vom Kreuz Christi enthalte, wodurch sie damals als unschätzbare Reliquie galt. Von Heinrich ab gehört diese Lanze zum Thronschatz des Heiligen Römischen Reiches. Sie befindet sich nun in der Wiener Schatzkammer.

Die normannische Gefahr war seit 891 gebannt, umso mehr blieben die Ungarn durch ihre Einfälle im Südosten des Reiches gefährlich. Im Jahr 926 konnte Heinrich mit ihnen einen neunjährigen Waffenstillstand aushandeln. Zur weiteren Sicherung wurden die Befestigungen ausgebaut und das Heer neu organisiert. In dieser Hinsicht ging Kg. Heinrich I. entschlossen vor und hat damit das Wachsen eines neuen Einheitsbewusstseins des Reiches in die Wege geleitet.

Auf dem Hoftag in Quedlinburg 929 bestimmte Heinrich seinen bereits in den erwähnten Kämpfen bewährten Sohn Otto zum Nachfolger, ohne auf die karolingischen Traditionen der »fränkischen Teilungen« Rücksicht zu nehmen. Das Reich wurde daher nicht mehr als ein aufteilbarer Familienbesitz angesehen.

Auf der Basis der gesicherten Einheit konnte Heinrich nun den Kampf gegen die Ungarn wagen. Am 15. 3. 932 wurden sie bei Riade an der Unstrut geschlagen, ein anderer ungarischer Heeresteil wurde in Westthüringen aufgerieben.

934 erlitt Kg. Heinrich I. bei der Jagd im Harz einen Schlaganfall, am 2. 7. 936 starb er in Memleben. Mit seiner Politik hat Heinrich ein neues, einiges Reich geschaffen. Dieses »Heinrichsreich«, das zunächst keinen eigenen Namen hatte, war der Beginn von etwas Neuem: der Geschichte des »deutschen Mitteleuropas« bzw. des mittelalterlichen Deutschen Reiches.

Es wundert daher nicht, dass sich um die Gestalt Heinrichs bald volkstümliche Geschichte und Sagen rankten. Dazu gehört der auch 200 Jahre nach seinem Tod aufgekommene Beiname »der Vogler« (*auceps*), für den aber in den zeitgenössischen Quellen keine Grundlage zu finden ist.

Kaiser Otto I. der Grosse

(936–973)

Ks. Otto I. wurde am 22. 11. 912 geboren (Ort unbekannt). Seine Eltern waren Kg. Heinrich I. und Mathilde (siehe oben). Er war zweimal verheiratet: 929 mit Edgith (910/12–946), einer Tochter Kg. Eduards des Älteren von Wessex (871–924), und 851 mit Adelheid (931/32–999), einer Tochter Kg. Rudolfs II. von Hochburgund (um 880–937). Er hatte sieben Kinder, darunter Liudolf (930–957), Hz. von Schwaben, Liudgard (um 931–953), die mit Konrad dem Roten (922–955), dem Stammvater der Salier (siehe S. 57), verheiratet war, die Äbtissin Mathilde (955–999), der Reichsverweserin für Ks. Otto III. (siehe S. 53), und Ks. Otto II. (siehe unten).

7. 8. 936	Königserhebung und -krönung in Aachen
2. 2. 962	Kaiserkrönung in Rom durch Papst Johannes XII. (955–964)
7. 5. 973	Tod in Memleben; Beisetzung im St.-Mauritius-Dom in Magdeburg

Otto der Große setzte zum einen die Politik seines Vaters Kg. Heinrich I. fort, zum anderen entfaltete er eine neue Staatsidee, um europäische Hegemonie zu erlangen. Dass es nach dem Tod seines Vaters keine fünf Wochen dauerte, bis er in Aachen zum König erhoben wurde, zeigt nur, dass die von Heinrich I. getroffene Nachfolgeregelung allgemein akzeptiert wurde. Bei der Krönung und dem anschließenden Krönungsmahl wurden erstmals jene Zeremonien gepflegt, wie sie dann später üblich und in der Golden Bulle festgelegt wurden (vgl. die Aufgaben von Kämmerer, Truchseß, Mundschenk und Marschall).

Kg. Otto versuchte gleich nach seinem Amtsantritt, die Zentralgewalt des Reiches zu stärken und die Herzogsmacht einzuschränken. 937 praktizierte er dies bei der Nachfolge des Herzogs von Bayern, was zu Gegenreaktionen führte. Dabei setzte Ottos Bruder Thankmar (um 907–938), der bei dieser Auflehnung kurze Zeit später den Tod fand, den jüngeren Bruder Heinrich (919/20–955) gefangen. Dieser fühlte sich in der Thronfolge übergangen und beabsichtigte 939 – auf die Erregung im Adel wegen der Zentralisierung bauend –, Otto zu stürzen. Die Herzöge von Lotharingien und Franken verbündeten sich mit ihm. Bei Birten am Niederrhein (südlich Xanten) wurden sie aber von Truppen Kg. Ottos besiegt. Die beiden Herzöge wichen nach Frankreich aus, wurden aber dann bei Andernach am 2. 10. 939 erneut geschlagen, wo sie auch umkamen. Der Bruder Heinrich musste sich unterwerfen.

Kg. Otto musste einsehen, dass er mehr Rücksicht auf Verwandte und hohe Adelige nehmen und ihnen mehr Mitwirkungsrechte einräumen musste. Sie waren offenbar nicht bereit oder imstande, seinem Reformprogramm so rasch zu folgen. Otto verzieh daher seinem Bruder rasch. Auch als dieser 941 erneut durch einen Mordanschlag auf den Thron gelangen wollte, gewährte ihm Otto ebenso rasch Vergebung und übertrug ihm nach einer Haft 947 das Herzogtum Bayern. Kg. Otto gelang es nicht zuletzt auch durch eine geschickte Heiratspolitik, bis Ende der vierziger Jahre alle Herzogtümer in königliche bzw. königsnahe Hand zu bringen. Gefährlich wurde für ihn aber, dass sich seine innenpolitischen Gegner mit Kg. Ludwig IV. dem Überseeischen (920/21–954) von Frankreich verbündeten. Otto hingegen kam wiederum in Kontakt mit Ludwigs Gegnern und nützte diese Chance, um zwischen diesen und dem französischen König zu vermitteln. Das führte schlussendlich dazu, dass das französische Königtum nur durch Ottos Stützung existieren konnte. Ähnlich konnte Otto seine Schutzrolle auf Burgund und Italien ausdehnen. Letzteres war für den Erwerb der Kaiserkrone wichtig. So ist Otto bereits 951 nach Oberitalien (Pavia) gezogen, doch von Rom kam bezüglich einer Kaiserkrönung noch kein positives Signal.

Kg. Otto betätigte sich auch als Bistumsgründer: 948 wurden die später in der Reformation untergegangenen Bistümer

Brandenburg, Havelberg, Schleswig und Oldenburg (1160 nach Lübeck verlegt) errichtet. Bedeutsam war in dieser Hinsicht der Reichstag von Arnstadt im Jahr 954. Hier betraute Otto geistliche Amtsträger mit weltlichen Aufgaben und begründete damit das ottonisch-salische Reichskirchensystem.

Ein zweiter großer Aufstand gegen Ottos Herrschaft ging von seinem Sohn Liudolf (930–957) aus, der Herzog von Schwaben und von seinem Vater als Nachfolger ausersehen worden war. Mit dem Bruder Ottos, Herzog Heinrich von Bayern, gab es wiederum wegen Oberitalien Differenzen. Außerdem war Liudolf durch Ottos neuerliche Heirat (mit Adelheid) wegen einer möglichen Änderung der Thronfolge irritiert. Andere zusätzliche Umstände verstärkten 953 die offene Empörung gegen Otto, die rasch auf ganz Franken, Süddeutschland und Sachsen übergriff. Ein Stimmungsumschwung trat erst ein, als im Frühjahr 954 die Ungarn bis an den Rhein vorstießen. Die Aufständischen verloren nun alle Sympathien. Liudolf gab Ende 954 auf und entsagte seiner schwäbischen Herzogswürde.

Vorerst drohte aber Gefahr von den Ungarn. 955 fielen sie wieder in Bayern ein und konnten am 10. 8. 955 von Otto und dem hl. Ulrich (um 890–973), Bischof von Augsburg, auf dem Lechfeld vernichtend geschlagen werden. Die eine Folge dieser Niederlage war, dass sich die Ungarn in die pannonische Tiefebene zurückzogen, dort sesshaft wurden und später den christlichen Glauben annahmen. Die andere Folge war die Gründung der bayerischen Ostmark zwischen der Enns und dem Wienerwald, der Keimzelle Österreichs.

Nach dem Lechfeldsieg ist Otto von seinem siegreichen Heer als »Vater des Vaterlands« und als *imperator* gefeiert worden. Das Einheitsgefühl der zu *einem* Volk in *einem* Vaterland geeinten Stämme kam darin ebenso zum Ausdruck, wie offenbar auch der Wunsch, dass dem Sieger eine echte Anerkennung seiner für jedermann in Europa erkennbaren hegemonialen Stellung gebühre: nämlich die Kaiserkrone. Doch Sondierungen in Rom brachten vorläufig keine Ergebnisse.

Vorerst standen auch noch andere Aufgaben an. So kam es zu einem letzten Aufbäumen der Ostseeslawen, das mit einem Sieg Ottos 955 beendet wurde. Durch den Tod Kg. Ludwigs IV. von Frankreich entstand dort eine Krise um die Thronfolge des noch minderjährigen Lothar I. (941–986). Dessen Mutter Gerberga war Ottos Schwester. Seinem Einfluss war es dann zu verdanken, dass die westfränkisch-französische Linie der Karolinger vorerst noch weiter regieren konnte.

Die unruhigen politischen Zustände in Oberitalien veranlassten Papst Johannes XII., sich 860 hilfesuchend an Otto zu wenden. Dadurch kam die »Kaiserfrage« wieder in Bewegung. Im August 861 brach Otto mit einem ansehnlichen Heer nach Italien auf und zog Ende Januar 862 in Rom ein. Am Fest Mariä Lichtmess (2. 2.) wurde er in St. Peter zum Kaiser gekrönt, womit die weströmische Kaiserwürde erneuert wurde. Im Gegenzug dazu bestätigte Otto am 13. 2. die karolingischen Schenkungen an den Papst. Danach zog er wieder nach Oberitalien, um dort die Lage zu ordnen. Da Papst Johannes XII. bald merkte, dass er von Ks. Otto in seinem Aktionsradius beschnitten wurde, verbündete er sich mit dessen Gegnern. Im Herbst 863 kehrte daher Ks. Otto nach Rom zurück, setzte Papst Johannes XII. ab und bestimmte, dass künftig kein Papst mehr ohne kaiserliche Bestätigung gewählt werden dürfe. Zum neuen Papst wurde Leo VIII. (963–965) gewählt. Der geflohene »Alt-Papst« konnte aber Anfang 864 in Rom gegen seinen Nachfolger und Ks. Otto einen Aufstand anzetteln, so dass dieser wieder eingreifen musste und damit für ein weiteres halbes Jahr gebunden war. Erst nach dreieinhalbjähriger Abwesenheit konnte er Anfang 965 nach Deutschland zurückkehren.

Während Ottos Abwesenheit hatten seine Vertreter, u. a. sein Bruder Brun, Erzbischof von Köln und Herzog von Niederlothringen mit dem Titel *archidux*, seine Politik weitergeführt. Jetzt war die östliche Slawenmission ein Schwerpunkt, was dazu führte, dass sich Polen enger an das Reich anschloss. Im Jahr 965 wurde der Erzbischof von Mainz Erzkanzler des Reiches mit dem Recht der Einberufung und Leitung der Königswahl.

Doch bereits 966 ist Ks. Otto zu einem dritten Italienzug von Papst Johannes XIII. (965–972) gerufen worden, der von den Römern gefangen gesetzt worden war, aber fliehen konnte. Ein hartes Strafgericht traf die Römer beim Eintreffen Ottos im Dezember 966. Auf einer Synode in Ravenna 967 wurden endlich Ottos Pläne für die Gründung eines Erzbistums Magdeburg gebilligt, das für die Ostmission wichtig war. Es wurde dann

968 gemeinsam mit den Bistümern Meißen, Merseburg und Naumburg-Zeitz errichtet. (Magdeburg und die beiden letzteren sind in der Reformation untergegangen.) Ks. Otto blieb fast sechs Jahre in Italien, obwohl ihn dort keine übergroßen Schwierigkeiten mehr aufhielten. Aber bei dieser Gelegenheit ließ er zu Weihnachten 967 seinen Sohn Otto II. vom Papst zum Mit-Kaiser krönen.

Im August 972 kehrte Otto I. nach Deutschland zurück. Auf einem Hoftag in Quedlinburg zu Ostern 973 wurde seine hegemoniale Stellung in Europa nochmals bestätigt. Zahlreiche Gesandtschaften aus dem Ausland huldigten ihm, auch Frankreichs Kg. Lothar I., sein Neffe, erkannte seine Vormacht an. Wenige Wochen später, am 7. 5., starb Otto in seiner Pfalz Memleben.

Kaiser Otto II.

(973–983)

Ks. Otto II. wurde Ende 955 geboren (Datum und Ort unbekannt). Seine Eltern waren Ks. Otto I. und Adelheid (siehe oben). Er ehelichte 972 Theophanu (950/59–991), die Nichte des byzantinischen Ks. Johannes I. Tzimiskes 924–976), und hatte fünf Kinder, darunter Ks. Otto III. (siehe unten).

26. 5. 961	Krönung zum Mit-Kg. in Aachen
25. 12. 967	Krönung in Rom zum Mit-Ks. durch Papst Johannes XIII. (965–972)
7. 5. 973	Nachfolge des Vaters Ks. Otto I. nach dessen Tod
7. 12. 983	Tod in Rom; Beisetzung zuerst in der Vorhalle von St. Peter in Rom, 1618 Umbettung in die Grotten unterhalb des Domes

Bereits seit 961 zum Mit-König und 967 zum Mit-Kaiser gekrönt, war Otto II. im Frühjahr des Jahres 973 bei der Regierungsübernahme gerade siebzehneinhalb Jahre alt und setzte die Politik seines Vaters fort. Ottos II. Vetter, Herzog Heinrich der Zänker (951–995) von Bayern, versuchte hingegen, ein Intrigenspiel gegen ihn aufzuziehen, das auf seinen Sturz hinarbeitete.

Dazu benützte Heinrich die Herzöge von Böhmen und Polen. Ks. Otto II. durchschaute dies und ließ ihn 974 verhaften. Doch Heinrich konnte Anfang 976 entfliehen und führte den Aufstand gegen den jungen Kaiser fort. Dieser konnte aber Regensburg einnehmen, und Heinrich floh nach Böhmen. Das führte zu einer Neuordnung der bayerischen Verhältnisse. Kärnten wurde mit den Marken Verona und Aquileja abgetrennt und zum Herzogtum erhoben. Der erste Markgraf der Ostmark (Österreich), ein Vertrauter Heinrichs, wurde durch den Babenberger Leopold (Luitpold) (um 940–994) ersetzt. Fast 300 Jahre herrschte dieses Geschlecht in Österreich. Und schließlich bekam Herzog Otto von Schwaben, ein Neffe Ks. Ottos II., das nun verkleinerte Herzogtum Bayern dazu.

Heinrich der Zänker ließ jedoch nicht locker. Zusammen mit dem gerade ernannten Herzog Heinrich von Kärnten (940/43–989) und Bischof Heinrich von Augsburg († 982) holte er 977 zum Gegenschlag aus (»Aufstand der drei Heinriche«). Ks. Otto II. konnte zusammen mit seinem gleichnamigen Neffen zuerst den Herzog von Böhmen und dann mit der Eroberung Passaus den gesamten Aufstand niederringen.

Doch inzwischen braute sich im Westen eine andere Gefahr zusammen: Lothar I. (941–986), der vorletzte karolingische Kg. von Frankreich, drang 978 blitzartig in Lotharingien ein und besetzte Aachen. Ks. Otto konnte in einem Vergeltungszug bis nach Paris ziehen, aber erst im Mai 980 kam es zu einem Friedensschluss. Um die Nachfolge seines Sohnes zu sichern, verzichtete Kg. Lothar auf seine lothringischen Ansprüche.

Nach siebenjähriger Regierung war nun nördlich der Alpen die politische Lage stabilisiert und die Vormacht des Reiches gegenüber Frankreich, Böhmen und Polen sichergestellt. Somit konnte sich Ks. Otto II. Italien zuwenden und im Oktober 980 nach Italien ziehen. Für Ostern 981 regte er eine Synode an, zu der zahlreiche weltliche und geistliche Machthaber aus Europa kamen, was für Ks. Otto II. zweifelsohne ein Zugewinn an Autorität im gesamten Abendland war. In dieser Zeit kam in Süditalien die Sarazenengefahr auf. Ks. Otto II. zog daher mit einem Heer nach Süden. Am 13. 7. 982 kam es am Capo Colonne, südlich von Corrone (Kalabrien), zu einer Schlacht. Emir Abul Kassim fiel zwar, aber ein sarazenisches Reserveheer bereitete den verfolgenden kaiserlichen Truppen eine vernichtende Niederlage. Nur mit Mühe konnte Ks. Otto II. mit einem Schiff übers Meer entfliehen. Trotzdem zogen sich die Sarazenen vom Festland zurück, so dass dieser Ausgang für Otto und das Reich keine negativen Folgen hatte.

Für Ende Mai/Anfang Juni 983 berief Ks. Otto II. einen Reichstag nach Verona ein, um u. a. die Nachfolge für seinen verstorbenen Vetter, den Herzog von Schwaben und Bayern sowie seine eigene Nachfolge zu regeln. Sein nur dreijähriger Sohn Otto wurde einstimmig zum König gewählt.

Im Sommer 983 brachen Konflikte an der Elbe mit den Slawen wieder aus, die aber vernichtend geschlagen wurden, so dass die Elblinie als Ostgrenze des Reiches gesichert war. Zu eigenen Aktivitäten gegen die Elbslawen kam Ks. Otto II. nicht mehr. Er starb, erst 28 Jahre alt, an den Folgen einer falsch behandelten Malariainfektion. Trotz verschiedener Rückschläge wird man seine zehnjährige Regierungszeit im Großen und Ganzen als erfolgreich werten können. Er hat das Erbe seines Vaters, insbesondere die Hegemonialstellung in Europa, weitgehend gewahrt, das Reich im Innern und nach außen gesichert und die ihm gewährte knappe Zeit genutzt.

Kaiser Otto III.

(983–1002)

Ks. Otto III. wurde Ende Juni/Anfang Juli 980 im Reichswald Ketil (Kessel, südlich von Kleve; *in silva, quae Ketil vocatur*) geboren (Datum unbekannt). Seine Eltern waren Ks. Otto II. und Theophanu (siehe oben). Er blieb unverheiratet und kinderlos.

Ende Mai/Anfang Juni 983 Königswahl

25. 12. 983	Krönung zum König (auch von Italien) in Aachen
21. 5. 996	Kaiserkrönung in Rom durch Papst Gregor V. (996–999; wie Otto III. ein Urenkel Ks. Ottos I.)
23./24. 1. 1002	Tod in Paterno (nördlich von Rom); Beisetzung im Aachener Dom

Wie auf dem Reichstag in Verona im Juni 983 vereinbart, wurde der junge Otto III. am Weihnachtstag desselben Jahres in Aachen zum König erhoben. Zu dieser Zeit traf auch die Nachricht vom Tod Ks. Ottos II. ein, und es stellte sich natürlich sofort die Frage nach der Regentschaft. Da die Mutter Ottos III., Ks. Theophanu, noch in Italien weilte, konnte der inzwischen aus der Haft entlassene Heinrich der Zänker als nächster männlicher Verwandter (er war ein Vetter Ks. Ottos II.) diesen Vorteil wahren und die Vormundschaft an sich ziehen. Nachdem aber seine eigenen Königsambitionen bekannt wurden, regte sich der Widerstand der Großen im Reich. Er musste im Mai 984 den kleinen Otto an die wieder nach Deutschland zurückgekehrten Kaiserinnen Theophanu (Mutter) und Adelheid (Großmutter) übergeben. Theophanu und Adelheid hatten die Weihe als *consors imperii* erhalten und waren dadurch für das Amt der Vormundschaft bzw. Regentschaft legitimiert.

Um den inneren Frieden im Reich zu sichern, übergab Theophanu im Juni 985 Bayern an Heinrich den Zänker zurück. Doch an der Westgrenze blieben die Verhältnisse weiter gespannt, weil Kg. Lothar I. von Frankreich seinen Anspruch auf Lotharingien nicht aufgab. Erst sein Tod am 2. 3. 986 und dann der seines kinderlosen Nachfolgers Ludwig V. des Faulen (*Fainéant*) am 22. 987 brachten eine Wende. Neuer König von Frankreich wurde der Herzog von Franzien, Hugo Capet (941–996). Damit ging die Ära der Karolinger in Frankreich zu Ende, und es begann die der Kapetinger, die beinahe 350 Jahre regieren sollten. Kg. Hugo gab zwar das besetzte Verdun frei, aber er verstand es geschickt, sich bald dem ottonischen Einfluss zu entziehen.

In Italien blieb dank der von Ks. Otto I. eingeleiteten Gleichgewichtspolitik der Einfluss des Reiches ungebrochen. Nicht zuletzt war das auch der Verdienst der Regentin Ks. Adelheid. Als Ks. Theophanu im Jahr 991 starb, musste sie die gesamte Regentschaft übernehmen. Adelheid war aber in diesem Punkt nicht so erfolgreich wie Theophanu, so dass deren Tod für das Reich ein schwerer Schlag war. Daher schwand die mühsam bewahrte Hegemonie des Reiches in den folgenden Jahren zusehends dahin. Als die Vormundschaft im September 994 endete, war das einst so stattliche Vermächtnis Ottos des Großen, das Ks. Otto II. noch weitgehend zu sichern vermocht hatte, beinahe aufgezehrt.

Auf dem Reichstag von Sohlingen (bei Höxter) im September 994 wurde Otto III. für volljährig erklärt und übernahm die Regierung. Nicht militärische Großtaten sind das Signum seiner Herrschaft, sondern neue politische Ideen und die Suche nach einer neuen Gesamtkonzeption für Europa kennzeichnen ihn.

Zu seinen ersten Plänen gehörte ein Italienzug mit Blick auf die Kaiserkrone, deren Erhalt für die Stabilisierung seiner Macht wichtig war. Doch zuerst musste noch im Reich einiges geordnet werden. Im Sommer 995 unternahm er einen Feldzug gegen die Slawen an der Ostgrenze, dann musste die Nachfolge für den im August desselben Jahres verstorben Herzog Heinrich den Zänker geklärt werden. Dessen Sohn, der späterer Ks. Heinrich II., wurde mit Bayern belehnt.

Im Frühjahr 996 trat Otto III. seine Romfahrt an. In Pavia erfuhr Otto vom Tod des Papstes und bestimmte Brun, einen Urenkel Ottos des Großen, zum Nachfolger. Gregor V. war der erste deutsche Papst. Wenige Wochen später, bereits am 21. 5. 996, krönte dieser seinen Verwandten zum Kaiser. Im August kehrte Otto III. nach Deutschland zurück und verbrachte 997 mehrere Monate in Aachen, nicht zuletzt um damit an Karl den Großen und dessen Genius anzuknüpfen. Ein mythisch verklärtes Karl-Bild wurde neben einem idealisierten Romdenken, in dem sich die Erinnerung an das antike Rom und an die Stadt der Apostelfürsten verband, zusehends bestimmend für ihn. Nach zwei kurzen Slawenfeldzügen im Sommer 997 brach er wieder nach Rom auf und betraute vorher seine Tante Mathilde, Äbtissin von Quedlinburg (955–999), mit seiner Stellvertretung.

Dort herrschte Aufruhr. Papst Gregor V. wurde vertrieben und ein Gegenpapst ausgerufen. Ks. Otto III. schaffte – nicht ohne Grausamkeit – Ordnung und versuchte, seine Idee einer *Renovatio Imperii Romanorum* umzusetzen. Auf dem Palatin sollte künftig seine Residenz sein. Entsprechende Bauten veranlasste er. Damit verbunden war ein gekoppelter Führungsanspruch in Reich und Kirche. Er blieb bis 999 in Italien, um dann Ende dieses Jahres eine spektakuläre Wallfahrt nach Gnesen zu unternehmen. Sie galt seinem Freund Adalbert (Vojtěch), Bischof von Prag (956–997), der als Missionar bei den damals noch heidnischen Preußen am 23. 6. 997 den Märtyrertod gefunden hatte.

Im Sommer des Jahres 1000 kehrte er wieder nach Rom zurück, wo seine geistlich-weltliche, gleichsam hierokratische Doppelfunktion verstärkt offenkundig wurde. Doch es formierte sich ein Aufstand gegen ihn, und er musste nach Ravenna ausweichen. Im Sommer 1001 führte er einen erfolglosen Strafzug gegen Rom. In der Burg Paterno (am Soracte, nördlich von Rom) starb er Ende Januar 1002 an einer plötzlichen Fiebererkrankung.

Die Historiographie hat Ks. Otto III. bis Mitte des 20. Jh. kritisch beurteilt, weil seine auf Rom fixierte Politik sowie sein Wirken bei der polnischen und ungarischen Staatsbildung den deutschen Interessen abträglich gewesen seien. Doch er, der durch Herkunft, Berater und Vorbilder die verschiedensten Völker- und Kultureinflüsse in sich aufnahm, suchte gerade mit seiner Konzeption eines *Imperium Christianum* die nationalen Regungen zu überwinden. In den wenigen Jahren seines kurzen Lebens hat er dadurch die geistigen Weichen für die an sich übernationale Reichsidee gestellt, wie sie im Heiligen Römischen Reich zumindest in Ansätzen in den folgenden Jahrhunderten verwirklicht wurde. Heute würde man sagen: Er war ein Europäer auf dem Herrscherthron.

Kaiser Heinrich II.

(1002–1024)

Ks. Heinrich II. wurde am 6. 5. 973 oder 978 möglicherweise in Hildesheim geboren. Seine Eltern waren Hz. Heinrich der Zänker von Bayern (951–995) und Gisela (950/55–1007), Tochter Kg. Konrads III. von Burgund († 993). Im Jahr 1000 ehelichte er Kunigunde (um 975–1033), eine Tochter des Gf. Siegfried von Luxemburg (um 1919–998). Die Ehe blieb kinderlos.

995	Hz. von Bayern
7. 6. 1002	Königskrönung in Mainz
14. 5. 1004	Wahl und Krönung zum *rex Langobardorum* in Pavia
14. 2. 1014	Kaiserkrönung in Rom durch Papst Benedikt VIII. (1012–1024)

13. 7. 1024	Tod in Grone bei Göttingen; Beisetzung im Dom zu Bamberg
1046 u. 1200	Heiligsprechung Heinrichs und Kunigundes

Otto III. starb unverheiratet und kinderlos, so dass die Frage entstand, welchem nahen Verwandten die Nachfolge gelingen würde. In diesem Ringen setzte sich Herzog Heinrich von Bayern, der Sohn Heinrichs des Zänkers, durch. Er war ein Urenkel Kg. Heinrichs I. und stand damit genealogisch auf derselben Stufe wie Ks. Otto III.

Als Kg. Heinrich II. sein Amt antrat, war er ohne jede Illusion: In Italien tobte der Aufruhr, und die Polen nutzten das Interregnum, um Meißen zu besetzen. Für die idealistischen Vorstellungen seines Vorgängers war kein Platz mehr. Anstelle der *renovatio imperii Romanorum* Ks. Ottos III. sollte die *renovatio regni Francorum* treten.

Die damals stärkste Gefahr ging von Polen unter Boleslaw Chrobry (966–1025) aus. Die Auseinandersetzungen mit ihm beanspruchten Heinrich II. mit Unterbrechungen 15 Jahre lang. In dem schließlich Anfang 1018 abgeschlossenen Frieden von Bautzen blieben Meißen und Böhmen vor Boleslaws Zugriff bewahrt. Er musste auch die lehnsrechtliche Abhängigkeit vom Reich anerkennen. Mit Frankreich und Ungarn waren hingegen die Beziehungen ohne nennenswerte Probleme. In Italien gestalteten sich die Verhältnisse für Heinrichs II. jedoch am schwierigsten. Erst im Frühjahr 1004 kam er erstmals nach Italien, wo er zum *rex Langobardorum* gewählt und gekrönt wurde. Doch ein Aufstand zwang ihn, nach Deutschland zurückzukehren. Erst nach der zweiten Phase des Polenkriegs hatte er für Italien etwas mehr freie Hand. Zum Jahresende 1013 zog er rasch über die Alpen nach Rom und empfing zusammen mit seiner Gemahlin Kunigunde die Kaiserkrone. Im Frühsommer 1014 kehrte er zurück.

Die Stabilisierung an den Grenzen und die Durchführung der verschiedensten Heereszüge war Ks. Heinrich nur möglich, weil er zugleich eine erfolgreiche Innenpolitik betrieb. Dabei war er wie Otto der Große auf die herzogliche Gewalt bedacht. Hier bildete sich zunehmend die Nachfolge des meist ältesten Sohnes heraus, der als Lehnserbe angesehen wurde. Daher waren dem

Kaiser/König bei der Herzogsnachfolge zunehmend enge Grenzen gesetzt. Somit wurde die Lehnsübertragung bald nur mehr ein formaler Akt, wie er bis zum Ende des Reiches 1806 dann charakteristisch war.

Deutlichere Akzente konnte Heinrich in seiner Kirchenpolitik setzen. Hier konnte er Vertraute zu Bischöfen ernennen. Die »kanonische Wahl« wurde auf ein schlichtes Zustimmungsrecht herabgestuft. Heinrich fühlte sich als »geweihter« König bzw. Kaiser sowohl für das Reich wie die Kirche zuständig. Diesen Synergismus zwischen Staat und Kirche, der dann von den nachfolgenden Saliern ausgebaut wurde, nennt man auch ottonisch-salisches Reichskirchensystem. In der Nachwelt besonders in Erinnerung blieb seine am 1. 11. 1007 auf einer Synode in Frankfurt vorgenommene Gründung des Bistums Bamberg, das sein Lieblingsort wurde.

Auf seinem rastlosen Weg durch das Reich in allen Belangen starb Ks. Heinrich II. in der Pfalz Grone. In dem aus seinen Mitteln erbauten Dom von Bamberg fanden er und später auch seine Gemahlin Kunigunde die letzte Ruhe. Dort hat man sein Gedächtnis besonders bewahrt und zu einem Kult gesteigert, so dass beide später heilig gesprochen wurden. Allerdings wird in neuester Zeit (Stefan Weinfurter) die »Heiligkeit« Heinrichs wegen dessen aus heutiger Sicht negativer Eigenschaften – man vermisst bei ihm u. a. die klassischen Herrschertugenden wie Barmherzigkeit und Milde – kritisch beurteilt.

Ks. Heinrich II. hat mit seiner sofortigen Rückverlegung des politischen Schwergewichts aus Italien nach Deutschland, mit seinen Sicherungsmaßnahmen an der Ost- und Westgrenze sowie mit seiner Vertiefung der religiösen Wurzeln und wirtschaftlichen Fundamente seines theokratischen Weihekönigtums das Erbe Ottos des Großen gesichert. Das Reich war bei seinem Tod gefestigt.

DIE HERRSCHER DER SALIERZEIT (1024–1125)

Das Herkunftsgebiet des Geschlechts der Salier, die ab dem 12. Jh. in Erinnerung an das Stammvolk des Frankenkönigs Chlodwig († 511) so genannt wurden, war der Moselraum, dann der Raum um Worms und Speyer. Mit Konrad dem Roten (922–955), der ab 944 Hz. von Lothringen war und in der Schlacht am Lechfeld fiel, trat dieses Geschlecht in das Licht der Geschichte. Dessen Sohn Otto von Worms (um 948–1004) wurde 978 Herzog von Kärnten, dessen Sohn Brun wiederum wurde 996 zum Papst Gregor V. gewählt. Dessen Bruder Heinrich war der Vater Ks. Konrads II. Konrad der Rote war mit einer Tochter Ks. Ottos des Großen verheiratet, somit war dieser der Ururgroßvater Ks. Konrads II.

Die Häufigkeit der Vornamen Heinrich und Konrad zu dieser Zeit, insbesondere bei den Saliern, führte später zu der sprichwörtlichen Redensart »Hinz und Kunz«.

KAISER KONRAD II.

(1024–1039)

Ks. Konrad II. (der Ältere) wurde um 990 geboren (Datum und Ort unbekannt). Seine Eltern waren der Salier Heinrich, Gf. von Speyer († um 995), und Adelheid von Metz. Um 1016 ehelichte er GISELA (um 989–1043), eine Tochter von Hz. Hermann II. von Schwaben (945/50–1003). Er hatte drei Kinder, darunter Ks. HEINRICH III. (siehe unten).

4. 9. 1024	Königswahl in Kamba (rechtsrheinisch nahe Oppenheim)
8. 9. 1024	Königskrönung in Mainz

1026	(wahrscheinlich in Mailand) Krönung zum Kg. von Italien
26. 3. 1027	Kaiserkrönung in Rom durch Papst Johannes XIX. (1024–1032)
2. 2. 1033	Wahl und Krönung zum Kg. von Burgund in Peterlingen (Payerne, Kanton Lausanne)
4. 6. 1039	Tod in Utrecht; Beisetzung im Dom zu Speyer

Konrad II. hatte eine harte Kindheit hinter sich, da sein Vater früh verstorben war. Seine Königserhebung im Jahr 1024 war wesentlich das Werk von Erzbischof Aribo von Mainz (990–1031). Konrad II. begann nun bald, seine Königsherrschaft und seine Dynastie zu festigen. Dazu gehörte auch der 1030 begonnene Bau des Doms zu Speyer, der zu Grabstätte aller salischen Kaiser und auch anderer Herrscher wurde.

Die Zustände in Italien forderten bald das Eingreifen des Königs. Im Februar 1026 trat er seinen ersten Italienzug an, und nach und nach wurden die oppositionellen Adeligen niedergeworfen. 1027 kapitulierte Pavia. Konrad konnte daraufhin nach Rom ziehen und wurde Ende März 1027 zusammen mit seiner Gemahlin Gisela zum Kaiser gekrönt. Bei der Zeremonie waren übrigens die Könige von Burgund sowie von Dänemark und England anwesend, was natürlich für Ks. Konrad II. politisch zukunftsweisend war. Er stellte auch unter Beweis, dass er Herrschaft und Friedenssicherung in Italien mit Energie und Geschick wahrzunehmen wusste. Im Sommer kehrte er dann nach Deutschland zurück.

Ks. Konrad stand wie seine Vorgänger vor dem Problem, die Reichsinteressen mit den Rechtsvorstellungen der Fürsten und des Adels in Einklang zu bringen. Daraus resultierten immer wieder Aufstände, Oppositionsbewegungen usw. So musste er der Rebellion seines Stiefsohnes, Herzog Ernst II. von Schwaben (1014–1030), entgegentreten. Dadurch und durch andere Umstände konnte sein Sohn, der spätere Ks. Heinrich III., die drei süddeutschen Herzogtümer Bayern, Schwaben und Kärnten auf sich vereinen.

Weiterhin erforderten Polen und Böhmen die Aufmerksamkeit des Kaisers. In Polen ließ sich Boleslaw Chrobry 1025 zum Kg. erheben, und drei Jahre später fiel dessen Sohn Mieszko II.

(990–1034) in die sächsischen Grenzmarken ein. In langwierigen Kämpfen gelang es Ks. Konrad II., die Stellung Mieszkos zu schwächen, so dass jener die Königswürde ablegte. Erst nach dessen Tod 1034 war Polen vorerst kein ernsthafter Gegner mehr. Auch Böhmen steuerte einige Zeit einen Kurs der Unabhängigkeit, aber 1035 huldigte Herzog Břetislav I. (1005–1055) Ks. Konrad II., der nicht nur Böhmen, sondern erstmals auch Mähren zum Lehen nahm. So konnte er im Ganzen gesehen die Lage an den Ostgrenzen stabilisieren.

Von Ks. Heinrich II. hat er den Anspruch auf das Königreich Burgund übernommen. Nach dem Tod des söhnelosen Kg. Rudolfs III. von Burgund (um 970–1032), konnte sich Konrad mit Geschick durchsetzen. In der Benediktinerabtei Peterlingen, heute Payerne im Kanton Lausanne, ließ er sich zum Kg. von Burgund wählen und krönen. Dauerhaft war diese Herrschaft erst gesichert, als Konrads Sohn, der spätere Ks. Heinrich III., 1038 in Solothurn zum König gewählt wurde und bereits die Nachfolge antreten konnte. Die geopolitische Konsequenz dieser Herrschaftssicherung für die Reichspolitik war, dass man nun die westlichen Alpenpässe kontrollieren und die Verbindung zwischen dem oberitalienischen Adel und Frankreich unterbinden konnte. Dadurch wurde auch den autonomistischen Bestrebungen des *regnum Italiae* endgültig die Grundlage entzogen.

Auf dem zweiten Italienzug 1036 bis 1038 konnte Ks. Konrad II. seine Fähigkeit, sich neuen Herausforderungen anzupassen, unter Beweis stellen. In Oberitalien war es zu Auseinandersetzungen zwischen den große Feudalbischöfen und der kleinen Lehnsleute (Valvassoren) gekommen. Diese forderten die Erblichkeit ihrer Lehen, was ihnen der Kaiser in gegensätzlicher Auffassung zu den Bischöfen gewährt hatte. Somit hatte er die sozial aufsteigenden Valvassoren für sich gewonnen, die nun zu Stützen der Reichsherrschaft in Italien wurden. Als Konrad 1038 Italien wieder verließ, war die Ordnung im Land weitgehend wieder hergestellt.

In der Regierungszeit des ersten Saliers wurde der »römische« Charakter des Reiches betont. Die Kaiserbulle wies als Unterschrift *Roma caput mundi regit orbis frena rotundi* auf (Rom, das Haupt der Welt, lenkt die Zügel des Erdkreises). Die ottonische (d. h. die sog. Wiener) Reichskrone wurde mit einem neuen Bügel und einem Kreuz auf der Stirnplatte versehen. Der Herrscher sollte, wenn er die Krone trug, unter das Kreuz gestellt und so deutlich über das christliche Volk (Laien) hinausgehoben sein.

Konrad II. starb, etwa 50 Jahre alt, am Tag nach Pfingsten 1039 in Utrecht und hinterließ seinem Nachfolger ein geordnetes Reich mit gesicherter Hegemonialposition in der abendländischen Staatenwelt.

Kaiser Heinrich III.

(1039–1056)

Ks. Heinrich III. wurde am 28. 10. 1017 geboren (Ort unbekannt). Seine Eltern waren Ks. Konrad II. und Gisela (siehe oben). Er war zweimal verheiratet: ab 1036 mit Gunhild/Kunigunde (um 1018–1038), einer Tochter von Kg. Knut des Großen (996–1035) von Dänemark und England, und 1043 mit Agnes (1025–1077), einer Tochter von Hz. Wilhelm V. von Aquitanien (969–1030). Er hatte sieben Kinder, darunter Ks. Heinrich IV. (siehe unten).

1027	Hz. von Bayern
14. 4. 1028	Wahl und Krönung zum Mit-Kg. in Aachen
1038	Erhebung zum Kg. von Burgund in Solothurn
4. 6. 1039	Nachfolge des verstorbenen Vaters Ks. Konrads II.
25. 12. 1046	Kaiserkrönung in Rom durch Papst Clemens II. (1046/47)
5. 10. 1056	Tod in Bodfeld am Harz; Beisetzung im Dom zu Speyer

Mit dem Tod seines Vaters Ks. Konrads II. begann Heinrichs Regierung, nachdem er bereits elf Jahre zuvor zum König gewählt, erhoben und gekrönt worden war. Noch 1039 fiel das Herzogtum Kärnten an das Reich, so dass die drei süddeutschen Herzogtümer (mit Bayern und Schwaben) unter dessen Einfluss standen. Ab 1042 wurden mit diesen nach und nach andere belehnt. Schwierigkeiten gab es mit dem Herzogtum Lothringen. Als Herzog Gozelo (um 970–1044) starb, belehnte Heinrich III. mit Nieder- und Oberlothringen getrennt dessen Söhne, was zu einer Rebellion des älteren Sohnes führte. Daraufhin erwuchsen in diesem Raum langwierige Auseinandersetzungen, so dass dessen innerer Zusammenhalt auf Dauer geschwächt wurde. 1048 wurde dann mit Oberlothringen Gerhard von Elsass (1015/20–1070) aus der Dynastie der Matfriedinger belehnt, der Vorfahren des Hauses Lothringen(-Habsburg), die dieses Land bis 1737 regieren sollten.

In der Außenpolitik war Heinrich III. in den Anfangsjahren hauptsächlich auf die Aufrechterhaltung der Hegemonialstellung gegenüber den östlichen Nachbarn ausgerichtet. Böhmen unter seinem Herzog Břetislav I. zeigte Expansionsbestrebungen. Břetislav wurde schließlich 1041 militärisch bezwungen und musste die Lehnsbindung an das Reich anerkennen. Heinrich III. griff 1044 auch in die ungarischen Thronstreitigkeiten militärisch ein. Der am Ende siegreiche Kandidat bekannte sich als König als Lehnsmann des Reiches.

Im Jahr 1046 schienen die politischen Probleme der ersten Regierungsphase soweit gelöst, dass er sich höheren Zielen zuwenden konnte. In seinem ersten Italienzug griff Heinrich III. ordnend in die Wirren der Stadt Rom und des Papsttums ein. Der Reformströmung von Cluny nahestehend, wandte er sich entschieden gegen die Simonie (Ämterkauf), die man teilweise den damaligen Päpsten vorwarf. Durch Vertreibung, Verzicht und Gegenpapstwahlen war die Lage des Papsttums unübersichtlich geworden. Es handelte sich um die »Päpste« Benedikt IX. (1032–1048), Silvester III. (1045/46) und Gregor VI. (1045/46). In einer Synode von Sutri im Dezember 1046 setzte Heinrich III. alle drei ab. Neuer Papst wurde ein Vertrauter Heinrichs, der bisherige Bf. Suidger von Bamberg, der den Namen Clemens II. annahm. Dieser krönte dann an Weihnachten 1046 Heinrich III. zum Kaiser.

Papst Clemens II. sollte nach dem Willen Ks. Heinrichs III. ein Reformpapst sein und die Macht der römischen Adelsfamilien über das Papsttum zurückdrängen. Nicht zuletzt deshalb wurde er bereits am 9. 10. 1047 vergiftet, wahrscheinlich von dem abgesetzten Papst Benedikt IX. Nachfolger von Clemens II.

wurde der Bischof Poppo von Brixen, der den Namen Damasus II. (1048) annahm. Er starb bereits nach einem halben Jahr im Amt (wie überhaupt die »deutschen Päpste« dieser Zeit keine lange Regierungszeit aufwiesen.) Sein Nachfolger Leo IX. (1049–1054) reiste nach Deutschland und hielt zusammen mit dem Kaiser 1049 in Mainz eine Synode ab, von der die Kirchenreform in Deutschland ihren Ausgang nahm. Die Kirchenpolitik des Kaisers zielte ganz im Sinne der cluniazensischen Reform auf die Stärkung der Klöster ab, die er von den Bischöfen und dem Laienadel unabhängiger machen wollte. Das war der Beginn zu Entwicklung reichsständischer, d. h. reichsunmittelbarer Abteien.

Zu Anfang der fünfziger Jahre des 11. Jh. begann eine gewisse Kritik am Regierungsstil des Kaisers, bei denen auch eine Reihe außen- wie innenpolitischer Misserfolge eine Rolle spielte. Bei Feldzügen gegen Ungarn 1051/52 handelte sich Ks. Heinrich III. Niederlagen ein, womit auch ein Aufruhr im süddeutschen Raum verbunden war. Papst Leo IX. musste sich in Süditalien der normannischen Gefahr erwehren und wurde dabei gefangen genommen. Probleme gab es auch in Lothringen und Sachsen.

Im Frühjahr 1055 trat Heinrich einen zweiten Italienzug an und konnte dabei die salische Herrschaft in Ober- und Mittelitalien festigen. Nach seiner Rückkehr endete auch der Widerstand in Süddeutschland. Angesichts all dieser Probleme war es Ks. Heinrich III. ein Anliegen, die Thronfolge zu klären. So konnte im November 1053 sein Sohn, der spätere Ks. Heinrich IV., zum König gewählt werden. Der schon früher von Krankheiten heimgesuchte Ks. Heinrich III. wurde im September 1056 erneut auf das Krankenlager geworfen und starb Anfang Oktober.

»Ks. Heinrich III. hat im Einklang mit dem Denken seiner Zeit eine Grundaufgabe des Kaisertums darin gesehen, Kirche und Welt als zwei ungetrennte Sphären zu erneuern. Nach allem, was wir von seinen Taten wissen, hat er sich dieser Verpflichtung mit hohem Verantwortungsbewusstsein gestellt. Eine Tragik seines Lebens liegt darin, dass er, dem die Verwirklichung des Friedens so viel bedeutete, das Umsichgreifen von Unfriede und Streit in seinen späteren Jahren nicht hindern konnte.« (Karl Rudolf Schnith)

Kaiser Heinrich IV.

(1056–1106)

Ks. Heinrich IV. wurde am 11. 11. 1050 wahrscheinlich in Goslar geboren. Seine Eltern waren Ks. Heinrich III. und Agnes (siehe oben). Er war zweimal verheiratet: ab 1066 mit Bertha von Turin (1051–1087), einer Tochter von Mgf. Otto von Turin-Savoyen (um 1030–1060), und 1089 mit Praxedis (Adelheid) (1167/70–1109), einer Tochter von Grft. Wsewolod I. von Kiew (1030–1093). Er hatte fünf Kinder, darunter Agnes (1072/75–1143), die zuerst mit Hz. Friedrich (I.) von Schwaben (1047/48–1105) und dann mit Mgf. Leopold III. von Österreich (1073–1136) verheiratet war, Konrad (1074–1101), der 1087 zum Kg. gekrönt wurde, und Ks. Heinrich V. (siehe unten).

Nov. 1053	Wahl zum Mit-Kg. in Tribur
17. 7. 1054	Königskrönung in Aachen
5. 10. 1056	Königserhebung in Bodfeld am Harz und neuerliche Krönung durch Papst Viktor II. (1055–1057) nach dem Tod seines Vaters
31. 3. 1084	Kaiserkrönung in Rom durch Gegenpapst Clemens (III.) (1080–1100)
1105	Absetzung durch seinen Sohn Heinrich V.
7. 8. 1106	Tod in Lüttich; vorläufige Beisetzung in der Afrakapelle des Speyerer Domes
1111	endgültige Beisetzung im Königschor des Domes zu Speyer

Heinrich IV. war sechs Jahre alt, als sein Vater starb, daher musste eine Regentschaft eingerichtet werden, die Kaiserin Agnes zufiel. Doch gab sie wichtige Positionen der Königsgewalt aus der Hand, und es fehlte ihr an einem energischen Durchgreifen. Dieses Machtvakuum nutzten Kreise in Rom aus, die in der Verfügungsgewalt der »Laien« über die Kirche ein Hauptübel sahen. Damit verbunden waren auch Versuche, das Papsttum – insbesondere die Papstwahl – aus dem Einfluss des Kaisers bzw. Königs zu lösen und umgekehrt diesen von einer Bestätigung des Papstes abhängig zu machen. Es wurden also bereits Tendenzen sichtbar, die Jahre später zum Konflikt führen sollten. Ebenso versuchten die Reichsfürsten, ihre Rechte gegenüber dem Königtum zu erweitern.

Kaiserin Agnes zog sich 961 von der Regentschaft und in ein Kloster zurück, ohne Nonne zu werden. Nun hatte der machtbewusste und Reformen gegenüber aufgeschlossene Erzbischof Anno von Köln (1010–1075) maßgeblich die Zügel in der Hand. In einem »Staatsstreich« entführte er im April 1062, den jungen Kg. Heinrich auf ein Rheinschiff bei Kaiserswerth (Düsseldorf). Der knapp Zwölfjährige durchschaute den Plan, stürzte sich kopfüber in den Fluss und wäre beinahe ertrunken. Neben Erzbischof Anno von Köln rückte auch dessen Amtsbruder Adalbert von Hamburg-Bremen (um 1000–1072) in den Vordergrund. Beide nützten ihre Stellung zu maßloser Erwerbspolitik für sich. Der junge König musste mit ansehen, wie Reichsrechte und -besitzungen an geistliche und weltliche Fürsten verschleudert wurden. All diese Kindheitserinnerungen sollten ihn prägen.

Im März 1065 wurde er volljährig, übernahm die Reichsregierung und unternahm energische Versuche, die während der Vormundschaft eingetretenen Verluste wieder einzubringen. Das reizte zu Gegenreaktionen und Widerstand. Mit Ausnahme von Niederlothringen gab es überall – vor allem in Sachsen, dann auch in Schwaben, Kärnten und Bayern – zahlreiche Konflikte. Die Fürsten verweigerten die Zusammenarbeit, der König hingegen stützte sich vermehrt auf die Ministerialen (niederer Adel) und zum Teil auf die Städte. Mehr als den Kompromissfrieden von Gerstungen (an der Werra, Westthüringen) im Jahr 1074 sollte es nicht geben. Erst im folgenden Jahr 1075 führte ein militärisches Vorgehen gegen die Sachsen zum Erfolg (Schlacht von Homburg an der Unstrut). Die Wiederherstellung der salischen Macht im Reich war abgeschlossen, da traf Anfang 1076 von Papst Gregor VII. (1073–1085) ein Schreiben an Kg. Heinrich IV. ein, wo ihm eklatantes Fehlverhalten vorgeworfen und in scharfem Ton schuldiger Gehorsam verlangt wurde. Bei Zuwiderhandeln würde der Bann ausgesprochen. Was war geschehen?

Zum einen entglitt Italien teilweise der Kontrolle des salischen Hofes, nicht zuletzt deshalb, weil es noch nicht zu einem Italienzug Kg. Heinrichs IV. gekommen war. Zum anderen gewann das Reformpapsttum weiter an Selbstbewusstsein und schreckte vor Konflikten mit der Reichsgewalt nicht zurück. Treibende Kraft hierbei war vor allem der aus der Toskana stammende Mönch Hildebrand, der 1073 als Gregor VII. zum Papst gewählt wurde. Dieser forcierte die gegen die Simonie und Laieninvestitur gerichteten Reformbemühungen und kam deswegen auch bald mit Kg. Heinrich IV. und Vertretern der Reichskirche in Konflikt. So nannte Erzbischof Liemar von Hamburg-Bremen († 1101) den Papst einen »gefährlichen Menschen«, der den Bischöfen wie seinen Beamten Befehle erteilen wolle.

Auf der römischen Fastensynode von 1075 erließ Gregor VII. den sog. *Dictatus papae,* in dem sich der Papst u. a. als der universale Bischof bezeichnete, der in allen Angelegenheiten der Kirche ein Entscheidungsrecht besitzt. Damit wurde erstmals der Anspruch eines Jurisdiktionsprimates des Papstes zusammenfassend formuliert. Dazu gehörte damals auch der Machtanspruch gegenüber dem Kaiser/König.

Heinrich IV. traf sich am 24. 1. 1076 mit den Großen des Reiches, darunter einer beträchtliche Zahl von Bischöfen, in Worms zu einer Synode, um die päpstliche Attacke abzuwehren. Diese kündigten den Gehorsam gegenüber dem Papst auf, gegen den auch eine Vielzahl von Vorwürfen erhoben wurde. Heinrich IV. forderte Gregor VII. auf, den Stuhl Petri zu verlassen, was auch als Absetzung interpretiert wird. Er sandte – nicht zuletzt aus seinem theokratischen Verständnis heraus – ein diesbezügliches Schreiben an den Papst, das im Reich propagandistisch verbreitet wurde. Die Gegenreaktion ließ nicht lange auf sich warten: Auf der römischen Fastensynode am 15. 2. 1076 sprach Papst Gregor VII. Kg. Heinrich IV. die Lenkung seiner Reiche ab, verhängte über ihn den Bann und löste die Untertanen von ihrem Treueid gegenüber dem König.

Die Front der Bischöfe gegen Papst Gregor VII. begann nach und nach – nicht zuletzt durch dessen geschicktes Taktieren – abzubröckeln. Eine erneute Adelsopposition drängte Kg. Heinrich IV. in die Defensive. Um die Gefahr eines persönlichen Erscheinens Papst Gregors VII. im Februar 1077 in Deutschland zu abzuwenden, fasste Kg. Heinrich IV. den kühnen Entschluss, im strengen Winter 1076/77 nach Italien zu reisen, um sich mit dem

Papst zu versöhnen. Am 25. 1. 1077, dem Fest Pauli Bekehrung – sicherlich nicht zufällig gewählt –, kam es unter Vermittlung von Mathilde von Tuszien (wohl 1046–1115) zur öffentlichen Kirchenbuße des Königs, dem vielzitierten »Gang nach Canossa« (in der Nähe von Reggio). Gregor VII. erteilte ihm darauf am 28. 1. die Absolution.

Was waren die Folgen dieses »Ganges«? Der Bann von Heinrich war gelöst, er konnte wieder – aus der Sicht der Kirche – ungehindert regieren und hatte eine Reise des Papstes nach Deutschland verhindern können. Der kurzfristige Erfolg stand also auf der Seite des klug taktierenden Königs. Langfristig bewirkte die »Wende von Canossa« aber eine Entsakralisierung des Herrschertums und eine Absage an dessen theokratischem Selbstverständnis. Außerdem: Der König hatte den Papst als Richter anerkannt. Es zeichnete sich also eine Überordnung des *Sacerdotium* über das *Regnum* ab.

Heinrich IV. blieb zunächst in Oberitalien, musste jedoch bald wieder zurückkehren, denn eine radikale Gruppe unter den Fürsten zeigte sich mit der Hinwendung Gregors VII. zu Heinrich höchst unzufrieden und betrieb die Wahl eines Gegenkönigs. Am 15. 3. 1077 wählten sie in Forchheim den Herzog von Schwaben, Rudolf von Rheinfelden (um 1025–1080), zum Gegenkönig. Heinrich handelte entschlossen und setzte ihn und seine Parteigänger ab. Das Herzogtum Schwaben wurde an Friedrich von Büren/Staufen (1050–1105) übertragen, der später Heinrichs Schwiegersohn wurde und das Geschlecht der Staufer begründete. Doch damit war der Gegenkönig noch nicht erledigt, es kam im Reich zu weiteren Kämpfen zwischen den Parteien.

Papst Gregor VII. ging neuerlich in die Offensive, verbot 1078 auf einer Lateransynode die Laieninvestitur und verhängte über Kg. Heinrich IV. wiederum den Bann, der aber in Deutschland und Italien nicht die erhoffte Wirkung zeigte. Inzwischen war (1080) Gegenkönig Rudolf in einer Schlacht gefallen, so dass Heinrich von dieser Gefahr befreit war. Im Juni 1080 folgte ein weiterer Gegenschlag Heinrichs: Auf einer Synode in Brixen erklärte er Papst Gregor VII. für abgesetzt, und der Erzbischof von Ravenna wurde zum Gegenpapst Clemens III. bestimmt.

Im Jahr 1081 begann Heinrich seinen Italienzug. Erst im

März 1084 konnte er Rom einnehmen, Gregor VII. floh in die Engelsburg und wurde auf einer Synode für abgesetzt erklärt. Zu Ostern krönte Clemens III. Heinrich zum Kaiser. Doch Ende Mai konnten die Normannen als Parteigänger Gregors VII., nachdem die Kaiserlichen bereits abgezogen waren, Rom einnehmen und verwüsteten dabei die Stadt schwer.

Ks. Heinrich IV. kehrte Mitte 1084 nach Rom zurück und stellte seine Autorität wieder her, so dass ihm ruhigere Jahre bevorstanden. 1085 wurde auf einem Reichstag in Mainz der Gottesfriede (*treuga dei*) verkündet, und 1087 wurde Heinrichs ältester Sohn Konrad (1074–1101) zum König gewählt und gekrönt, so dass vorerst die Nachfolge gesichert war.

Doch im Jahr 1089 deutete sich wieder ein Umschwung an. Es gelang Papst Urban II. (1088–1099), neuerlich eine »antiheinrizianische« Koalition in Süddeutschland und Italien herbeizuführen. Daher zog 1090 Ks. Heinrich IV. wieder nach Italien, nicht zuletzt weil er sich militärisch stark genug fühlte, um seine Gegner niederwerfen und endlich dem Gegenpapst Clemens III. zum Durchbruch verhelfen zu können. Nach anfänglichen Erfolgen erlitt er aber 1092 eine empfindliche Niederlage, der weitere Rückschläge folgten. So gelang es der Gegenpartei, Konrad zum Abfall von seinem Vater zu bewegen.

Die Lage für Heinrich IV. war nun prekär. Die Alpenpässe waren in der Hand der Gegner, er war von Deutschland abgeschnitten, und die meisten italienischen Bundesgenossen waren von ihm abgefallen. Und so verweilte er im Raum Verona und Padua in mehrjähriger Tatenlosigkeit. Es war dies die Zeit des Ersten Kreuzzugs (1096–1099), an dem aber der Kaiser keinen Anteil hatte. Doch schließlich konnte er durch verschiedene, für ihn glückhafte politische Konstellationen 1097 nach Deutschland zurückkehren und dort seine Stellung wieder einnehmen. Dazu gehörte 1098 auch die Neuregelung der Thronfolge. Dem abtrünnigen Konrad wurde diese abgesprochen, es folgten Wahl und Krönung des jüngeren Sohnes, des späteren Ks. Heinrichs V.

Ende 1104 sagte sich nun auch dieser von ihm los. Die letzte Phase der langen und so wechselvollen Regierung Ks. Heinrichs IV. hatte nun begonnen. Im Oktober 1105 standen Vater und Sohn bei Regensburg gegenüber. Der Kaiser zog sich in der Folge an den Rhein zurück, wurde aber gefangengenommen und musste »freiwillig« abdanken. Heinrich V. übernahm auf dem Mainzer Reichstag Anfang 1106 formell die Regierung. Doch Heinrich IV. konnte aus Ingelheim entkommen und mit Hilfe des Herzogs von Niederlothringen einen militärischen Widerstand organisieren, der anfänglich sogar erfolgreich war. Doch ehe es zur entscheidenden militärische Auseinandersetzung kam, starb Heinrich IV. nach kurzer Krankheit am 7. 8. 1106 in Lüttich, nicht ohne seinem Sohn vergeben zu haben.

Kaiser Heinrich V.

(1106–1125)

Ks. Heinrich V. wurde 1086 geboren (Datum und Ort unbekannt). Seine Eltern waren Ks. Heinrich IV. und Bertha von Turin (siehe oben). Er ehelichte 1114 Mathilde (wahrscheinlich 1102–1167), eine Tochter von Kg. Heinrichs I. von England (um 1068–1135). Die Ehe blieb kinderlos.

1098	Wahl zum Mit-Kg.
6. 1. 1099	Königskrönung in Aachen (seit Heinrich V. ist die Bezeichnung *rex Romanorum* gebräuchlich)
Ende 1104	Lossagung vom Vater
6. 1. 1106	Übernahme der formellen Regierung auf dem Reichstag zu Mainz durch Erhalt der Reichsinsignien
7. 8. 1106	Übernahme der legalen Regierungsgewalt nach dem Tod seines Vaters Ks. Heinrich IV.
13. 4. 1111	Kaiserkrönung in Rom durch Papst Paschalis II. (1099–1118)
23. 5. 1125	Tod in Utrecht; Beisetzung im Dom zu Speyer

Nach dem Tod seines Vaters wurde Kg. Heinrich V. allgemein anerkannt und hatte dieselben politischen Lasten wie dieser zu tragen. Die Frage der Laieninvestitur stand weiter im Vordergrund. Hierbei kam es 1107 zu einer Einigung zwischen Papst Paschalis II. und den Königen von Frankreich und England. Die

Basis war die von Ivo von Chartres (um 1040–1115) entwickelte Theorie, dass man bei der Amtsübertragung zwischen den Spiritualien und den Temporalien unterscheiden müsse, also zwischen der Übertragung des geistlichen bzw. sakramentalen Amtes und der Übertragung der Lehensgüter. Auf dieser Basis wollte man auch in Deutschland verhandeln, aber die Gespräche versandeten zunächst.

In den ersten Regierungsjahren Heinrichs V. herrschte in Deutschland weitgehend Ruhe. In Sachsen erlosch im Mai 1106 das billungische Haus. Dessen Eigengüter gingen an die Welfen und Askanier, Herzog wurde der spätere Ks. Lothar von Supplinburg. 1109 wurden die Verhandlungen über die Investiturfrage wieder aufgenommen. Im August 1110 brach Heinrich V. nach dem Süden auf, Anfang Februar 1111 stand er vor Rom. Der Papst bot nun an, dass die Kirche auf alle vom Reich bzw. vom König stammenden Güter verzichte, wenn umgekehrt auch auf die Laieninvestitur verzichtet würde – ein in der Tat radikaler Plan. Wäre er umgesetzt worden, hätte es die bis 1803 bestandenen zahlreichen geistlichen Fürstentümer im Heiligen Römischen Reich nicht gegeben. Heinrich V. ging darauf überraschend ein. Manche behaupten, weil er wusste, dass dieser Plan undurchführbar sei, denn zu sehr waren Reich und Kirche seit langem schon verzahnt.

Heinrich V. und Paschalis II. einigten sich in Sutri auf diesen Vorschlag, der bei der für 12. 2. 1111 vorgesehenen Kaiserkrönung kundgemacht werden sollte. Als es dazu kam, entstand ein wütender Protest unter den anwesenden Bischöfen des Reiches, die sich ihres politischen Einflusses beraubt sahen. Die Kaiserkrönung konnte vorerst nicht vollzogen werden, Heinrich V. nahm daraufhin Papst Paschalis II. gefangen. Unter Druck gab jener nach und machte Heinrich im Vertrag von Mammolo (Toskana) Zugeständnisse. Er sollte das Recht behalten, den kanonisch gewählten Bischof vor der Weihe mit Ring und Stab einzusetzen. Ohne eine solche Investitur war eine Weihe unzulässig. Am 13. 4. 1111 fand dann die Kaiserkrönung in Rom statt. Danach trat Ks. Heinrich V. die Rückkehr nach Deutschland an.

Hier wollte er die Reichsgewalt stärken, was wiederum die Territorialfürsten zum Widerstand verleitete. Immerhin konnte Anfang 1114 beim Mainzer Hoftag durch die Heirat Heinrichs V.

mit der englischen Königstochter Mathilde, »von schöner und lieblicher Gestalt«, ein zumindest emotionaler Höhepunkt der Epoche Heinrichs V. erreicht werden. Doch mit dem an diesem Hoftag beschlossenen Feldzug gegen die renitenten Friesen begann ein rapider Niedergang seiner Stellung, weil zahlreiche niederrheinische Großen, darunter der Erzbischof von Köln, mit ihnen gemeinsame Sache machten. Die Sachsen schlossen sich diesen an, und Ks. Heinrich V. erlitt 1115 bei Welfesholz (bei Mansfeld) eine militärische Schlappe.

Da der Süden Deutschlands aber hinter dem Salier stand, unternahm Ks. Heinrich V. im März 1116 erneut einen Italienzug. Anfang 1117 zog er in Rom ein. Im Januar 1118 folgte Gelasius II. (1118/19) Papst Paschalis II. nach. Aus unverständlichen Gründen stellte er diesem einen Gegenpapst entgegen, so dass Gelasius II. am Palmsonntag 1118 über Ks. Heinrich V. den Bann verhängte, was für dessen Stellung in Deutschland nachteilig war. 1119 folgte Calixtus II. (1119–1124) auf Gelasius II. Es wurden auf beiden Seiten jene Kräfte immer stärker, die auf eine Einigung bei der Laieninvestitur drängten. Die Verhandlungen zogen sich mit Unterbrechungen bis 1122 hin. Am 23. 9. 1122 wurde mit dem sog. Wormser Konkordat endlich der jahrzehntelange Investiturstreit beendet. Es bestand aus zwei Dokumenten: einer Urkunde Ks. Heinrichs V. für die römische Kirche und den Papst sowie einer Urkunde Papst Calixtus' II. für den Kaiser. Die Ergebnisse waren folgende:

Der Kaiser wurde wieder in die Gemeinschaft der Kirche aufgenommen. Dem Königtum wurde ermöglicht, die Kirche weiterhin in den Dienst des Reichs zu stellen. Die freie kanonische Wahl wurde gesichert, und zwar in Gegenwart des Königs (*praesente regis*), der bei strittigen Entscheidungen eingreifen durfte. Der Gewählte bekam vom König »mit dem Zepter die Regalien«. Somit war die Temporalieninvestitur anerkannt. In Deutschland sollte diese Investitur vor der Weihe erfolgen, in Burgund und in Italien spätestens sechs Monate danach. Diese Einigung war für beide Teile ein tragbarer Kompromiss, sie wurde auf dem 1. Laterankonzil 1123 bestätigt. Und so gesehen führte die Regierungszeit Heinrichs V. zu Ergebnissen, die Respekt verdienen.

Für die innerdeutsche Politik lässt sich aber Ähnliches freilich nicht feststellen. Im Norden des Reiches, insbesondere in Sachsen unter Lothar von Supplinburg, konnte sich die Reichsgewalt kaum noch durchsetzen. In den folgenden Jahren erkrankte der Kaiser schwer. Am Samstag nach Pfingsten des Jahres 1125 starb Heinrich V. kinderlos in Utrecht. Damit war die salische Dynastie im Mannesstamm erloschen.

Kaiser Heinrich V.

DIE HERRSCHER DER STAUFERZEIT (1125–1254)

Der Aufstieg der Staufer aus eher bescheidenen Anfängen – ab 1030 sind sie als Grafen bezeugt – hängt eng mit ihrer Nähe zu den Saliern zusammen. 1079 wurde Friedrich (I.) Herzog von Schwaben und vermählte sich mit der Tochter Ks. Heinrichs IV. Wegen der Loyalität der Staufer zu den Saliern wurde Friedrich (II.) der Einäugige (1190–1147), der Sohn Herzog Friedrichs (I.), ebenfalls nach dessen Tod mit dem Herzogtum Schwaben belehnt. 1116 wurden Herzog Friedrich (II.) und sein Bruder Konrad anlässlich des zweiten Italienzuges Ks. Heinrichs V. mit der Wahrung der kaiserlichen Interessen betraut. Herzog Friedrich (II.) wurde auch als Erbe des salischen Hausgutes eingesetzt, was aber zur die Erlangung der Königskrone nicht beitrug.

Kaiser Lothar III.

(1125–1137)

Ks. Lothar III. wurde Anfang Juni 1075 geboren (Datum und Ort unbekannt). Seine Eltern waren Gf. Gebhard von Supplinburg († 1075) und Ida von Querfurt. Er ehelichte um 1100 Richeza (1095–1141), eine Tochter von Gf. Heinrich von Northeim († 1101), Mgf. von Friesland. Er hatte eine Tochter Gertrud (um 1113–1143), die in erster Ehe mit dem Welfen Hz. Heinrich dem Stolzen (um 1100–1139) – aus dieser ging Heinrich der Löwe hervor – und in zweiter Ehe mit dem Babenberger Hz. Heinrich II. Jasomirgott (um 1107–1177) von Österreich und Bayern verheiratet war.

1106	Hz. von Sachsen
30. 8. 1125	Königswahl in Mainz
13. 9. 1125	Krönung in Aachen

29. 6. 1128 Krönung zum Kg. von Italien in Monza
4. 6. 1133 Kaiserkrönung in Rom durch Papst Innozenz II. (1130–1143)
4. 12. 1137 Tod auf einer Hütte bei Breitenwang (Reutte, Tirol); Beisetzung in der Benediktinerabtei Königslutter (in der Nähe von Helmstedt)

Lothar entstammt einem seit langem in Sachsen verwurzeltem Adelsgeschlecht, das sich nach der Süpplingenburg bei Helmstedt, eines der Stammsitze, benannte. Wenig ist über seine ersten 30 Lebensjahre bekannt, und so bedeutete seine im Jahr 1106 erfolgte Belehnung mit dem Herzogtum Sachsen durch Ks. Heinrich V. einen Wendepunkt in seiner bis dahin für die Geschichtsschreibung eher unauffälligen Laufbahn.

Lothar war einer der beständigsten Widersacher Ks. Heinrichs V. Als dieser starb, war es Lothar bereits gelungen, sich in Sachsen einen bedeutenden Eigengüterkomplex und eine der Reichsverwaltung weitgehend entzogene Machtstellung aufzubauen. Heinrich V. konnte den Erben seines Hausgutes, seinen Neffen, den Staufer Herzog Friedrich (II.) von Schwaben, zu Lebzeiten für die Königsnachfolge nicht designieren, obwohl eine solche nahe lag. Auch gab es gegen ihn erhebliche Vorbehalte unter den Fürsten. Man war daher entschlossen, die Entscheidung einer Wahl zu überlassen.

Diese fand am 30. 8. 1125 in Mainz statt. In einer zum Teil tumultartigen Szene wurde Lothar als einer der drei Favoriten – neben Herzog Friedrich (II.) von Schwaben noch Markgraf Leopold III. von Österreich – zum König gewählt, wozu sicherlich der Umstand beigetragen haben dürfte, dass er nicht mit dem salischen Haus verwandt und dass nach über zehn kinderlosen Ehejahren wohl kein Erbe mehr zu erwarten war.

Kg. Lothar musste nun versuchen, die Schwierigkeiten mit den übergangenen Staufern zu lösen. Denn diese weigerten sich, trotz Aufforderung das Königsgut herauszugeben, was in der Folge zu kriegerischen Auseinandersetzungen führte, die aber keine Lösung brachten. Von staufischer Seite wurde nun Konrad (siehe unten), der jüngere Bruder von Herzog Friedrich (II.), im Dezember 1127 zum Gegenkönig ausgerufen. Doch Lothar gelang es im Jahr 1128 im Gegenzug, die lombardische Krone zu erlangen. 1130 kehrte er nach Deutschland zurück, konnte sich vorerst behaupten und wieder der Italienpolitik zuwenden.

So brach er im Spätsommer des Jahres 1132 erneut nach Italien auf. Seinen Durchzug durch Oberitalien konnte er sich nur mit Mühe erkämpfen, und in Rom gelang es ihm nicht, die Leostadt mit St. Peter einzunehmen, so dass die Kaiserkrönung am 4. 6. 1133 in der Lateranbasilika stattfinden musste. Danach kehrte er nach Deutschland zurück und betrieb die endgültige Niederschlagung der staufischen Rebellion. Im Herbst 1135 unterwarf sich dann auch Gegenkönig Konrad. Somit hatte Ks. Lothar dem Reich wieder Ruhe verschafft.

Im Sommer 1136 brach er mit dem Welfen-Herzog Heinrich dem Stolzen von Bayern und dem Staufer Konrad zum zweiten Mal nach Italien auf. Es gelangen ihm einige Erfolge in Oberitalien, aber zu einem weiteren Vordringen nach Süden kam es nicht. Beim strapaziösen Übergang über die Alpen erkrankte er schwer und starb in den Tiroler Alpen. Zuvor hatte er seinem Schwiegersohn Heinrich den Stolzen das Herzogtum Sachsen übertragen und die Reichsinsignien überantwortet. Die damit verbundene Option einer Nachfolge im Reich gelang aber nicht.

Die Regierungszeit Lothars ist insgesamt als eine an – wenn auch nicht eben spektakulären – persönlichen und politischen Erfolgen reichen Epoche zu sehen. Im Zeichen einer früher stauferfreundlichen Geschichtsschreibung wurde Lothar meistens nicht gebührend gewürdigt. Die neuere Forschung kommt hingegen zu einem ausgewogeneren Urteil.

König Konrad III.

(1138–1152)

Kg. Konrad III. wurde 1093 geboren (Datum und Ort unbekannt). Seine Eltern waren Hz. Friedrich (I.) von Schwaben (um 1047/48–1103) und Agnes (1072/75–1143), eine Tochter Ks. Heinrichs IV. Er heiratete zweimal: 1114/15 Gertrud von Comburg (um 1095-um 1130/31), eine Tochter des Gf. Heinrich von Comburg († 1116), und um 1131/32 Gertrud von Sulzbach (1113/16–1146), eine Tochter von Gf. Berengar II. von Sulzbach († 1125). Er hatte fünf Kinder, darunter Kg. Heinrich (VI.) (1137–1150) und Friedrich (IV.) von Rothenburg (1144/45–1167).

18. 12. 1127	Wahl zum Gegen-Kg.
22. 6. 1128	Krönung in Monza zum Kg. von Italien
7. 3. 1138	Königswahl in Koblenz
13. 3. 1138	Krönung in Aachen
15. 2. 1152	Tod in Bamberg; Beisetzung im dortigen Dom

Nachdem sein Bruder Herzog Friedrich (II.) von Schwaben bei der Königswahl 1125 unterlegen war, formierte sich nach der Rückkehr Konrads aus Jerusalem die staufische Partei neu und rief ihn 1127 zum König aus. Lothar III. verhängte über die staufischen Brüder die Reichsacht, die aber ohnedies kaum über ihr Stammland hinaus Einfluss gewinnen konnten. Konrad versuchte daher 1128, durch einen Zug nach Italien Unterstützung zu erhalten. Er wurde zwar mit der lombardischen Krone gekrönt, erhielt aber deswegen keinen entscheidenden Machtzuwachs. Nachdem nun Lothar III. seine Herrschaft in Deutschland zunehmend sichern konnte, unterwarf sich ihm Konrad 1035 und beteiligte sich auch am zweiten Italienzug.

Als Ende 1137 Ks. Lothar III. starb, galt als aussichtsreichster Kandidat dessen Schwiegersohn, der Welfe Herzog Heinrich der Stolze von Bayern und Sachsen. Die Welfen waren ein ursprünglich fränkisches Adelsgeschlecht, dessen Ursprünge bis ins 8. Jh. zurückreichen und dessen Bezeichnung auf den häufig verwendeten Namen Welf zurückzuführen ist. 1055 erlosch dieses Geschlecht im Mannesstamm und wurde mit Welf IV. (1030/40–1101) in einer weiblichen Linie (d'Este) fortgeführt. Dieser konnte die Besitzungen in Schwaben ausbauen und wurde 1070 als Herzog mit Bayern belehnt. Mit ihm und seinen Söhnen Welf V. (1173–1120) und Heinrich dem Schwarzen (1075–1126) begann der Konflikt mit den Staufern, der dann im 12. Jh. eskalieren sollte.

Zu einer Schlüsselfigur der Königswahl wurde nun Erzbischof Albero von Trier (1080–1152), der Konrad durchsetzen konnte. Überraschend schnell fanden sich die Fürsten mit der

Wahl ab. Lediglich mit Herzog Heinrich der Stolzen kam es zum Konflikt, weil der sich weigerte, das ihm am Totenbett Ks. Lothars III. verliehene Herzogtum Sachsen herauszugeben. Darauf wurde eine Reichsexekution gegen ihn angesagt. Damit intensivierte sich entscheidend der staufisch-welfische Gegensatz, der in den kommenden Jahrzehnten Deutschland prägen sollte. Doch Heinrich der Stolze konnte sich in Sachsen weiter behaupten. Als er im Oktober 1139 starb, konnte sich vorerst sein Bruder Welf VI. (1115–1191) gegen den Kandidaten Kg. Konrads III., den Babenberger Mgf. Leopold IV. (1108–1141) durchsetzen.

Nach einem Sieg über Welf VI. fiel im Dezember 1140 die Stadt Weinsberg (nahe Heilbronn) in die Hände Konrads III. Die Sage von den treuen »Weibern von Weinsberg«, die mit königlicher Erlaubnis alles behalten durften, was sie beim Auszug aus der Stadt tragen könnten, und daraufhin die eigenen Ehemänner auf ihren Rücken durch das Tor schleppten, dürfte historischen Ursprungs sein. Bei dieser Schlacht soll auch erstmals der Ruf »Hie Welf – hie Waibling!« ertönt sein. Die württembergische Stadt Waiblingen gehörte zum staufischen Hausgut. Daraus entstand dann später die sprichwörtliche Redensart »Hie Welf – hie Stauf!« Die spätere Verlagerung des welfisch-staufischen Konflikts nach Italien brachte dort die Kontrahenten Guelfen-Ghibellinen hervor.

Die Situation in Sachsen bereinigte Konrad durch die Belehnung Heinrichs des Löwen (1132/33–1195), des Sohns Heinrichs des Stolzen. Die Bedingung war jedoch der Verzicht auf Bayern, dem sich aber Welf VI. widersetzte. 1143 wurde nach dem Tod Herzog Leopolds IV. Konrads Habbruder, der Babenberger Heinrich II. Jasomirgott (1072/75–1143), Herzog von Bayern (seinen Beinamen erhielt er, weil er seine Aussagen immer mit »Ja so mir Gott helfe« bekräftigt haben soll). Durch eine gezielte Heiratspolitik versuchte nun Konrad, seine Stellung auch im Westen zu stärken, und außenpolitisch bemühte er sich, mit wechselndem Erfolg in die böhmische und ungarische Thronfolge einzugreifen.

Inzwischen war Papst Eugen III. (1145–1153) durch die römischen Bürger in Bedrängnis geraten, so dass ein Italienzug notwendig wurde. Doch Kg. Konrad III. wurde von einem baldigen Eingreifen in Italien durch einen Umschwung in den Kreuzfahrerstaaten abgehalten. Hier war die Grafschaft Edessa, im Grenzgebiet der heutigen Türkei mit Syrien, gefallen. Somit wurde für einen neuen Kreuzzug insbesondere von Bernhard von Clairvaux (um 1090–1153 geworben. Doch vorher mussten die Verhältnisse im Reich geordnet werden. Auf einem Reichstag in Frankfurt/Main wurde ein allgemeiner Landfrieden verkündet und der zehnjährige Sohn Kg. Konrads, Heinrich (VI.), zum König gewählt (und in Aachen gekrönt). Die Regentschaft in Abwesenheit Konrads sollte aber der Erzbischof von Mainz übernehmen.

Von Regensburg zog das deutsche Kreuzfahrerheer in den Zweiten Kreuzzug (1147–1149), unter ihnen Kg. Konrad III., Welf VI., Herzog Friedrich (III.) von Schwaben (der spätere Ks. Friedrich I. Barbarossa, siehe unten) und Herzog Heinrich II. Jasomirgott, auf dem Landweg nach Konstantinopel. Aufgrund von Schwierigkeiten und Niederlagen in Kleinasien beschloss man eine Weiterfahrt auf dem Seeweg und erreichte 1148 Akko. Inzwischen war auch das französische Kreuzfahrerheer unter Kg. Ludwig VII. (1120–1180) eingetroffen. Eine militärische Aktion für Edessa war aber unmöglich geworden, daher entschloss man sich, Damaskus einzunehmen, was aber u. a. wegen der Uneinigkeit der Kreuzfahrerheere misslang. Enttäuscht über den negativen Verlauf des Kreuzzugs trat Kg. Konrad III. die Rückkehr auf dem Seeweg an.

Im Mai 1149 war er wieder in Deutschland, wo sich der Erzbischof von Mainz als Reichsverweser nicht sonderlich behauptet hatte. Heinrich der Löwe hatte seinen Anspruch auf das Herzogtum Bayern weiterhin nicht aufgegeben. Daher kam es im Februar 1150 nochmals bei Flochberg (westlich von Nördlingen) zum Kampf zwischen Welf VI. und einem königlichen Heer, das siegreich blieb. Welf VI. wäre zwar zu einem Ausgleich bereit gewesen, doch Heinrich der Löwe widersetzte sich, so dass die Bemühungen um einen Frieden vorerst erfolglos waren.

Nachdem im Mai 1150 der bereits gekrönte Königssohn Heinrich gestorben war, designierte Konrad statt seines minderjährigen Sohnes Friedrich von Rothenburg seinen gleichnamigen Neffen, den späteren Ks. Friedrich I. Barbarossa. Eine inzwischen sich anbahnende Möglichkeit für eine Kaiserkrönung konnte aber durch seinen Tod nicht mehr in die Tat umgesetzt werden.

Kaiser Friedrich I. Barbarossa (1152–1190)

Ks. Friedrich I. Barbarossa wurde zwischen dem 20. und 23. 12. 1122 geboren (Ort unbekannt). Seine Eltern waren Hz. Friedrich (II.) der Einäugige von Schwaben (1190–1147), der Bruder Kg. Konrads III. (siehe oben), und die Welfin Judith († 1130/31). Er war zweimal verheiratet: 1147/49 mit Adela (1128/29-nach 1187), einer Tochter von Mgf. Diepold III. von Vohburg († 1046), und 1156 mit Beatrix (um 1144–1184), einer Tochter von Gf. Rainald III. von Hochburgund. Er hatte zwölf Kinder, darunter Ks. Heinrich VI. (siehe unten) und Kg. Philipp von Schwaben (siehe unten).

1147 bis 1152	Hz. von Schwaben
4. 3. 1152	Königswahl in Frankfurt/Main
9. 3. 1152	Krönung in Aachen
18. 6. 1155	Kaiserkrönung in Rom durch Papst Hadrian IV. (1154–1159)
26. 7. 1178	Krönung zum Kg. von Burgund in Arles
10. 6. 1190	Tod durch Ertrinken im Fluss Saleph (heute türkisch Göksu) in Kleinasien; Beisetzung an verschiedenen Orten (Fleisch in der Kathedrale St. Peter in Antiochia; Herz und Eingeweide in Tarsus; Gebeine in der Kathedrale von Tyrus)

Kg. Konrads III. Neffe Friedrich Barbarossa (oder Rotbart, wegen seines rotblonden Haares so genannt) brachte insofern gute Voraussetzungen mit sich, da er durch seine Mutter mit den Welfen verwandt war. Das ermöglichte ihm, die Versöhnung im Reich voranzubringen. Überraschenderweise wurde er bereits knapp drei Wochen nach dem Tod Konrads auf einem Hoftag zum König gewählt und danach in Aachen gekrönt. Bereits davor, zum Jahreswechsel 1151/52, war es ihm gelungen, zwischen seinen beiden Onkeln Kg. Konrad III. und Herzog Welf VI. eine Friedensregelung herbeizuführen. Dieser Ausgleich wurde auch nach der Wahl Friedrichs fortgesetzt. Die

Folge dieses Ausgleichs war aber eine Stärkung des »welfischen Staates«, insbesondere im Norden des Reiches.

Kg. Friedrich trat bald mit dem Papst wegen einer Kaiserkrönung in Verhandlungen ein, die bereits für Kg. Konrad III. zum Greifen nahe gewesen war. Es kam auch zu einer Vereinbarung zwischen den beiden, die die Gleichberechtigung beider Parteien betonte (Vertrag zu Konstanz 1153) und Differenzen wegen der Verletzung des Wormser Konkordats (1122) bereinigte. Doch die mangelnde königliche Präsenz in Oberitalien während der letzten Jahre hatte dort vor allem bei den Städten ein Selbstbewusstsein entstehen lassen, das die Durchführung dieses Planes vorerst hinderte. Ebenso gab es zwischenzeitlich einen zweimaligen Wechsel im Pontifikat. Erst im Oktober 1154 brach Friedrich nach Italien auf, wo er während sechs Italienzüge insgesamt 16 Jahre seiner 38jährigen Regierungszeit verbringen sollte. In der Folge gelang es ihm nur mit Mühe, in dem unübersichtlichen politischen Dickicht Oberitaliens Ordnung zu schaffen, wobei Mailand am meisten Schwierigkeiten bereitete. Auf dem Weiterzug nach Rom besuchte er im Mai 1155 Bologna, wo er das älteste Universitätsgesetz (*Habita*) erließ, in dem durch ein Privileg den Professoren und Studenten besonderer Schutz eingeräumt wurde. (Diese Regelung ist vielfach im Bewusstsein bis heute noch präsent.)

Im Juni wurde Friedrich im Petersdom von Papst Hadrian IV. zum Kaiser gekrönt. Zur selben Zeit musste er einen Aufstand in der Stadt Rom niederschlagen. Die nächsten Monate brachten eine Änderung der politischen Landschaft Italiens. Denn die Stellung der Normannen in Unteritalien hatte sich inzwischen gefestigt, und es kam zu einem Ausgleich zwischen diesen und dem Papst. Damit wurde die im Konstanzer Vertrag formulierte kaiserlich-päpstliche Zusammenarbeit entscheidend ausgehöhlt.

Zurück in Deutschland musste Ks. Friedrich I. die bayerisch-welfische Frage lösen. Das Herzogtum Bayern wurde im Rahmen des erwähnten Ausgleichs mit den Welfen diesen wieder zugesprochen. Das bedeutete, dass für den damaligen Herzog Heinrich II. Jasomirgott (1072/75–1143), einem Babenberger, gleichzeitig auch Markgraf von Österreich, ein entsprechender Ersatz gefunden werden musste. Denn die Babenberger zählten zu den treuesten Verbündeten der Staufer. Dieser Ausgleich geschah nun im *Privilegium minus* vom 17. 9. 1156. Danach wurde die bisherige Markgrafschaft Österreich zu einem eigenen Herzogtum erhoben und von Bayern losgelöst. Damit verbunden waren auch eine Reihe von Privilegien, die es so bisher für ein Territorium im Reich noch nie gegeben hatte: die Erbfolge auch in weiblicher Linie; die Verpflichtung des Herzogs, nur auf Hoftagen in Bayern zu erscheinen; die Beschränkung der Heerfahrtspflicht nur auf die Nachbarländer; desgleichen die Stärkung der Gerichtsbarkeitsrechte des Herzogs. Dieses *Privilegium minus* war ein wesentlicher Schritt vom »jüngeren Stammesherzogtum« hin zum Ausbau der territorialen Landesherrschaft in Deutschland. Es war auch die Voraussetzung für eine Schwerpunktbildung im Südosten des Reiches für die kommenden Jahrhunderte und – wenn man so will – der erste Schritt auf dem Weg hin zur Separation Österreichs von Deutschland.

Ebenfalls im Jahr 1156 ehelichte Ks. Friedrich I. in zweiter Ehe Beatrix von Burgund. Damit verbunden war der Versuch, diesen Teil des Reiches wieder stärker der imperialen Herrschaft zuzuführen. Aus dieser Perspektive heraus wurde 1157 ein Hoftag in Besançon (Bisanz) abgehalten, wo es zu einem folgenschweren Zwischenfall kam. Der seit diesem Jahr amtierende Kanzler Ks. Friedrichs, Reinald von Dassel (1120–1167), übersetzte den Begriff *beneficia* in einer päpstlichen Botschaft mit »Lehen«, was zu einem Sturm der Entrüstung führte, weil sich Ks. Friedrich I. ja nicht als Lehnsnehmer des Papstes verstehen konnte. Im Gegensatz zur Zeit Ks. Heinrichs IV. standen nun in dieser Frage alle Reichsfürsten hinter ihm. Reinald von Dassel übrigens, später Erzbischof von Köln und damit Erzkanzler von Italien, beeinflusste in den nächsten Jahren stark die Politik des Kaisers. Im historischen Rückblick gesehen war er die erste Persönlichkeit, die man als »leitenden Minister« bezeichnen könnte, als Träger eines Amtes zwar in Unterordnung zum Herrscher, aber in deutlicher politisch bestimmender Position.

Im Jahr 1158 brach Friedrich Barbarossa zum zweiten Mal nach Italien auf. Zentrum des Widerstandes gegen ihn war dabei Mailand, das zweimal belagert werden musste und dessen Befestigungsanlagen dann geschleift wurden. Nach neuerlichen Kämpfen konnte Mailand erst 1162 endgültig bezwungen werden. Im Jahr 1159 starb Papst Hadrian IV. In einer von Tumulten begleiteten Wahl wurde darauf Alexander III. (1159–1181) gewählt, der die bisherige politische Linie fortsetzen wollte. Das wollte der Kaiser nicht hinnehmen, woraufhin als Gegenpapst Viktor IV. gewählt wurde. Damit begann ein 18jähriges Schisma. Gegenseitige Exkommunikationen und Bannungen, von denen auch Ks. Friedrich betroffen war, folgten.

Das Bemühen des Kaisers, die Anerkennung des Gegenpapstes Viktor durchzusetzen, war von keinem Erfolg gekrönt. Die Erzbischöfe von Mainz und Salzburg standen auf der Seite Alexanders III., der nunmehr in Frankreich Rückhalt und Schutz finden konnte. Der Tod Viktors im Jahr 1164 hätte die Möglichkeit der Beendigung des Schismas geboten, doch Rainald von Dassel setzte ohne Abstimmung mit dem Kaiser sofort die Wahl eines Nachfolgers, nämlich Paschalis III. (1164–1168), durch. Aber dessen Anhängerschaft bröckelte in der Folge zunehmend ab. Um dem entgegenzusteuern, wurden 1165 auf dem Hoftag zu Würzburg alle anwesenden weltlichen und geistlichen Fürsten in einem Kraftakt auf Paschalis III. eingeschworen. Die opponierenden Erzbischöfe von Mainz und Salzburg verfielen der Reichsacht bzw. wurden abgesetzt. Im selben Jahr wurde von Paschalis Ks. Karl der Große heilig gesprochen. Das lag auf der Linie Ks. Friedrich Barbarossas, der sich in dessen Tradition sah und als Erneuerer des westlichen Kaisertums betrachtete.

Papst Alexander III. hingegen fühlte sich nun in Frankreich, wohin er sich begeben hatte, nicht mehr sicher und kehrte 1165 nach Rom zurück, um bei den Normannen Rückhalt zu finden. Barbarossa war klar geworden, dass die Entscheidung in Italien fallen musste. Im Herbst 1166 brach er mit großer Streitmacht zu seinem nunmehr vierten Italienzug auf. Man marschierte direkt nach Rom und siegte bei Tusculum. Alexander III. musste aus Rom erneut fliehen, und nach der Einnahme der Leostadt wurde Paschalis III. in St. Peter als Papst feierlich inthronisiert. Aber es erschien wie ein Gottesurteil, als nur wenige Tage später eine katastrophale Seuche das kaiserliche Heer heimsuchte, dem viele – u. a. Reinald von Dassel – zum Opfer fielen. Auch der Kaiser erkrankte und konnte nur mit Mühe sein Heer nach Norden zurückzuführen. Zusätzlich entbrannten Aufstände oberitalienischer Städte. Kurzum: Ks. Friedrich Barbarossas

Kampf gegen Alexander III. und seine Italienpolitik waren – zumindest vorerst – gescheitert.

Nach Deutschland zurückgekehrt konnte er dort seine an sich bereits unangefochtene Stellung weiter ausbauen. Im Jahr 1169 ereichte er die Wahl und Krönung seines erst dreijährigen Sohnes Heinrich. Ebenso gelang es ihm, die staufische Hausmacht zu erweitern. Als nun der Gegenpapst Paschalis III. 1168 starb, schien ein Ende des Schismas in den Bereich des Möglichen gerückt zu sein. Doch weigerte sich Barbarossa weiterhin, Alexander III. anzuerkennen. Daraufhin kam es zu neuerlichen und langwierigen Auseinandersetzungen in Oberitalien. In der Schlacht von Legnano am 29. 5. 1176 wurde Barbarossa von den Lombarden besiegt. Der folgende Friede von Venedig am 24. 7. 1177 brachte aber eine Lösung: Ks. Friedrich Barbarossa erkannte Papst Alexander III. an, dieser wiederum löste den Kaiser vom Bann, und für Oberitalien wurde ein mehrjähriger Waffenstillstand geschlossen. Barbarossa war zwar mit seiner rigiden Politik in »Reichsitalien« gescheitert, doch blieben noch immer erhebliche Spielräume für eine kaiserliche Politik in Italien bestehen. Hingegen wurde seine Stellung im Reich noch unangefochtener, weil die Hemmnisse des päpstlichen Schismas – und damit die unterschiedlichen Loyalitäten – weggefallen waren. Am 26. 7. 1178 konnte er dann bei der Rückkehr nach Deutschland in Arles auch noch die Krone Burgunds empfangen.

Das im März 1179 stattfindende III. Laterankonzil bestätigte den Frieden von Venedig und beschloss eine neue Papstwahlordnung (Zweidrittel-Mehrheit), die für die nächsten 200 Jahren Doppelwahlen verhindern konnte. Im selben Jahr starb übrigens Hildegard von Bingen, eine der bedeutendsten Frauengestalten des Mittelalters, die durch ihre Korrespondenz mit Päpsten und Kaisern bekannt geworden war.

Im Reich war inzwischen für Ks. Friedrich Barbarossa die Position des Welfen Heinrichs des Löwen gefährlich geworden. Durch seine rücksichtslose Machtpolitik hatte jener sich aber zahlreiche Feinde geschaffen und wurde wegen Landfriedensbruchs mehrmals zu Hoftagen geladen, erschien aber nicht. Somit wurden ihm dann 1180 alle seine Lehen aberkannt und die Reichsacht über ihn verhängt. Heinrich ging hierauf 1182 nach England ins Exil, und es blieben ihm nur seine Allodien Braunschweig und Lüneburg. Das Herzogtum Bayern erhielt 1180 Otto von Wittelsbach (um 1117–1183), womit dort die Herrschaft dieses Geschlechts begann, die bis 1918 dauern sollte. Sachsen erhielt Bernhard von Anhalt (1140–1212). Von Sachsen abgetrennt wurde Westfalen, dessen herzogliche Würde die Erzbischöfe von Köln bekamen. Ebenso wurde die Steiermark von Bayern abgetrennt und zu einem eigenen Herzogtum erhoben. Die Territorialisierung des Reiches hatte mit der Zerschlagung dieser beiden mächtigen Stammesherzogtümer einen weiteren wesentlichen Fortschritt gemacht.

Inzwischen konnte 1183 die oberitalienische Frage zu einer weiteren befriedigenden Lösung zugeführt werden, so dass Ks. Friedrich Barbarossa im Herbst 1184 seinen sechsten Italienzug unternehmen konnte. Dabei fiel eine Entscheidung von weitreichender historischer Dimension: die Verlobung seines Sohnes Heinrich mit der um elf Jahre älteren Constanze (1154–1198), der Tante des sizilianischen Kg. Wilhelms II. (1153–1189). Auch wenn die Vereinigung beider Reiche damals noch nicht abzusehen war, wurde doch die italienische Politik mit diesem Schritt entscheidend verändert. Das Papsttum hingegen sah sich durch diese neue Konstellation von zwei Seiten bedrängt. Doch noch konnte 1189 zwischen Papst Clemens III. (1187–1191) und dem Kaiser eine Bereinigung stattfinden. Diese war auch deswegen notwendig geworden, weil durch Ereignisse im Heiligen Land ein neuer, dritter Kreuzzug erforderlich geworden war.

Nachdem für geordnete Verhältnisse im Reich gesorgt war – Barbarossas Sohn Heinrich blieb hier als Regent zurück – brach am 11. 5. 1189 von Regensburg das kaiserliche Kreuzfahrerheer auf. Im März 1190 setzte es über den Hellespont, und der Marsch wurde durch Kleinasien fortgesetzt. Als der Kaiser wegen der Hitze am 10. 6. 1190 im Fluss Saleph ein Bad nehmen wollte, ereilte ihn der Tod. Damit starb einer der bedeutendsten Herrschergestalten des Hochmittelalters.

Nach einer Sage sitzt Friedrich Barbarossa im Kyffhäuser (östlich von Nordhausen), wo sein roter Bart bereits durch den steinernen Tisch wächst. Alle hundert Jahre wacht er auf, um zu sehen, ob die Raben noch um den Berg fliegen. Wenn ja, schläft er weiter. Friedrich Rückert (1788–1866) hat 1817 dazu das Gedicht »Der alte Barbarossa« geschrieben, welches endet:

»Und wenn die alten Raben,
noch fliegen immerdar,
so muss ich auch noch schlafen,
verzaubert hundert Jahr.«

Eine fast gleichlautende Sage gibt es von Karl dem Großen und dem Untersberg bei Salzburg (siehe S. 18). Beide Kaisergestalten waren von einem besonderen Kaiser-Charisma umgeben.

Kaiser Heinrich VI.

(1190–1197)

Ks. Heinrich VI. wurde in der Zeit zwischen Oktober und Dezember 1165 in Nimwegen geboren (Datum unbekannt). Seine Eltern waren Ks. Friedrich I. und Beatrix (siehe oben). Er ehelichte 1186 Constanze von Sizilien (1154–1198), die Erbtochter von Kg. Roger II. von Sizilien (1095–1154). Er hatte einen Sohn: Ks. Friedrich II. (siehe unten).

Juli 1169	Königswahl in Bamberg
15. 8. 1169	Krönung in Aachen
10. 6. 1190	Regierungsübernahme nach dem Tod seines Vaters Ks. Friedrichs I.
15. 4. 1191	Kaiserkrönung in Rom durch Papst Cölestin III. (1191–1198)
25. 12. 1194	Krönung zum Kg. von Sizilien in Palermo
28. 9. 1197	Tod in Messina; Beisetzung im Dom zu Palermo

Bereits als Dreijähriger unter Umgehung seines älteren, aber kränklichen Bruders zum König gewählt und gekrönt, wurde Heinrich VI. im Jahr 1188 zum Regenten im Reich bestellt. Als Kg. Wilhelm II. von Sizilien (1153–1189) ohne Erben verstorben war, machte sich dessen Tante Constanze, die nunmehrige Ehefrau Heinrichs VI., Hoffnungen auf dieses Erbe. Aber die sizilianischen Barone entschieden sich für Tankred von Lecce (1130–1194), den unebenbürtigen Halbbruder Wilhelms II. Um nun die Ansprüche Constanzes durchsetzen zu können, musste

Heinrich sich mit den Welfen kurzfristig einigen, was im Juli 1190 auch gelang. Inzwischen traf die Nachricht vom Tod Ks. Friedrich Barbarossas ein, so dass Heinrich VI. erst Ende 1190 nach Italien aufbrechen konnte. Nach verschiedenen Schwierigkeiten – inzwischen gab es einen Papstwechsel zu Cölestin III. – konnte Heinrich am Ostermontag zum Kaiser gekrönt werden. Damit war der Weg nach Süditalien frei. Doch scheiterte eine Belagerung Neapels an einer typhusartigen Epidemie im kaiserlichen Heer.

Zurück in Deutschland stand der Kaiser vor Schwierigkeiten u. a. mit der welfischen Opposition. Aber ein glücklicher Zufall rettete Heinrich aus einer schier ausweglosen Situation. Der von Ks. Friedrich I. Barbarossa begonnen Kreuzzug wurde nach dessen Tod fortgesetzt und stand nunmehr unter Leitung von Kg. Richard I. Löwenherz (1157–1199) von England, Kg. Philipp II. (1165–1223) von Frankreich und Hz. Leopold V. (1157–1194) von Österreich. Akko konnte erobert werden, und ein Waffenstillstand garantierte für Pilger den Zugang nach Jerusalem. Richard Löwenherz erlitt nun bei seiner Rückkehr vor Aquileja Schiffbruch und wollte als Pilger verkleidet Deutschland durchqueren. Er wurde jedoch (nach mehreren Quellen) am 21. 12. 1192 im Wiener Vorort Erdberg (im heutigen dritten Wiener Gemeindebezirk) erkannt und von dem mit ihm verfeindeten Herzog Leopold V. von Österreich gefangengenommen. Nachdem man sich über die Lösegeldaufteilung geeinigt hatte, wurde Richard Löwenherz, der auf der Burg Dürnstein in der Wachau eine zeitlang gefangen gehalten wurde (hier entstand die Sage vom Sänger Blondel, der seinen Herren Richard Löwenherz im Burgverlies entdeckte), Ks. Heinrich übergeben, der den englischen König dann auf Burg Trifels bringen ließ. Durch diese vorübergehende Entmachtung des englischen Königs kam es auch zu einer allmählichen Auflösung der mit ihm in Verbindung stehenden Fürstenopposition im Reich. Mit dem aufgeteilten und für damalige Verhältnisse nicht unerheblichen Lösegeld (150 000 Mark Silber) konnte Herzog Leopold von Österreich Wiener Neustadt errichten lassen, und Ks. Heinrich VI. hatte nun genügend finanzielle Mittel für einen neuen Italienzug.

Dieser brach im Mai 1194 auf, nachdem sich in Sizilien durch den Tod Tankreds im Februar 1194 die Situation geändert hatte.

Heinrich hatte militärisch Erfolg und konnte am 20. 11. 1194 in Palermo einziehen. Am Weihnachtstag 1194 erfolgte dort seine Krönung zum König von Sizilien. Einen Tag später wurde der ersehnte Thronfolger Friedrich, der spätere Ks. Friedrich II., geboren. Für die damalige Zeit höchst ungewöhnlich war, dass eine erstgebärende Frau mit 40 Jahren ein Kind bekam. Constanze wurde von ihrem Gemahl als Regentin in Sizilien eingesetzt, wobei ihr dabei ihre Herkunft als Normannenerbin nützte. Zurück in Deutschland gelang es Ks. Heinrich VI., die Haus- und Reichsgüter zu festigen und zu vermehren. Auch seine auswärtige Politik war von einer selbstbewussten und flexiblen Haltung gekennzeichnet, die das Reich als europäisches Machtzentrum wieder stärker ins Spiel brachte.

In den folgenden Jahren war Ks. Heinrich VI. bemüht, die Nachfolge für seinen Sohn Friedrich zu sichern. Dazu entwickelte er den sog. »Erbreichsplan«, d. h. die Abkehr von der Wahlmonarchie hin zur Erbmonarchie nach westeuropäischem Muster. Ebenso sollte Sizilien mit dem Reich vereint werden. Trotz vereinzelter Opposition stimmten die Reichsfürsten mehrheitlich diesem Plan zu, nachdem auch ihnen im Gegenzug die Erblichkeit zugesagt wurde. Als sich Papst Cölestin III. aus Angst vor der staufischen Umklammerung gegen dieses Vorhaben wandte, wurde die Opposition im Reich stärker, und die bereits gegebenen Zusagen wurden widerrufen. Allerdings wählten die Fürsten dann zu Weihnachten 1196 Friedrich doch zum König.

Somit konnte Ks. Heinrich mit der Umsetzung seines Planes für einen Kreuzzug beginnen, nachdem im Mai 1197 ein Aufstand in Sizilien niedergeschlagen worden war. Anfang September 1198 stachen die ersten Schiffe in See, da erkrankte Ks. Heinrich VI. in Messina an Malaria und starb am 28. 9.

König Philipp von Schwaben (1198–1208)

Kg. Philipp wurde 1176/77 in Oberitalien geboren (Datum und Ort unbekannt). Seine Eltern waren Ks. Friedrich I. und Beatrix (siehe oben). Er ehelichte 1195 Irene/Maria (1181–1208), eine Tochter des Ks. Isaak II. Angelos (1155–1204) von Byzanz, und hatte sieben Kinder, darunter Beatrix (1198–1212), die Ehefrau von Ks. Otto IV. (siehe unten), Kunigunde/Katharina/Constanze (1202–1248), die Ehefrau von Kg. Wenzel (Václav) I. von Böhmen (1205–1253), und Beatrix/Elisabeth/Isabella (1205–1235), die spätere Frau von Kg. Ferdinand III. den Heiligen von Kastilien-León (1188.1252).

1196	Hz. von Schwaben
6./8. 3. 1198	Königswahl in Ichtershausen und Mühlhausen
8. 9. 1198	Krönung in Mainz
6. 1. 1205	Zweite Krönung in Aachen
21. 6. 1208	Ermordung in Bamberg; Beisetzung zuerst im dortigen Dom, 1213 Überführung in den Dom zu Speyer

Näheres zu Philipp siehe unter Otto IV.

Kaiser Otto IV.

(1198/1208–1218)

Ks. Otto IV. wurde 1175/1177 in Sachsen geboren (Datum und Ort unbekannt). Seine Eltern waren Hz. Heinrich der Löwe (1132/33–1195) und Mathilde (1156–1189), eine Tochter Kg. Heinrichs II. (1133–1189) von England. Er war zweimal verheiratet: 1209 mit Beatrix (1198–1212), einer Tochter Kg. Philipps von Schwaben (siehe oben), und 1214 mit Maria (1191–1260), einer Tochter Hz. Heinrichs I. von Brabant (1165–1235). Er hatte einen Sohn: Otto das Kind (1204–1252), ab 1235 Hz. von Braunschweig und Lüneburg.

9. 6. 1198	Königswahl in Köln
12. 7. 1198	Krönung in Aachen
11. 11. 1208	erneute Wahl zum König in Frankfurt/Main
4. 10. 1209	Kaiserkrönung in Rom durch Papst Innozenz III. (1198–1216)

19. 5. 1218 Tod auf der Harzburg; Beisetzung im Dom zu Braunschweig

Herzog Philipp von Schwaben, der Bruder Ks. Heinrichs VI., war im September 1197 nach Italien aufgebrochen, um seinen bereits zum König gewählten Neffen Friedrich zur Krönung nach Deutschland zurück zu bringen. Infolge des Todes Ks. Heinrichs war dies aber nicht mehr möglich, und Philipp musste alleine nach Deutschland zurückkehren. Da mit einer baldigen Reise des kleinen Friedrich zur Krönung nicht zu rechnen war, übertrugen zwei rasch einberufene Wahlversammlungen im März 1198 unter maßgeblicher Beteiligung deutscher Fürsten die Königskrone an Philipp von Schwaben, der sich aber nur als Platzhalter für Friedrich verstand.

Eine andere Gruppe von Fürsten, unter ihnen der Erzbischof von Köln, wählte hingegen Otto von Braunschweig, den Sohn Heinrichs des Löwen, im Juni 1198 zum König. Dies geschah auch mit Unterstützung des englischen Kg. Richard I. Löwenherz (1157–1199), der wegen seiner Gefangennahme ein erbitterter Gegner der Staufer war. In dieser Pattsituation suchten nun die Parteien die Unterstützung von Papst Innozenz III., der tendenziell zu Otto neigte, weil er die staufische Umklammerung fürchtete. Hingegen unterstützte der französische Kg. Philipp II. August (1165–1223) die staufische Partei. Damit geriet die deutsche Thronfolgefrage in den damals aufbrechenden Konflikt zwischen Frankreich und England. Nach dem Tod von Richard Löwenherz folgte dessen Bruder Johann Ohneland (1167–1216), der mit Frankreich im Mai 1200 einen Waffenstillstand abschließen musste. In diesem hatte sich England u. a. verpflichtet, die Welfen nicht mehr zu unterstützen.

Es kam nun zu Feldzügen zwischen den beiden »Königen«, da aber die englischen Subsidien langsam versiegten, wurde die Stellung Philipps von Schwaben gestärkt. Otto hingegen wurde nach entsprechenden Zugeständnissen von Papst Innozenz III. unterstützt. Nachdem Kg. Johann Ohneland aus der Normandie, dem Anjou und Poitou vertrieben wurde, verschlechterte sich die Lage des welfischen Königs zusehends. Auf der anderen Seite verbesserten sich aber die Kontakte Philipps von Schwaben zum Papst, dem Zugeständnisse gemacht wurden. Zahlreiche

Anhänger Ottos unter den Reichsfürsten wechselten das Lager. Über päpstliche Vermittlung wurde im September 1207 ein Waffenstillstand zwischen den beiden »Königen« geschlossen, und es zeichnete sich ab, dass Otto zugunsten Philipps verzichten würde. Doch da wurde Philipp am 21. 6. 1208 in Bamberg in einem privaten Racheakt von Pfalzgraf Otto VIII. von Wittelsbach (1180–1209) ermordet.

Die staufische Partei erkannte überraschend einhellig das Königtum Ottos an, was durch eine neuerliche Königswahl bekräftigt wurde. Papst Innozenz III., dem eine endgültige Stellungnahme im deutschen Thronstreit damit erspart blieb, war von dieser Entscheidung befriedigt, so dass er dann am 4. 10. 1209 die Kaiserkrönung Ottos IV. vornahm. Sein Einvernehmen mit dem Papst wurde aber bereits wenig später getrübt, als er unter Verletzung von Zusagen und Eide nach dem Königreich Sizilien griff. Der Papst verhängte über ihn am 18. 11. 1210 den Bann und wechselte in das staufische Lager zugunsten Friedrichs. Auch viele Reichsfürsten taten dies, und so wurde im September 1211 Friedrich zum künftigen Kaiser designiert. Dieser zog nun nach Deutschland, wurde nochmals zum König gewählt und gekrönt.

Der französisch-englische Konflikt beeinflusste neuerlich den Thronkonflikt. Am 27. 7. 1214 siegte Frankreich bei Bouvines (östlich von Lille) über den Welfen, der zur Unterstützung Englands von Norden nach Frankreich eingefallen war. Ks. Otto IV. musste sich nun auf seine braunschweigischen Besitzungen zurückziehen, wo er kaum noch in reichspolitische Entscheidungen eingreifen konnte. Mit seinem Tod im Mai 1218 endete endgültig dieses »deutsche Schisma«.

Kaiser Friedrich II.

(1212/18–1250)

Ks. Friedrich II. wurde am 26. 12. 1194 in Jesi bei Ancona geboren. Seine Eltern waren Ks. Heinrich VI. und Constanze (siehe oben). Neben sieben Konkubinaten heiratete viermal: 1209 Constanze (1182/83–1222), eine Tochter von Kg. Alfons II.

von Aragón (1157–1196), 1225 Isabella (1211/12–1228), eine Tochter des Gf. Johann von Brienne (1169/77–1237), des späteren Kg. von Jerusalem; 1233/34 Mgf. Bianca Lancia d. J. (1210/11–1233/34) und 1235 Isabella (1217–1241), eine Tochter von Kg. Johann Ohneland von England (1167–1216). Er hatte zehn eheliche und vier uneheliche Kinder, darunter Kg. Heinrich (VII.) (1211–1242) und Kg. Konrad IV. (siehe unten).

17. 5. 1198	Krönung zum Kg. von Sizilien in Palermo
5. 12. 121	Königswahl in Frankfurt/Main
9. 12. 1212	Krönung in Mainz
22. 11. 1220	Kaiserkrönung in Rom durch Papst Honorius III. (1216–1227)
18. 3. 1229	Selbstkrönung zum Kg. von Jerusalem in Jerusalem (diesen Titel führte er bereits seit dem 9. 11. 1225)
13. 12. 1250	Tod in Castel Fiorentino bei Lucera (Provinz Foggia); Beisetzung im Dom zu Palermo (Herz im Dom zu Foggia)

Mit dem Tod Ks. Ottos IV. im Jahr 1218 war die Herrschaft des nunmehr 24jährigen Kg. Friedrichs II. gesichert. Er war der einzige männliche staufische Erbe, und es gelang ihm bald, die Königswahl seines minderjährigen Sohnes Heinrich (VII.) (1211–1242) am 23. 4. 1220 in Frankfurt durchzusetzen (1222 Krönung in Aachen). Friedrich II. ging am 26. 4. mit den geistlichen Fürsten (Erzbischöfen, Bischöfen etc.) die *Confoederatio cum principis ecclesiasticis* ein, was ein entscheidender Schritt zur weiteren Entwicklung der bis 1803 bestehenden geistlichen Landesterritorien im Reich war.

Nachdem die Nachfolge gesichert war, brach Friedrich II. im August 1220 nach Italien auf und sollte nur mehr für kurze Zeit – 1235/36 und 1237 – nach Deutschland zurückehren. Im Reich führte ein Regentschaftsrat die Geschäfte, wo bis zu seiner Ermordung Erzbischof Engelbert von Köln (1185/86–1225) und dann Herzog Ludwig I. von Bayern (1173–1231) dominierten. In Rom wurde Friedrich zum Kaiser gekrönt. Erst 1312 sollte es wieder eine Kaiserkrönung geben (Heinrich VII., siehe S. 108).

Die ersten Jahre nach der Kaiserkrönung waren geprägt von einer Kooperation zwischen Kaiser und Papst. Ks. Friedrich II.

gelang es in der Folge, sein sizilianisches Erbe zu einem straff geführten Staat zu entwickeln. Aber die latenten Streitpunkte zwischen Papst und Kaiser begannen wieder an Bedeutung zu gewinnen, insbesondere die Frage der Bischofsernennungen in Friedrichs süditalienischem Reich. Doch da Papst und Kaiser wegen der Frage eines Kreuzzugs aufeinander angewiesen waren, kam es vorerst zu keinen größeren Auseinandersetzungen. Die Situation spitzte sich erst zu, als Ks. Friedrich II. in Oberitalien die kaiserlichen Rechte wieder zur Geltung bringen wollte. Das rief das Misstrauen des Papstes hervor.

Im August 1227 konnte endlich der geplante Kreuzzug beginnen, jedoch eine verheerende Seuche, der u. a. auch der Gemahl der hl. Elisabeth (1207–1231), Landgraf Ludwig IV. von Thüringen (1200–1227), zum Opfer fiel und an der auch der Kaiser selbst erkrankte, erforderte den Abbruch des Unternehmens. Inzwischen bestieg Gregor IX. (1227–1241) den päpstlichen Thron, der zur Konfrontation mit dem Kaiser bereit war. Der Abbruch des Kreuzzugs bot ihm nun einen günstigen Anlass. Er bezichtigte den Kaiser der Lüge und ließ ihn bannen. Ks. Friedrich II. ließ sich vorerst nicht beirren, brach im Juni 1128 neuerlich zum nunmehr fünften Kreuzzug ins Heilige Land auf und landete in Akko. In Verhandlungen mit dem Sultan al-Kamil erreichte er die Abtretung Jerusalems und krönte sich dort selbst am 18. 3. 1229 zum Kg. von Jerusalem.

Der Papst war aber während der Abwesenheit Friedrichs ein Bündnis mit den Lombarden eingegangen, hatte einen welfischen Gegenkönig in Deutschland installieren lassen und Apulien besetzt. Der Kaiser eilte deswegen aus dem Heiligen Land rasch zurück und konnte Apulien wieder zurückerobern. Unter Vermittlung deutscher Fürsten, an der Spitze Herzog Leopold VI. von Österreich (1176–1230), kam es im Sommer 1230 zu einer Abmachung mit dem Papst, in der Friedrich II. Zugeständnisse machen musste. Damit war die Lage fürs erste bereinigt, und der Kaiser nutzte die Gelegenheit für den weiteren Ausbau des sizilianischen Staates. Entsprechende Maßnahmen versuchte er nun auch, in Reichsitalien durchzusetzen, aber die Lombarden stellten sich erneut dagegen.

Inzwischen bahnte sich ein Konflikt mit Friedrichs Sohn Heinrich (VII.) an, der sich 1228 der Vormundschaft entledigt und die Regentschaft im Reich angetreten hatte. Er stützte sich auf den niederen Adel, die Ministerialen, sowie die Städte und nahm wenig Rücksicht auf die Fürsten. Seine Unerfahrenheit und Ungeduld erzeugte Unruhe, die aber Ks. Friedrich nicht brauchen konnte. Unter demütigenden Umständen verpflichtete er Heinrich im Mai 1232 in Cividale auf eine fürstenfreundlichere Politik. Doch damit waren die Konflikte zwischen Vater und Sohn nicht behoben, sondern lebten bereits 1234 wieder auf. Im September kam es zur offenen Rebellion Heinrichs, die niedergeworfen wurde. In der Folge wurde 1235 die Königswürde Heinrichs aberkannt, und Anfang 1236 verbrachte man ihn nach Süditalien, wo er 1242 nach jahrelanger Haft starb.

Der Sommer 1235 brachte nun auch die endgültige Aussöhnung zwischen den Staufern und Welfen. Auf dem Mainzer Hoftag am 15. 8. wurde Otto das Kind (1204–1252), Enkel Heinrichs des Löwen und Sohn Ks. Ottos IV., in den Reichsfürstenstand erhoben und mit dem neugeschaffenen Herzogtum Braunschweig-Lüneburg belehnt. Damit wurde die Lage in Norddeutschland konsolidiert. Das zentrale Ereignis war jedoch die Verkündigung des Mainzer Reichslandfriedens, was erstmals in mittelhochdeutscher Sprache geschah, um Breitenwirkung zu erzeugen. Ks. Friedrich II. stand nun in hohem Ansehen bei den Fürsten, und somit gelang es ihm auch, sich deren Hilfe für die Befriedung Oberitaliens zu versichern. Das führte wiederum zu einer Verschlechterung der Beziehungen zum Papst, der einen Reichskrieg gegen die Lombarden zu verhindern suchte.

Ks. Friedrich II. begab sich im Herbst 1236 nach Oberitalien. Eine intensive Kriegsführung wurde jedoch durch Auseinandersetzungen mit dem Herzog Friedrich II. von Österreich (1211–1246) verhindert, der nicht zu Unrecht den Beinamen »der Streitbare« erhielt. Wegen Klagen der Nachbarn und Bedrückung im Innern wurde er seiner Länder für verlustig erklärt. Im Januar 1237 hielt Ks. Friedrich seinen Einzug in Wien. Auf einem Hoftag ließ er dort seinen Sohn Konrad (siehe unten) zum König wählen, aber wegen seiner Erfahrungen mit Heinrich (VII.) sollte die Krönung erst nach seinem Tode erfolgen. Ks. Friedrich II. begab sich darauf zurück nach Oberitalien, und sein Heer errang am 27./28. 11. 1237 bei Cortenuova (bei Bergamo) einen Sieg. Er war nun am Höhepunkt seiner Macht und wollte nun auch im Norden »sizilianische« Verhältnisse einführen.

Ks. Friedrich II. verlangte die bedingungslose Kapitulation Mailands. Der Papst, der die Macht des Kaisers fürchtete, unterstützte aber die Lombarden und exkommunizierte Friedrich II. unter fadenscheinigen Gründen am 20. 3. 1239. Der »Endkampf« zwischen Kaiser und Papst, der von beiden Seiten mit unerbittlichen propagandistischen Mitteln geführt wurde, setzte nun ein. So wurden u. a. der Papst als »großer Drache« und der Kaiser als »Bestie der Apokalypse« bezeichnet. Friedrich II. versuchte umso mehr, mit militärischen Mitteln Italien in seine Gewalt zu kriegen. Während in Oberitalien seine Herrschaft als »apulische Tyrannei« angesehen wurde, begrüßte ihn Mittelitalien als Befreier. Papst Gregor IX. wollte für Ostern 1241 ein Konzil nach Rom einberufen, um dort den Kaiser absetzen zu lassen, was dieser jedoch vorerst verhindern konnte. Doch dann starb der Papst. Nach dem kurzen Pontifikat Cölestins IV. (1241) und einer längeren Sedisvakanz wurde im Juni 1243 Innozenz IV. (1243–1254) gewählt. Die in der Folge einsetzenden Friedensbemühungen scheiterten jedoch an dem tiefen Misstrauen zwischen beiden Parteien und an der lombardischen Frage. Der Papst floh 1244 vor dem Kaiser nach Lyon. Nach einigem Hin und Her spitzte sich der Konflikt zu, und der Papst setzte im I. Konzil von Lyon (28. 6. bis 17. 7. 1245) Ks. Friedrich II. ab.

Die Auseinandersetzungen zwischen beiden Parteien verschärften sich. Der Papst rief zum Kreuzzug gegen den Kaiser auf, ein Attentat auf ihn im Juli 1246 wurde jedoch vereitelt und grausam niedergeschlagen. Die päpstliche Partei wählte nun am 22. 5.1246 in Veitshöchheim als Gegenkönig den seit 1242 amtierenden Reichsgubernator, den Thüringer Landgrafen Heinrich Raspe (1204–1247), und nach dessen baldigem Tod den Grafen Wilhelm II. von Holland (siehe unten), die aber vorerst keine wesentliche Beeinträchtigung der staufischen Macht im Reich bewirkten. Das Jahr 1247 brachte zwar für den Kaiser eine Besserung der militärischen Lage in Italien, doch der Abfall von Parma verschlechterte wiederum die Situation. Die folgende Zeit war nun von einem Hin und Her sowie auch von bitteren Schlägen für Ks. Friedrich II. gekennzeichnet. Nachdem sich Anfang 1250 die Lage für ihn wieder zu bessern schien, erkrankte er Ende dieses Jahres an einer ruhrähnlichen Krankheit und starb daran bald darauf.

KÖNIG KONRAD IV.

(1250–1254)

Kg. Konrad IV. wurde am 25./26. 4. 1228 in Andria geboren. Seine Eltern waren Ks. Friedrich II. und Isabella von Brienne (siehe oben). 1246 heiratete er ELISABETH (1230/31–1273), eine Tochter von Hz. Otto II. von Bayern (1206–1253), und hatte zwei Söhne, darunter KONRADIN (1252–1268), den letzten Staufer.

Feb. 1237	Königswahl in Wien
13. 12. 1250	Regierungsübernahme nach dem Tod seines Vaters Ks. Friedrichs II.
21. 5. 1254	Tod bei Lavello; Beisetzung von Herz und Eingeweiden in Melfi (restlicher Körper verbrannt)

Kurz vor seinem Tod legte Ks. Friedrich II. fest, dass Kg. Konrad IV. seine Nachfolge im Reich und in Sizilien antreten sollte. Sein zweiter Sohn Manfred (1232–1266), ein Halbbruder Konrads, sollte dessen Statthalter in Sizilien und in Reichsitalien sein, sooft sich dieser nicht dort aufhalten würde. Kg. Konrad IV. war entschlossen, den Kampf um sein Erbe aufzunehmen. Er brach im Oktober 1251 nach Italien auf und setzte seinen Schwiegervater Herzog Otto II. von Bayern als seinen Stellvertreter im Reich ein, der allerdings bereits 1253 verstarb. Papst Innozenz IV. exkommunizierte Konrad bereits am 13. 4. 1251, weil dieser die Politik seines Vaters fortsetzen wollte. Bemühungen, mit Innozenz IV. das Einvernehmen zu erlangen, scheiterten.

Dafür war Konrad IV. erfolgreich bei der Niederschlagung einer Rebellion in Süditalien. Als der an sich tüchtige König, der auch ein guter Feldherr und Politiker war, nach diesen Erfolgen nach Norden – Oberitalien und Deutschland – aufbrechen wollte, um auch dort sein Erbe zu sichern, starb er am Fieber im Februar 1254. Damit war – durchaus überraschend – das Ende der staufischen Herrschaftsepoche im Reich und in Italien besiegelt.

Um das Erbe in Sizilien wetteiferte Konradin, der Sohn Kg. Konrads IV., mit dessen Onkel Manfred. Letzterer konnte sich vorerst durchsetzen. Jedoch favorisierten die aus Frankreich kommenden Päpste Urban IV. (1261–1264) und Clemens IV. (1265–1269) eine andere Lösung. Die Entscheidung fiel auf Karl I. von Anjou (1226–1285), den jüngeren Bruder des französischen Kg. Ludwigs IX. des Heiligen (1214–1270). Mit einer gewaltigen Militärmacht schlug er am 26. 2. 1266 in der Schlacht von Benevent Manfred, der dort fiel. Das war das endgültige Ende der Stauferherrschaft in Italien.

Ein tragisches Nachspiel bildete der Italienzug Konradins, des letzten legitimen Staufersprosses. Er wurde von Karl von Anjou gefangengenommen und zusammen mit seinen Gefährten am 29. 10. 1268 auf dem Marktplatz von Neapel hingerichtet. Otto Gmelin (1886–1940) setzte ihm mit seiner Erzählung »Konradin reitet« ein literarisches Denkmal.

So wie Konradin erging es noch vielen anderen Nachkommen der Staufer. »Hass und Angst vor der ›Vipernbrut‹ der Staufer hatten … zur Ausschaltung und geradezu Austilgung dieses Geschlechts geführt … Keine deutsche Dynastie fand ein Ende wie die Staufer, in Armut und Bedrängnis, im Kerker, auf dem Schafott und am Galgen.« (Walter Koch)

DIE ZEIT DES INTERREGNUMS (1254–1273)

Das Ende der Stauferzeit wird in der Geschichtsschreibung allgemein mit dem Tod Kg. Konrads IV. gleichgesetzt, gelegentlich sogar mit dem Tod Ks. Friedrichs II., weil sich bereits gegen Ende seines Lebens jene Zustände bemerkbar gemacht hatten, die man gemeinhin als Interregnum bezeichnet. Fast 20 Jahre hat diese Epoche gedauert, in der keine allgemein anerkannte Königswahl stattfand. Wahrscheinlich wäre es Kg. Wilhelm von Holland (siehe unten) gelungen, sich im Reich durchzusetzen, doch sein früher Tod beendete einen sich dahin abzeichnenden Weg.

Was dann folgte, war eine Zeit, die eigentlich mit dem Papst-Schisma ab 1378 zu vergleichen ist. Es wurden von jeweils unterschiedlichen Königswählern im selben Jahr zwei Könige gewählt, die aber weit davon entfernt waren, sich im Reich durchzusetzen oder vom Papst anerkannt zu werden.

Dieses Interregnum hat sich besonders im historischen Bewusstein Österreichs eingeprägt, weil kurz vor dem Ende der Stauferzeit der letzte Babenberger Herzog Friedrich II. der Streitbare 1246 ohne männlichen Erben verstorben war. Das Ende des Interregnums im Reich (1278) fiel zusammen mit dem Beginn der Herrschaft der Habsburger in Österreich (1282). Im damals propagierten historischen Rückblick, der nicht zuletzt der Selbstdarstellung der Dynastie gelten sollte, erschien das Interregnum als besonders »rechtlos« bzw. »doppelt« herrscherlos.

König Wilhelm von Holland (1247/54–1256)

Kg. Wilhelm von Holland wurde 1227 geboren (Datum und Ort unbekannt). Seine Eltern waren Gf. Florenz IV. (1210–1234) von Holland-Seeland und Mathilde (1200–1267), eine Tochter Hz. Heinrichs I. von Brabant (1165–1235). Er ehelichte 1252 Elisabeth († 1266), eine Tochter Hz. Ottos I. (d. Kind) von Braunschweig und Lüneburg (1204–1252). Er hatte einen Sohn und eine Tochter.

19. 7. 1234	als zweiter seines Namens Gf. von Holland-Seeland
1239/40	Regierungsübernahme
3. 10. 1247	Königswahl in Worringen
1. 11. 1248	Krönung in Aachen
25. 3. 1252	erneute Königswahl in Braunschweig
28. 1. 1256	Tod in der Schlacht von Leyden bei Alkmaar; Beisetzung in der Abtei Middelburg auf Walcheren

Nach dem Tod des Gegenkönigs Heinrich Raspe von Thüringen wurde Wilhelm von den drei Erzbischöfen von Köln, Mainz und Trier sowie von seinem Onkel Herzog Heinrich II. von Brabant (1207–1248), zum Gegenkönig gewählt. Diese Wahl war übrigens ein bedeutender Schritt zur Herausbildung des Kurfürstenkollegiums. Wegen der ausschließlichen Unterstützung der antistaufischen päpstlichen Partei wurde Wilhelm gelegentlich auch als »Pfaffen-König« bezeichnet.

Zu Lebzeiten Ks. Friedrichs II. konnte sich Wilhelm von Holland nur am Niederrhein durchsetzen. Nach dem Tod Ks. Friedrichs II. und dem Italienzug Kg. Konrads IV. 1251 verbesserte sich aber seine Position zunehmend, da der Papst ihn stützte. Durch seine Heirat mit der Tochter des ersten Herzogs von Braunschweig und Lüneburg, einer Enkelin von Ks. Otto IV. (siehe oben), entstand eine Verbindung zum damaligen Hochadel. Das führte im selben Jahr auch zu seiner »Nachwahl« zum König, an der sich zusätzlich der Herzog von Sachsen und der Markgraf von Brandenburg beteiligten. (Mit der ersten und dieser zweiten Wahl hatte er nun fünf von den späteren sieben Kurfürsten hinter sich.)

Nach dem Tod Kg. Konrads IV. vergrößerte sich Wilhelms Einfluss auch in der Mitte und im Süden Deutschlands. 1255 erkannte er den gerade gegründeten rheinischen Städtebund (1256 über 70 Mitglieder) an. Als Organisation der Rechtssicherung unter der Kontrolle des Königs hätte der Bund als Gegengewicht gegen die Macht der Fürsten ein Mittel zur Reichsreform und Festigung der königlichen Position werden können, doch er zerbrach bald. Wilhelm wurde bei einem Feldzug gegen die Friesen Anfang 1256 überraschend erschlagen.

Sowohl Kg. Konrad IV. wie auch Kg. Wilhelm von Holland hatten das Schicksal einer kurzen Regierungszeit. Bei beiden waren aber vielversprechende Ansätze für ein wirkungsvolles Königtum zu bemerken, wären sie nicht zu früh verstorben. Auf jeden Fall ist das Königtum Wilhelms von Holland weitaus positiver zu bewerten, als es in der »stauferfreundlichen« Geschichtsschreibung geschieht.

König Richard von Cornwall (1257–1272)

Kg. Richard von Cornwall wurde am 5. 1. 1209 in Winchester geboren. Seine Eltern waren Kg. Johann Ohneland (1167–1216) von England und Isabella von Angoulême (1188–1246), eine Tochter des Gf. Aimar II. Taillefer. Er war dreimal verheiratet: ab 1231 mit Isabella Marshall († 1241), einer Tochter des Gf. Wilhelm I. Pembroke (1200–1241); ab 1243 mit Sancha (um 1225–1261), einer Tochter von Gf. Raimund Berengar V. von Provence(-Aragon) (1205–1245); und ab 1269 mit Beatrix (1245/50–1277), einer Tochter von Gf. Dietrich II. von Valkenberg-Monschau. Er hatte zwei eheliche Kinder und ein uneheliches Kind.

13. 1. 1257	Königswahl vor Frankfurt/Main
17. 5. 1257	Krönung in Aachen
2. 4. 1272	Tod in Berkhampstead; Beisetzung im Zisterzienserkloster Hayles

König Alfons (X.) von Kastilien

(1257–1273/75)

Kg. Alfons von Kastilien wurde am 26. 11. 1221 in Toledo geboren. Seine Eltern waren Kg. Ferdinand III. der Heilige (1199–1252) von Kastilien und León und Beatrix/Elisabeth/Isabella (1205–1235), eine Tochter Kg. Philipps von Schwaben (siehe S. 87). 1248 ehelichte er Jolanthe (1236–1301), eine Tochter von Kg. Jakob I. (1208–1301) von Aragon. Er hatte zwölf Kinder, darunter Kg. Sancho IV. (1258–1296).

1252	als Alfons X. Kg. von Kastilien und León.
1. 4. 1257	Königswahl in Frankfurt/Main
1275	Verzicht auf die römisch(-deutsche) Königswürde
4. 4. 1284	Tod in Sevilla; Beisetzung in der dortigen Kathedrale

Richard von Cornwall war der Bruder Isabellas (1188–1246), der letzten Ehefrau Ks. Friedrichs II., und somit mit diesem verschwägert. Als Vetter Ks. Ottos IV. war er mit den Welfen verwandt. England war damals papsttreu, daher war Richard von Cornwall bereits nach 1247 als König im Gespräch. So wurde er von den Erzbischöfen von Köln und Mainz sowie von Pfalzgraf bei Rhein gewählt, dem nachträglich Böhmen zustimmte. Er betrat bei seinen vier Aufenthalten in Deutschland niemals rechtsrheinischen Boden, allerdings empfing der böhmische Kg. Ottokar II. Přemysl (1232–1278) im Jahr 1261 von ihm die Belehnung Österreichs und der Steiermark.

Alfons von Kastilien war über seine Mutter Isabella ein Enkel Kg. Philipps von Schwaben. Als solcher beanspruchte er bereits 1255 das Herzogtum Schwaben. Ihn wählten der Erzbischof von Trier, der Herzog von Sachsen und der Markgraf von Brandenburg aber auch Böhmen zum König. (Es waren daher alle späteren Kurfürsten an dieser Doppelwahl beteiligt.) Alfons von Kastilien war zweifelsohne einer der bedeutendsten Herrscher seiner Zeit. In Deutschland, das er nie betreten hatte, konnte er sich jedoch nicht durchsetzen. Als 1273 Rudolf von

Habsburg (siehe unten) gewählt wurde, verzichtete er 1275 auf die römisch-deutsche Königswürde. Beide Könige, Richard und Alfons, erhielten keine päpstliche Anerkennung.

Das Fehlen einer allgemein anerkannten Reichsspitze machte sich zunehmend negativ bemerkbar. Rechtlosigkeit und Verwirrung griffen um sich. Die Fürsten bereicherten sich am Reichsgut und förderten so die Anarchie, der Niedergang des Reiches stürzte auch die Kirche in eine Krise. Daher hatte der Papst ein eminentes Interesse, dass dieser Zustand beendet würde.

König Rudolf I.

DIE EPOCHE DER SPRINGENDEN KÖNIGSWAHLEN (1273–1437)

Das Ende der Stauferzeit, das Interregnum sowie der Beginn der Phase der springenden Königswahlen waren auch eine Epochen-Zäsur, nämlich der Übergang vom Hochmittelalter zum Spätmittelalter. Damit verbunden waren auch das Ende der Romanik und der Beginn der Gotik. Die Zeit ohne nennenswerte Reichsgewalt stärkte die Territorialfürsten. Was sich bereits am Ende der Stauferzeit abgezeichnete hatte, erlangte nun zunehmend Bedeutung: die Städte nämlich, die als reichsunmittelbare Territorien mit einer Art republikanischer Verfassung gleichrangig mit den Territorialfürsten waren.

In den folgenden etwa 160 Jahren gab es zehn Könige/Kaiser: vier Luxemburger, drei Habsburger, zwei Wittelsbacher und einen Nassauer. Diese regierten nicht jeweils in unmittelbarer Abfolge, sondern wechselweise, so dass sich für diese Zeit der Begriff »springende Königswahlen« (auch »springende Grafenwahlen« wegen der Grafen von Habsburg, Nassau und Luxemburg) gebildet hatte. Die nun immer mächtiger gewordenen Territorialfürsten wollten eben verhindern, dass wie in den rund 500 Jahren zuvor vier mächtige Dynastien die Krone quasi als Erbbesitz betrachteten. Während zuvor das Reich als europäische Ordnungsmacht mehr oder minder anerkannt gewesen war, auch von Frankreich und England, hielt dieser Zustand wegen der instabilen Verhältnisse nicht an. Das führte, insbesondere nach dem Hundertjährigen Krieg (1337–1453), zum weiteren Aufstieg Englands und Frankreichs, später auch Spaniens.

Die Zäsur des 13. Jh. hatte noch eine weitere Bedeutung: die Verschiebung der Machtachse im Reich vom Rhein nach dem Osten. Die Salier und Staufer verstanden sich als »rheinische Fürsten«. Das waren auch noch die Habsburger und Luxemburger. Aber Rudolf von Habsburg legte bereits kurz nach seiner Krönung den Grundstein für seine Hausmacht in Österreich,

d. h. im Osten des Reiches. Ähnlich verfuhren die Luxemburger in Böhmen. Und auch das wittelsbachische Bayern lag ja im Osten des Reiches.

Habsburger, Luxemburger und Wittelsbacher prägten diese Zeit. Doch von diesen drei Adelsfamilien sollten letztlich nur die Habsburger für die europäische Geschichte Bedeutung erlangen. Dieses schwäbische Geschlecht ist seit dem 10. Jh. belegt, Guntram der Reiche († 973) ist der erste, der nachweisbar ist. Dessen Nachfolger bauten nach und nach ihre Stellung beiderseits des Rheins ober- und unterhalb Basels aus, vor allem im südlichen Elsass und dem Breisgau sowie in Gebieten der heutigen Schweiz. Im Aargau, am Zusammenfluss der Aare und der Reuss, wurde Mitte des 11. Jh. die Habichtsburg errichtet, nach der sich ab 1100 die Familie nannte: die Grafen von Habsburg.

Unter den ebenfalls schwäbischen Staufern konnten die Habsburger an Bedeutung gewinnen. Mit Graf Rudolf IV. von Habsburg trat eine Adelsfamilie ins Rampenlicht, die mit Unterbrechungen mehr als 600 Jahre die europäische Geschichte prägen sollte.

König Rudolf I.

(1273–1291)

Kg. Rudolf I. wurde am 1. 5. 1218 auf Schloss Limburg/Breisgau geboren. Seine Eltern waren Gf. Albrecht IV. von Habsburg (um 1188–1239) und Heilwig von Kyburg († 1260). Er war zweimal verheiratet: ab 1253 mit Gertrud Anna (um 1225–1281), einer Tochter von Gf. Burchard III. von Hohenberg, und ab 1284 mit Agnes (um 1270-um 1323), einer Tochter Hz. Hugos IV. von Burgund (1212–1272). Er hatte zehn Kinder, darunter Kg. Albrecht I. (siehe unten), Clementia (um 1262–1293), Ehefrau von Karl I. Martell von Anjou (1271–1295), Titular-Kg. von Ungarn, und Jutta (1271–1297), Ehefrau von Kg. Wenzel (Václav) II. von Böhmen (1271–1305).

1239	nach dem Tod seines Vaters Graf von Habsburg
1. 10. 1273	Königswahl in Frankfurt/Main

24. 10. 1273 Krönung in Aachen
15. 7. 1291 Tod in Speyer; Beisetzung im dortigen Dom

Wegen der im Reich einreißenden Zustände forderte Papst Gregor X. (1271–1276) die Fürsten auf, einen König zu wählen. Obwohl Kg. Ottokar II. Přemysl (1232–1278) von Böhmen nach dem Tod Kg. Richards von Cornwall 1272 gute Chancen besaß, entschieden sich die Erzbischöfe von Köln, Mainz und Trier am 9. 9. 1273 in einer Vorwahl für den Grafen Rudolf IV. von Habsburg als König. Dieser war 55 Jahre alt, für die damalige Zeit bereits ein hohes Alter. Als er sich zur Annahme einer möglichen Wahl bereit erklärt hatte, wurde er in Frankfurt/Main einstimmig gewählt. Mit Sicherheit dürfte das Motiv für die Wahl Rudolfs gewesen sein, dass er in der Reichspolitik bislang nicht sonderlich hervorgetreten war und möglicherweise den mächtigen Reichsfürsten gefügig sein werde. Hierin sollten sie sich aber täuschen.

Kg. Rudolf erhielt, nachdem er versichert hatte, sich nicht mehr in Sizilien zu engagieren, von Papst Gregor X. die Anerkennung und die Einladung zur Kaiserkrönung, deren Termin schon feststand. Aber es sollte nie dazu kommen, denn er war zu sehr mit der Beseitigung der Nachwirkungen des Interregnums beschäftigt. Außerdem nahm ihn der Kampf gegen den böhmischen Kg. Ottokar II. Přemysl voll in Anspruch.

Dieser hatte sich während des Interregnum ein »Großreich« geschaffen, das zeitweise von der Adria bis zur Ostsee reichte und zu dem auch Ungarn gehörte. Mit dieser Hausmacht im Rücken erhob er Einspruch gegen Rudolfs Wahl und wollte die während des Interregnums einverleibten Länder Österreich, Steiermark, Kärnten und Krain nicht mehr herausgeben. Auf einem Reichstag zu Nürnberg wurde Kg. Rudolf ermächtigt, diese erledigten Reichslehen einzuziehen. Da Kg. Ottokar dies ablehnte und Rudolf nicht huldigte, wurde über ihn die Reichsacht verhängt.

In einem Feldzug besiegte Kg. Rudolf am 26. 8. 1278 in Dürnkrut nördlich von Wien Kg. Ottokar II., der in dieser Schlacht fiel. Dieser Sieg hatte weittragende Folgen, denn dadurch war es dem Haus Habsburg möglich, sich in diesem Raum dauerhaft festzusetzen. Literarisch hat diesen Kampf Franz Grillparzer (1791–1872) in seinem Drama »König Ottokars Glück und Ende« verewigt.

Nachdem Kg. Rudolf es geschickt verstanden hatte, drei seiner Töchter mit den wichtigsten nichtgeistlichen »Königswählern« (Sachsen, Brandenburg, Pfalzgrafschaft bei Rhein) zu vermählen, erhielt er auf dem Reichstag von Augsburg am 27. 12. 1282 die Zustimmung, seine Söhne Albrecht (siehe unten) und Rudolf (1270–1290) mit Österreich, Steiermark, Krain und der Windischen Mark zur gesamten Hand zu belehnen.

Rudolfs Versuche, das frühere staufische Herzogtum Schwaben wiederherzustellen, scheiterten am Widerstand der bereits zu einflussreich gewordenen Territorialfürsten, so z. B. am Grafen von Württemberg. Das Ende der Periode der »jüngeren Stammesherzogtümer« war nicht mehr aufzuhalten. Ansonsten bemühte sich Kg. Rudolf, im Reich den Frieden wieder herzustellen, was ihm mit harter Hand auch teilweise gelang.

Rudolf von Habsburg, fälschlicherweise als »armer Graf« bezeichnet, fühlte sich aber noch nicht als »Österreicher«, sondern sein Blick galt vornehmlich dem Reich. Insofern ist seine spätere »Heroisierung«, in der letzten Phase der Habsburger-Monarchie, nicht stimmig. Auch wenn es ihm nicht unmittelbar gelang, seinen Sohn Albrecht als Nachfolger durchzusetzen, so hat er doch mit Beharrlichkeit den Grundstein für den Aufstieg seines Hauses gelegt.

Als 73jähriger zog er mit seiner Gemahlin noch nach Speyer, wo er starb und wo er – wie viele seiner Vorgänger – begraben wurde.

König Adolf von Nassau

(1292–1298)

Kg. Adolf wurde um 1250 geboren (Datum und Ort unbekannt). Seine Eltern waren Gf. Walram II. von Nassau (1220–1276) und Adelheid von Katzenelnbogen († 1288). Um 1271 ehelichte er Imagina (um 1255–1318), eine Tochter von Gerlach I. von Isenburg-Limburg (vor 1227–1289). Er hatte sieben Kinder.

1276	Graf von Nassau-Idstein-Wiesbaden (Walramische Linie)
5. 5. 1292	Königswahl in Frankfurt/Main
24. 6. 1292	Krönung in Aachen
2. 7. 1298	Tod in der Schlacht am Hasenbühel (bei Göllheim, Rheinpfalz); Beisetzung zunächst in der nahe dem Ort der Schlacht gelegenen Zisterzienserinnenabtei Rosenthal, später Überführung in den Dom zu Speyer

Kg. Adolf entstammte einem Grafengeschlecht, das sich seit Anfang des 12. Jh. nach Nassau im Lahntal benannte. Im Jahr 1255 teilte es sich in eine walramische (nach Graf Walram II.) Linie südlich der Lahn (Wiesbaden-Idstein) und eine ottonische (nach Graf Otto I.) Linie nördlich der Lahn (Dillenburg-Hadamar). In der Folge verzweigte sich das Haus Nassau noch mehr. Nassauer waren später die Stammväter der heutigen Könige der Niederlande (Oranien-Nassau) und der Großherzöge von Luxemburg.

Adolf folgte 1276 seinem Vater als Graf von Nassau-Idstein-Wiesbaden. Um seine Einkünfte zu verbessern, stellte er sich mit seinem Heer in fremde Dienste, so u. a. 1288 in der Schlacht von Worringen auf die Seite seines Verwandten, des Kölner Erzbischofs Siegfried von Westerburg († 1297), gegen den Herzog von Brabant. Jener setzte Adolf dafür 1292 bei der Königswahl durch, da sich vor allem die geistlichen Kurfürsten von einer aufstrebenden Macht der Habsburger bedroht fühlten. Doch Kg. Adolf musste seinen Wählern große Zugeständnisse machen, so dass seine Königsmacht bescheiden blieb. Er versuchte trotzdem in seiner kurzen Regierungszeit – allerdings vergeblich –, ein territorial abgestütztes Königtum aufzurichten. Damit geriet er in Konflikt mit seinen Wählern. Ab 1297 bildete sich eine Koalition von Böhmen, Österreich und Mainz gegen Kg. Adolf. Über Initiative des Mainzer Erzbischofs Gerhard II. von Eppstein (um 1230–1305) wurde er am 23. 6. 1298 auf einem Fürstentag in einem rechtlich nicht einwandfreien Verfahren abgesetzt. Am folgenden Tag wurde Albrecht, der Sohn seines Vorgängers Kg. Rudolf I., zum König gewählt.

Es musste nun zwischen dem abgesetzten und dem neu

gewählten Kg. zu einer militärischen Entscheidung kommen. Diese erfolgte am 2. 7. 1298 in der Schlacht am Hasenbühel (bei Göllheim, Pfalz), bei der Kg. Adolf fiel. Er fand zuerst im Zisterzienserinnenkloster Rosenthal (bei Kerzenheim, Pfalz) seine Ruhestätte, wurde dann jedoch auf Veranlassung Ks. Heinrichs VII. in der Krypta des Domes zu Speyer beigesetzt (siehe S. 108).

König Albrecht I.

(1298–1308)

Kg. Albrecht I. wurde nach 1255 in Rheinfelden geboren (genaues Datum unbekannt). Seine Eltern waren Kg. Rudolf I. und Gertrud Anna (siehe oben). Um 1276 ehelichte er Elisabeth (um 1262–1313), eine Tochter von Hz. Meinhard II. von Kärnten (um 1238–1295). Er hatte zwölf Kinder, darunter Rudolf (um 1282–1307), Kg. von Böhmen, Kg. Friedrich der Schöne (siehe unten) und Agnes (1281–1364), Ehefrau von Kg. Andreas III. von Ungarn (um 1265–1301).

27. 12. 1282	Belehnung mit den Herzogtümern Österreich und Steiermark
24. 6. 1298	Königswahl in Mainz
24. 8. 1298	Krönung in Aachen
1. 5. 1308	Ermordung in Königsfelden bei Brugg a. d. Aare; Beisetzung im Dom zu Speyer

Albrecht wurde zwar 1282 gemeinsam mit seinem Bruder Rudolf (1270–1290) »zur ungeteilten Hand« mit Österreich und Steiermark belehnt, aber seitens der Stände gab es dagegen Widerstand, so dass im Vertrag zu Rheinfelden vom 1. 6. 1283 Albrecht für sich und seine Erben die Alleinherrschaft zugesprochen wurde.

Kg. Rudolf I. gelang es aber nicht, für seinen Sohn die Krone zu sichern. Die Fürsten wählten 1292 Adolf von Nassau, dem sich Albrecht anfänglich fügte, weil er durch Aufstände in den habsburgischen Gebieten der Schweiz und Widerstände des österreichischen und steirischen Adels gebunden war. Ab 1297 war die Situation zumindest für Österreich und die Steiermark weitgehend bereinigt und eine Voraussetzung für die Absetzung Kg. Adolfs (siehe oben) sowie die Wahl Albrechts zum König im Jahr 1298 erfüllt.

Es gelang Albrecht in der Folge, seine Machtstellung zu festigen und die der Kurfürsten weitgehend zu brechen. Man darf Kg. Albrecht I. den großen Realisten auf dem Königsthron nennen. Seine ihm angeborene politische Begabung in Verbindung mit Klugheit und kriegerischer Härte machte ihn zu einer der kraftvollsten und temperamentvollsten Persönlichkeiten in der langen Reihe der Habsburger.

Seinen ältesten Sohn Herzog Rudolf (III.) (1282–1307) belehnte Kg. Albrecht nach dem Aussterben der Přemysliden im Jahr 1306 mit Böhmen. Dieser heiratete dann auch die Witwe Kg. Wenzels II. (1271–1305), Elisabeth von Polen (1286–1335). Sein früher Tod bereits ein Jahr später machte aber ein Festsetzen der Habsburger in Böhmen vorerst zunichte.

Weiterhin blieb aber seine Sorge für die Erhaltung des habsburgischen Hausbesitzes in den sog. Vorlanden und in der Schweiz, wo die Waldstätten Schwyz, Uri und Unterwalden, seit 1291 zusammengeschlossen im »Ewigen Bund«, eine absolute Herrschaft der Habsburger verhinderten. Friedrich von Schiller (1759–1805) setzte dem Freiheitsdrang der Schweizer mit seinem Drama »Wilhelm Tell« ein literarisches Denkmal.

Auf dem Weg zum Stammsitz der Habsburger, der Habichtsburg, wurde Kg. Albrecht I. am 1. 5. 1308 in Königfelden bei Brugg a. d. Aare von seinem Neffen Johann (um 1290–1313) ermordet. Dessen Vater Rudolf, der Bruder Albrechts, sollte für die Aufgabe der Herrschaft in Österreich gemäß des Vertrags von Rheinfelden entschädigt werden, was aber nie geschah. Als Johann das am 1. 5. 1308 letztmalig einforderte, ermordete er seinen Onkel. Johann »Parricida«, wie er in der Folge genannt wurde, floh und wurde 1312 zuletzt in Pisa gesehen. Über Jahrhunderte wurde danach kein männliches Mitglied des Hauses Habsburg mehr auf den Namen Johann getauft. Das erste Mal geschah das wieder mit Erzherzog Johann, einem Sohn Ks. Leopolds II. (siehe S. 174).

KAISER HEINRICH VII.

(1308–1313)

Ks. Heinrich VII. wurde 1274/75 in Valenciennes geboren (Datum unbekannt). Seine Eltern waren Gf. Heinrich III. der Verdammte von Luxemburg (nach 1252–1288) und Beatrix von Beaumont und Avesnes (1250/55–1320). Er ehelichte 1292 MARGARETHA (1276–1311), eine Tochter von Hz. Johann I. von Brabant (1252/53–1294), und hatte drei Kinder, darunter Kg. JOHANN DEN BLINDEN von Böhmen (1296–1346) und BEATRIX (1305–1319), Ehefrau von Kg. KARL I. ANJOU von Ungarn (1288–1342).

1288	nach dem Tod seines Vaters Gf. von Luxemburg
27. 11. 1308	Königswahl in Frankfurt/Main
6. 1. 1309	Krönung in Aachen
6. 1. 1311	Krönung in Mailand zum lombardischen Kg. (»Eiserne Krone«)
29. 6. 1312	Kaiserkrönung in Rom, Lateranbasilika, durch drei von Papst Clemens V. (1305–1314) bestimmte Kardinäle
24. 8. 1313	Tod in Buonconvento bei Siena; Beisetzung im Dom zu Pisa

Der überraschende Tod Kg. Albrechts I. hinderte diesen, seinem Sohn Friedrich dem Schönen (siehe unten) die Königskrone zu sichern. Nachdem es gelungen war, mit französischer Hilfe Balduin von Luxemburg (1285–1354) zum Erzbischof von Trier zu wählen, und weil auch die anderen geistlichen Königswähler nicht an einem weiteren König aus dem Hause Habsburg interessiert waren, wurde Balduins Bruder, Graf Heinrich von Luxemburg, zum Kg. und Nachfolger Albrechts gewählt. Im Jahr 1309 gelang es Kg. Heinrich VII., seine Stellung auch in Süddeutschland zu sichern und sich mit den Habsburgern zu einigen, nachdem er die Leichname der gegnerischen Könige Adolf von Nassau und Albrecht I. gemeinsam in Speyer hatte beisetzen lassen. Der Umstand, dass die Habsburger mit der Abfallsbewegung ihrer Schweizer Besitzungen gebunden waren (Schlacht bei Morgarten 1315), war ihm dabei sicherlich hilfreich.

Mit Heinrich VII., der seine Kindheit und Jugend größtenteils am französischen Hof verbracht hatte, trat das Haus Luxemburg in das Rampenlicht der spätmittelalterlichen deutschen Geschichte. Insgesamt vier Kaiser bzw. Könige aus diesem Haus prägten diese Zeit, zum Teil in eindrucksvoller Weise.

Die Lösung der böhmischen Frage durch das Aussterben der Přzemysliden im Jahr 1306 war ein brennendes Problem. Dies war für Heinrich VII. die Gelegenheit für einen territorialen Zugewinn, der für seine königliche Machtbasis wichtig war. Ende August 1310 konnte er mit Zustimmung der Reichsfürsten und der böhmischen Stände seinen Sohn Johann den Blinden mit Böhmen belehnen, der dann im folgenden Februar in Prag zum König gekrönt wurde. Damit war die Basis für die Erfolge Ks. Karl IV. und Sigismund, Heinrichs Enkel und Urenkel, gelegt (siehe unten).

Sein nächstes politisches Ziel war ein Italienzug, um die Kaiserkrone zu erlangen. Nachdem der in Avignon (im »Babylonischen Exil«) residierende Papst Clemens V. bereits 1309 Heinrich VII. als zukünftigen Kaiser anerkannt hatte, um dadurch die den französischen Einfluss auf sich zu lockern, brach Heinrich im September 1310 nach Italien auf. Nachdem er die lombardische Krone erhalten hatte, erreichte er nach verschiedenen Schwierigkeiten am 7. 5. 1312 Rom. Am Peter-und-Pauls-Tag des Jahres 1312 wurde er in der Lateranbasilika zum Ks. gekrönt. Seit 92 Jahren war dies die erste Kaiserkrönung.

Doch Ks. Heinrich VII. erkrankte bereits im selben Jahr während der Belagerung von Florenz an Malaria sowie neuerlich 1313, so dass er nicht einmal 42jährig am 24. 8. in der Nähe von Siena starb.

König Friedrich (III.) der Schöne (1314–1330)

Kg. Friedrich wurde um 1289 in Wien geboren (Datum unbekannt). Seine Eltern waren Kg. Albrecht I. und Elisabeth von Kärnten (siehe oben). Er ehelichte 1314 Elisabeth (um 1296–1330), eine Tochter Kg. Jakobs II. von Aragón (1267–1327). Er hatte drei Kinder.

1306/1308	als Friedrich I. Hz. von Österreich und der Steiermark
19. 10. 1314	Königswahl in Frankfurt/Main; Name: Friedrich III.
25. 11. 1314	Krönung im Münster von Bonn
13. 1. 1330	Tod in Gutenstein (Niederösterreich); Beisetzung in der Herzoggruft des Stephansdoms zu Wien

Näheres zu Friedrich siehe unter Ludwig dem Bayern.

Kaiser Ludwig III. (V.) der Bayer (1314–1347)

Ks. Ludwig III. wurde im Februar/März 1282 in München geboren (Datum unbekannt). Seine Eltern waren der Hz. Ludwig II. der Strenge von Bayern (1229–1294) und Mechthild von Habsburg (1251/53–1304), eine Tochter Kg. Rudolfs I. (siehe oben). Er war zweimal verheiratet: ab etwa 1308 mit Beatrix (um 1290–1322), einer Tochter von Hz. Heinrich III. von Schlesien-Glogau († 1309), und ab 1324 mit Margarete (1307/10–1356), einer Tochter von Gf. Wilhelm III. von Holland (1280–1337). Er hatte 16 Kinder, darunter Hz. Ludwig V. den Brandenburger (1315–1361), Hz. Ludwig VI. den Römer (1328–1365) und Beatrix (1344–1359), Ehefrau von Kg. Erik XII. (1339–1359) von Schweden.

2. 2. 1294	Hz. von Bayern (als solcher Ludwig IV.)
20. 10. 1314	Königswahl in Frankfurt/Main (als solcher Ludwig V.)
25. 11. 1314	Krönung in Aachen
31. 5. 1327	Krönung zum lombardischen Kg. (»Eisernen Krone«) in Mailand
17. 1. 1328	Kaiserkrönung in Rom durch einem Kardinal (als solcher Ludwig III.)
11. 10. 1347	Tod bei Kloster Fürstenfeld; Beisetzung im Liebfrauendom zu München

Nach dem Tod Ks. Heinrichs VII. wurde bei der Königswahl wiederum »gesprungen« – sogar zweimal. Denn es gab zwei Anwärter: den Habsburger Friedrich den Schönen, zweitältester Sohn Kg. Albrechts I., und den Wittelsbacher Hz. Ludwig IV. von Bayern. Die beiden relativ »jungen« Dynastien standen in einem gewissen Konkurrenzverhältnis zueinander. Ludwig konnte am 9. 11. 1313 in der Schlacht bei Gammelsdorf (bei Freising) die Einmischung der Habsburger vorerst stoppen.

Im Oktober 1314 standen sich die beiden Anwärter mit ihren Heeren in Frankfurt gegenüber. Ludwig lagerte am linken Mainufer bei Sachsenhausen, Friedrich gegenüber. Die Gegner Ludwigs wählten den Habsburger Friedrich den Schönen zum König. Am nächsten Tag erkor die andere Partei Ludwig.

In den nächsten Jahren zog sich der Streit zwischen diesen beiden hin. Ludwig suchte als erster die Entscheidung. In der letzten großen Ritterschlacht auf deutschem Boden am 28. 9. 1322 in Mühldorf am Inn blieb Ludwig Sieger, Friedrich wurde gefangengenommen. Der in Avignon residierende Papst Johannes XXII. (1316–1334) erkannte jedoch Friedrich als rechtmäßigen König weiter an, exkommunizierte Ludwig 1324 und verhängte über das Reich das Interdikt (Verbot, Sakramente zu spenden). In der Folge wurde Ludwig, den der Papst verächtlich *bavarus* nannte, sogar als Ketzer gebannt.

Doch am 5. 9. 1325 versöhnten sich Ludwig der Bayer und Friedrich der Schöne in einem Vertrag. Fortan konnten sich beide legitim »römischer König« nennen, und Friedrich wurde nominell Mitregent im Reich.

Die nächste Station war nach der Krönung Ludwigs mit der

lombardischen Krone seine Kaiserkrönung in Rom am 17. 1. 1328 durch einen Kardinal. Den Konflikt mit dem Papst in Avignon versuchte Ludwig durch die Einsetzung des Gegen-Papstes Nikolaus V. (1328–1330) zu lösen. Die Auseinandersetzungen zwischen Kaiser und Papst nahmen, ähnlich wie bei Ks. Friedrich II., extreme Dimensionen an. Anschaulich wird diese Zeit auch in Umberto Ecos Roman »Im Namen der Rose« geschildert.

Nachdem Friedrich der Schöne 1330 verstorben war, konnte Ks. Ludwig alleine und ungehindert das Reich regieren. Außenpolitisch abgestützt durch England konnte er 1338 wichtige Gesetze verkünden, u. a. zur Eindämmung des Fehdewesens, und durch ein Manifest die Abhängigkeit des gewählten römischen König von der Anerkennung des Papstes lösen (auf dem »Kurverein zu Rhense«, unweit Koblenz). 1340/41 rückte er von England ab und stützte sich nun auf Frankreich.

Aber noch im selben Jahr setzte er sich in den Augen seiner Gegner ins Unrecht: Er ließ die Ehe der Tiroler Erbin Margarete Maultasch (1318–1369) annullieren und verheiratete sie 1342 mit seinem Sohn Herzog Ludwig V. d. Brandenburger. Damit machte er sich den gerade gewählten Papst Clemens VI. (1342–1352) zum Feind, der darauf u. a. die Wahl des Luxemburgers Karl zum Gegenkönig betrieb, die am 11. 7. 1346 erfolgte (siehe unten). Ks. Ludwig gelang es zunächst, diesen militärisch in die Enge zu treiben, und vielleicht wäre ihm auch der Sieg gewiss gewesen, wenn er, der »Kaiser und Ketzer«, nicht am 11. 10. 1347 bei der Jagd gestorben wäre.

Kaiser Karl IV.

(1346–1378)

Ks. Karl IV. wurde am 14. 5. 1316 in Prag geboren. Seine Eltern waren Kg. Johann der Blinde von Böhmen (1296–1346), der Sohn Ks. Heinrichs VII. (siehe S. 108), und Elisabeth Přzemyslovna (1292–1330), einer Tochter Kg. Wenzels II. (1271–1305). Er war viermal verheiratet: ab 1329 mit Margareta/Blanche (1317–1348), einer Tochter von Hz. Karl I. von Valois (1270–1325), ab 1349 mit Anna (um 1329–1353), einer Tochter von Hz. Rudolf (II.) von der Pfalz bzw. Bayern (1306–1353), ab 1353 mit Anna (um 1339–1362), einer Tochter von Hz. Heinrich II. von Schweidnitz-Jauer († 1342), und ab 1363 mit Elisabeth (1347–1393), einer Tochter von Hz. Bogislaw V. von Pommern-Wolgast (um 1326–1374). Er hatte elf Kinder, darunter Margarete (1335–1349), Ehefrau von Kg. Ludwig I. von Ungarn und Polen (1326–1382), Katharina (1342–1395), Ehefrau von Hz. Rudolf IV. dem Stifter von Österreich (1339–1365), Kg. Wenzel (siehe unten), Anna (1366–1394), Ehefrau von Kg. Richard II. von England (1367–1400), und Ks. Sigismund (siehe unten).

11. 7. 1346	Wahl zum Gegen-Kg. in Rhense
26. 11. 1346	Krönung zum Gegen-Kg. in Bonn
2. 9. 1347	Krönung zum Kg. von Böhmen in Prag
17. 6. 1349	erneute Königswahl in Frankfurt/Main
25. 7. 1349	erneute Königskrönung in Aachen
6. 1. 1355	Krönung zum lombardischen Kg. in Mailand mit der »Eisernen Krone«
5. 4. 1355	Kaiserkrönung in Rom, Lateranbasilika, durch einen Kardinal
4. 6. 1365	Krönung zum Kg. von Burgund in Arles
29. 11. 1378	Tod in Prag; Beisetzung im dortigen St.-Veits-Dom

Als Siebenjähriger wurde Karl zur Erziehung an den Pariser Hof zu seinem Onkel, dem französischen Kg. Karl IV. (1295–1328), geschickt. Der wurde auch sein Firmpate, so dass er – ursprünglich auf den Namen Wenzel (Václav) getauft – nun den Namen Karl erhielt. Noch im selben Jahr 1323 wurde er mit einer Nichte des Königs verlobt. Nach Aufenthalten in Luxemburg und Oberitalien kehrte er 1333 nach Prag zurück und erhielt den Titel eines Markgrafen von Mähren. Da Karls Vater, Kg. Johann, 1340 erblindete, leitete er von nun an praktisch die gesamte Politik Böhmens. Karls Bruder war der Gemahl der Erbin Tirols, Margarete Maultasch, und wie bereits unter Ludwig dem Bayern erwähnt kam es zu einer Frontstellung zwischen den Wittelsbachern und Luxemburgern, die in der Folge zur Wahl Karls zum Gegenkönig führte.

Kurze Zeit später, am 26. 8. 1346, fiel Karls Vater Kg. Johann als Bundesgenosse Frankreichs in der Ritterschlacht von Crécy (nahe Calais) gegen England, so dass ihm Karl auch als Kg. von Böhmen folgte. Durch eine neuerliche Königswahl und -krönung 1349 konnte Karl den Makel des Gegenkönigs sanieren und sich so im Reich allgemein durchsetzen. Damit war auch der Konflikt mit dem Papsttum beendet, der die Regierungszeit Ks. Ludwigs des Bayern geprägt hatte.

Der Beginn der Amtszeit Karls war überschattet von der wohl schwersten sozialen und wirtschaftlichen Krise des deutschen Spätmittelalters, nämlich dem erstmaligen Ausbruch der Pest in Europa. Sie tauchte Mitte des 14. Jh. auf, und ihr dürften nach Schätzungen ein Drittel der Reichsbevölkerung zum Opfer gefallen sein. Ebenso war diese Zeit, wie bereits erwähnt, vom Erstarken der Städte gekennzeichnet, die sich zu »Freien Reichsstädten« emanzipierten. Mit dieser aufstrebenden Städtekultur waren auch die Hanse und andere Städtebünde (rheinischer, schwäbischer etc.) eng verbunden.

Nach den Jahren der inneren Konsolidierung strebte Karl nach der Kaiserkrone. Im Oktober 1354 zog er mit nur einem kleinen Heer über die Alpen, empfing Anfang 1355 in Mailand die »eiserne Krone« der Lombarden und wurde am Ostersonntag desselben Jahres in Rom von einen Kardinal zum Kaiser gekrönt. Im Juni hatte er Italien wieder verlassen.

Untrennbar mit dem Namen Ks. Karls IV. ist die Goldene Bulle von 1356 verbunden. Benannt nach dem goldenen Siegel ist sie wohl der wichtigste Verfassungstext des Heiligen Römischen Reiches bis 1806. Sie sanktionierte erstens das seit der Stauferzeit ausgebildete deutsche Territorialprinzip und sicherte zweitens das Verfahren der Königswahl, insbesondere das Wahlrecht der sieben Kurfürsten (der drei geistlichen, nämlich der Erzbischöfe von Mainz, Trier und Köln sowie der vier weltlichen, nämlich des Königs von Böhmen, des Pfalzgrafen bei Rhein und des Herzogs von Sachsen und des Markgrafen von Brandenburg). Obwohl die Goldene Bulle lediglich bestehende Rechte bestätigte, beseitigte sie durch ihre Systematisierung viele Unklarheiten sowie die Gefahren von Doppelwahlen. Neben der erwähnten Siebenzahl der Kurfürsten wurden noch folgende wichtige Regelungen getroffen:

Wahlort ist Frankfurt/Main (fränkischer Boden), wohin sich die Kurfürsten oder ihre Vertreter drei Monate nach Einladung durch den Erzbischof von Mainz versammeln mussten, und zwar in der Kirche St. Bartholomäus (heute der katholische Dom).

Zur *Gültigkeit* ist die Anwesenheit von mindestens vier Kurfürsten erforderlich, die einfache Mehrheit genügt zur Wahl.

Krönungsstätte war vorerst Aachen, ab Ks. Maximilian II. (siehe S. 139) Frankfurt/Main.

Die *Krönung* vollzog in den ersten Jahren nach dem Erlass der Erzbischof von Köln, später der von Mainz.

Der *erste Reichstag* des neuen Königs sollte jeweils in Nürnberg stattfinden.

Zwischen Erledigung des Throns und der Königswahl übte der Pfalzgraf bei Rhein das *Reichsvikariat* aus (für die Länder mit sächsischem Recht der Herzog von Sachsen).

Jegliche *päpstliche Mitwirkung* bei der Königswahl wurde ausgeschlossen, und der Anspruch des gewählten Königs auf die Kaiserkrönung wurde gesichert.

Für die weltlichen Kurfürstentümer wurde das *Erbrecht* eingeführt.

Die letztgenannte Bestimmung war für die Weiterentwicklung eines »Erb-Kaisertums« entscheidend, weil die Kurfürsten nun eher geneigt waren, innerhalb einer Dynastie zu wählen, so dass sich in der Folge – besonders unter den Habsburgern – das »römisch-deutsche« Königs- bzw. Kaisertum quasi zu einer Erbmonarchie entwickelte.

Ks. Karl IV. erkannte richtig, dass in dieser Situation nur der stärkste Landesherr König bzw. Kaiser sein konnte. Nur ein starkes Böhmen konnte die Basis für eine gesunde Reichspolitik sein. Daher war ein wichtiges Ziel seiner Politik der Ausbau der böhmischen Monarchie. Von Bedeutung war daher 1368 der Erwerb der Niederlausitz und Schlesiens, was durch seine dritte Ehe geschah.

Im Jahr 1365 besuchte Ks. Karl Papst Urban V. (1362–1370) in Avignon, um ihn zur Rückkehr nach Rom zu bewegen, was auch kurzzeitig gelang, aber erst 1377 dauerhaft glücken sollte. Aber bereits im Jahr 1378 kam es zu einer Doppe-Papstwahl, dem »Großen Abendländischen Schisma«, doch Karl IV. zögerte – kurz vor seinem Tod –, hier noch einzugreifen.

Das Hauptinteresse Karls IV. galt den böhmischen Ländern, insbesondere der Hauptstadt Prag, die einen bedeutenden wirtschaftlichen und kulturellen Aufschwung nahmen. Erstmals im mittelalterlichen Reich gab es mit Prag auch eine ständige Residenz des Königs bzw. Kaisers. Er begann mit dem Wiederaufbau des Hradschin und mit seinem Vater den Bau des neuen St.-Veits-Domes. 1344 erreichte er die Erhebung Prags zum Erzbistum und damit die Loslösung von Mainz. Die Prager Karlsbrücke und die Burg Karlstein, welche die Reichskleinodien aufnehmen sollte, gehen auf seine Initiative zurück. Bedeutende Baumeister und Künstler wirkten an seinem Hof. 1348 gründete er in Prag eine Universität, die erste »deutsche« (Wien folgte 1365).

Die inzwischen beachtlich angewachsene luxemburgische Hausmacht schwächte Karl ein Jahr vor seinem Tod, indem er sie 1377 unter seinen Söhnen und Neffen aufteilte. So erhielt sein Sohn Wenzel Böhmen und Schlesien sowie sein Sohn Sigismund Brandenburg. Von Gicht geplagt starb er in dem für damalige Verhältnisse hohen Alter von 62 Jahren.

König Wenzel

(1378–1400)

Kg. Wenzel wurde am 26. 2. 1361 in Nürnberg geboren. Seine Eltern waren Ks. Karl IV. und Anna von Schweidnitz (siehe oben). Er war zweimal verheiratet: ab 1370 mit Johanna (1356–1386), einer Tochter des Wittelsbachers Hz. Albrecht I. von Straubing-Holland (1336–1404), und ab 1389 mit Sophie (1376–1425), einer Tochter von Hz. Johann II. von Bayern-München (um 1341–1397). Beide Ehen blieben kinderlos.

15. 6. 1363	Krönung zum Kg. von Böhmen in Prag
10. 6. 1376	Königswahl in Frankfurt/Main
6. 7. 1376	Krönung in Aachen
29. 11. 1378	Regierungsübernahme im Reich, in Böhmen und im Großteil der übrigen luxemburgischen Länder nach dem Tod seines Vaters Ks. Karls IV.

20. 8. 1400 Absetzung durch die deutschen Kurfürsten in Oberlahnstein

16. 8. 1419 Tod in der Wenzelsburg bei Kundratitz (Nový hrad u Kunratic, heute zu Prag gehörig); Beisetzung im St.-Veits-Dom in Prag

Ursprünglich auf den Namen Karl getauft wurde Wenzel bereits zweijährig zum Kg. von Böhmen gekrönt, mit neun Jahren verheiratet und mit 15 Jahren zum römischen Kg. gewählt und gekrönt. Ks. Karl IV. gelang es erstmalig seit Ks. Friedrich II./Kg. Konrad IV. 1237 (siehe S. 92), die direkte Nachfolge im römisch-deutschen Königtum zu sichern.

Kg. Wenzel trat nach dem Tod seines Vaters ein schweres Erbe an. Er hatte noch dazu nicht dessen Persönlichkeit. Die Territorialfürsten machten sich mit ihren Eigeninteressen wieder bemerkbar, und vor allem die Autonomiebestrebungen der Städte, die sich in Städtebünden (insbesondere der Hanse) organisierten, führten zu Konflikten mit den Landesfürsten. Dem versuchte Kg. Wenzel 1383 mit einem Landfriedensgesetz entgegenzuwirken, wo auch erstmals die Idee einer Einteilung des Reiches in Kreise auftauchte. Wenzels Interesse galt eher seiner Hausmachtpolitik als dem Reich, aber hier wurde ab 1390 die Opposition des böhmischen Adels stärker. 1393 kam es zu einer Auseinandersetzung mit dem hohen Klerus, welcher der ihm besonders verhasste Prager Generalvikar Johannes Nepomuk (um 1350–1393) zum Opfer fiel, der in der Moldau ertränkt wurde. Dessen Weigerung, das Beichtgeheimnis nicht zu verraten, wurde erst später als Grund der Hinrichtung genannt und führte zu dessen Heiligsprechung 1729. Sein 1693 auf der Prager Karlsbrücke errichtetes Standbild fand vor allem im österreichischen, böhmischen und süddeutschen Raum viele Nachbildungen und machte ihn zum bekanntesten Brückenheiligen des Barock.

Die internen Schwierigkeiten Wenzels nahmen zu. Sein Vetter Jobst von Mähren (1351–1411) nahm ihn sogar 1394 für einige Zeit gefangen. All das führte dazu, dass Wenzel im Reich die Zügel schleifen ließ und es ab 1389 sogar eine provisorische Reichsverweserschaft gab. Auch im päpstlichen Schisma konnte Kg. Wenzel keine Lösung herbeiführen. Bei den Verhandlungen mit dem französischen Kg. Karl VI. (1368–1422) in Reims kam es am 24. 3. 1398 sogar zu einer peinlichen Szene, als Kg. Wenzel wegen Trunkenheit nicht am Festmahl teilnehmen konnte.

Ab Mitte der neunziger Jahre formierte sich unter Führung der Wittelsbacher Pfalzgrafen Ruprecht II. (1325–1398) und Ruprecht III. (siehe unten) ein stärkerer Widerstand der Kurfürsten gegen Wenzel. Da diese aus dem Recht der Königswahl auch ein Recht der Königsabsetzung ableiteten, setzten ihn vier der sieben Kurfürsten (Köln, Mainz, Trier, Pfalz) am 20. 8. 1400 in Oberlahnstein als »unnützlich, träg und für das römische Reich durchaus ungeschickt« ab. Am nächsten Tag wählten sie dann seinen Nachfolger Ruprecht (siehe unten).

Wenzel blieb König von Böhmen und behielt auch den Titel eines römischen Königs. Doch versagte er in der Folge auch in seinem Stammland insbesondere im Konflikt um Johannes (Jan) Hus (um 1370–1416), dessentwegen es kurz vor seinem Tod zu einem Aufruhr in Prag gekommen war (Erster Prager Fenstersturz 30. 7. 1419).

Das Bild des von seinem Vater selber in die Politik eingeführten, gebildeten und geistig interessierten Kg. Wenzels in der Überlieferung ist negativ. Legenden und öffentliche Meinung zeichnen ihn als Toren, Bösewicht, Despoten, Trunksüchtigen und Faulenzer. Dabei war er begabt, sorgfältig erzogen und gebildet. Die Handschriften seiner Bibliothek – es sei nur die berühmte Wenzelsbibel genannt – verraten seine Neigungen zu vielen Wissensgebieten, sowie zur Kunst und zur Literatur. Doch das doppelte Königsamt (Reich und Böhmen) überforderte ihn und dies führte bei ihm zu Minderwertigkeitskomplexen und den genannten negativen Eigenschaften. Der Tod seiner ersten Frau 1386 dürfte ihn so stark belastet haben, dass er zunehmend dem Alkohol verfiel.

»Wenzel der Faule« wurde er bereits in der Geschichtsschreibung des Humanismus genannt. Im Detail bisweilen zurecht, aber pauschal betrachtet zu unrecht.

König Ruprecht von der Pfalz

(1400–1410)

Kg. Ruprecht wurde am 5. 5. 1352 in Amberg (Oberpfalz) geboren. Seine Eltern waren Kft. Ruprecht II. von der Pfalz (1325–1398) und Beatrix von Sizilien (1326–1365). Er ehelichte 1374 Elisabeth (1358–1411), eine Tochter von Burggraf Friedrich V. von Nürnberg (um 1333–1398), und hatte neun Kinder, darunter Kft. Ludwig III. (1378–1436)

6. 1. 1398	Kurfürst und Pfalzgraf bei Rhein
21. 8. 1400	Königswahl in Rhense
6. 1. 1401	Krönung in Köln
18. 5. 1410	Tod auf Schloss Landskron bei Oppenheim (südlich von Mainz); Beisetzung in der Heiliggeistkirche in Heidelberg

Gleichsam als »Führer der Opposition« wurde der Wittelsbacher Kurfürst Ruprecht II. von der Pfalz zum König gewählt. Trotzdem blieb die Hausmacht der Luxemburger ungebrochen. Durch Umsichtigkeit nach allen Seiten konnte Kg. Ruprecht aber seine Position stabilisieren. Das ermutigte ihn, zwecks Kaiserkrönung nach Italien zu ziehen. Ein Reichstag zu Mainz am 29. 6. 1401 stimmte dem zu, und so brach er im September auf. Doch sein Vorhaben scheiterte wegen militärischer wie finanzieller Probleme bereits in Oberitalien, so dass er im Frühjahr 1402 wieder ins Reich heimkehrte.

Dort entstanden 1405 für ihn Schwierigkeiten, als sich südwestdeutsche Fürsten und Reichsstädte im Marbacher Bund zusammenschlossen. Der Zwiespalt im Reich wurde nun so groß, dass Kg. Ruprecht es nicht vermochte, diesen Bund aufzulösen. Im September 1406 musste er zugestehen, dass ohne besondere Erlaubnis im Reich Bündnisse und Einigungen geschlossen werden können. Durch eigenes geschicktes Paktieren konnte er die Koalition, die auch sein Pfälzer Landesfürstentum umklammerte, sprengen. Kg. Ruprecht erließ nun wichtige Regelungen für den Landfrieden und packte schwierige Probleme wie die

Judensteuer und das Münzwesen an. Er konnte allerdings die Machenschaften des abgesetzten Kg. Wenzels gegen ihn und das Reich nicht verhindern.

Im Frühjahr 1410 erkrankte Ruprecht, ein schneller Tod raffte ihn hinweg. Im historischen Bewusstsein hat er kaum Spuren hinterlassen.

Kaiser Sigismund

(1410–1437)

Ks. Sigismund wurde am 14. 2. 1368 vermutlich in Nürnberg geboren. Seine Eltern waren Ks. Karl IV. und Elisabeth von Pommern (siehe oben). Er war zweimal verheiratet: ab 1385 mit Maria (1370–1395), einer Tochter Kg. Ludwigs I. (1326–1382) von Ungarn und Polen, und ab 1405 mit Barbara (1391/92–1451), einer Tochter des Gf. Hermann II. von Cilli (1365–1435). Er hatte eine Tochter: Elisabeth (um 1409–1442), Ehefrau von Kg. Albrecht II. (siehe unten).

31. 3. 1387	Krönung zum Kg. von Ungarn in Stuhlweißenburg (Szekesfehervár)
20. 9. 1410 und 21. 7. 1411	Königswahl in Frankfurt/Main
8. 11. 1414	Krönung in Aachen
28. 7. 1420	Krönung zum Kg. von Böhmen in Prag
25. 11. 1431	Krönung zum lombardischen Kg. in Mailand (»Eiserne Krone«)
31. 5. 1433	Kaiserkrönung in Rom durch Papst Eugen IV. (1431.1437)
9. 12. 1437	Tod in Znaim (heute Znojmo, Süd-Mähren); Beisetzung im Dom von Großwardein (Nagyvarad, heute Oradea)

Sigismund, der sich in deutschen Urkunden immer Sigmund schreiben ließ, wurde als Sechsjähriger mit Maria, der Tochter Kg. Ludwigs I. von Ungarn und Polen, verlobt und als Achtjähriger mit der Markgrafschaft Brandenburg belehnt. Als seine Verlobte durch den Tod ihrer älteren Schwester Erbin wurde, kam er 1380 an den ungarischen Hof nach Buda (Ofen), um für seine künftige Stellung erzogen zu werden. Nach dem Tod seines Schwiegervaters 1382 gelang es ihm zwar nicht, sich in Polen durchzusetzen, jedoch mit Hilfe seines älteren Bruders Wenzel in Ungarn, so dass er schließlich 1387 gekrönt werden konnte.

Sigismund war in diesen Jahren auch stark mit der Türkenabwehr beschäftigt. 1396 verlor er die Schlacht von Nikopol an der Donau (Bulgarien), von wo er erst Anfang 1397 zurückkehrte. Seine Stellung in Ungarn war jedoch noch nicht gefestigt, so dass er 1401 sogar zeitweise gefangengehalten wurde. Um sein gegenwärtiges (Ungarn) und zukünftiges (Böhmen) Erbe zu sichern, engagierte sich Sigismund nun stärker im Reich.

In einer fehlerhaften Wahl wurde er am 20. 9. 1410 zum Kg. gewählt, die andere Partei des durch das Papstschisma gespaltenen Kurfürstenkollegiums bestimmte in einer formal gültigen Wahl seinen Vetter Jobst von Mähren (1351–1411) zum König. Dessen Anfang 1411 erfolgter Tod und eine neuerliche Königswahl im Juli sanierten aber für Sigismund diese Angelegenheit. Erst gegen Ende des Jahres 1414, zu Beginn des Konzils von Konstanz, verließ er erstmals nach seiner Königswahl sein Stammland und reiste ins Reich, um sich zum König krönen zu lassen.

Sigismund machte als gewandter Ritter und geborener Herrscher auf seine Zeitgenossen einen starken Eindruck und fand auch im damals aufstrebenden städtischen Bürgertum zahlreiche Anhänger. Er war schlagfertig, redegewandt und ein weitblickender sowie vielgewandter Staatsmann. Sigismunds politische Ziele und Leistungen waren die Heranführung Ungarns an das Reich sowie die Beseitigung des Großen Abendländischen Schismas bzw. die Wiederherstellung der kirchlichen Einheit. Damit verbunden war eine Koalition der katholischen Mächte gegen die Osmanen sowie die Sicherung einer starken Hausmacht, die sich auf die luxemburgischen Erbländer Böhmen und Mähren sowie die habsburgischen Länder Österreichs stützte. Damit wurden auch die Konturen der späteren Einigung dieses Raumes unter der Herrschaft der Habsburger sichtbar. Die Idee der Donaumonarchie ist nach mancher Meinung auf Sigismund zurückzuführen.

Seine größte historische Leistung war zweifellos die Überwindung des päpstlichen Schismas. Seit dem Konzil von Pisa 1409 gab es drei Papstlinien. Sigismund erwies sich – obwohl ein »Laie« – als Schirmherr der Kirche (*protector ecclesiae*), die von innen her nicht mehr imstande war, diese elementare Krise zu bewältigen. Um diese lösen zu können, drängte Kg. Sigismund auf ein allgemeines Konzil, das er Ende 1413 nach Konstanz einberufen hatte und das ab 5. 11. 1414 tagte. Die drei Hauptthemen waren die *causa unionis* (Beendigung des Papst-Schismas), die *causa reformationis* (Kirchenreform) und die *causa fidei* (Johannes Hus). Der böhmische Reformator Hus kam zum Konzil, wurde dort als Ketzer verurteilt und am 6. 7. 1415 verbrannt. Das führte in Böhmen zu größeren Unruhen (1419 Erster Prager Fenstersturz).

Bezüglich der inzwischen »verruchten Dreiheit« des Papsschismas gelang es Kg. Sigismund, mit mehr oder weniger Druck die »drei Päpste« – Gregor XII. (1406–1415), Johannes XXIII. (1410–1415) und Benedikt XIII. (1394–1417) – zum Rücktritt zu bewegen bzw. abzusetzen. Nachdem 1415 die Superiorität des Konzils über den Papst ausdrücklich dekretiert worden war, erfolgte 1417 nun die Wahl des Papstes Martin V. (1417–1431).

Im Mai 1418 verließ Kg. Sigismund das Konzil, um sich wieder den Reichsaufgaben zu widmen. Allerdings beschäftigten ihn an 1419 auch die Hussitenkriege in seinem Stammland Böhmen, wo er 1421 eine Niederlage bei Deutsch-Brod (bis 1950 Německý Brod, heute Havlíčkův Brod) erlitt und zeitweise in Böhmen für abgesetzt erklärt wurde. Im Jahr 1422 wurde der gesamten deutschen Ritterschaft das Recht der korporativen Einigung gewährt, womit die Grundlage zur Entwicklung zur »Reichsritterschaft« gelegt wurde, die eine Stütze des Königtums wurde. Aus dieser Zeit ist auch die älteste »Reichsmatrikel« erhalten. 1423 belehnte Sigismund das Haus Wettin mit dem Herzogtum und Kurfürstentum Sachsen-Wittenberg. Bereits 1415 bekamen die Hohenzollern das Kurfürstentum Brandenburg.

Immer wieder wurde Kg. Sigismund von den Reichsgeschäften infolge dringender Angelegenheiten seiner Erbländer Böhmen und Ungarn abgehalten, trotzdem verfolgte er auch eine Italienpolitik. So wurde er 1431 mit der »eisernen Krone« der Lombarden und 1433 von Papst Eugen IV. zum Kaiser gekrönt.

Dies bedeutete eine Stärkung seiner Autorität, die auch zur Lösung der böhmisch-hussitischen Frage führte. Die gemäßigten Hussiten (Kalixtiner) schlossen ein Übereinkommen (1433 Prager Kompaktaten), die radikalen Taboriten wurden 1434 geschlagen.

Ks. Sigismund wollte gegen Ende seines Lebens ab 1434 noch eine Reichsreform in Gang bringen, doch hatte der deutsche Territorialismus die Reichsgewalt bereits praktisch aufgelöst. Wehrlosigkeit nach außen und Friedlosigkeit nach innen waren die Folgen dieser Entwicklung. Trotz alledem gelang es ihm, die Königskrone sowie das Erbe von Böhmen und Ungarn seinem Schwiegersohn Kg. Albrecht II. (siehe unten) zu sichern.

Sigismund war in seinem Denken zwar noch ein zutiefst mittelalterlicher Mensch, doch war er unter manchen Gesichtspunkten bereits eine Gestalt der frühen Renaissance. Sein Umgang mit Menschen, seine pragmatische Politik und seine Aufgeschlossenheit für das Neue sowie die Wissenschaften und Künste zeigen den Kaiser, der sieben Sprachen beherrschte, bereits als frühen Vertreter der Epoche des Humanismus. Eine besondere Tragik in seiner Person liegt darin, dass mit ihm in einer Zeit, die dynastisch dachte, das mächtige Haus Luxemburg »im Mannesstamm« erloschen ist.

Viele seiner Vorhaben blieben Stückwerk, doch was bleibt reicht noch immer, um Sigismund als den bedeutendsten Kaiser des 15. Jh. zu bezeichnen, ja vielleicht sogar die interessanteste Gestalt unter den Herrschern des späteren Mittelalters überhaupt.

DIE EPOCHE DER HABSBURGER (1438–1806 BZW. 1804–1918)

Mit der Wahl des Habsburgers Albrecht II. im Jahr 1438 zum *rex Romanorum* begann die fast 370jährige Epoche, in der Habsburger die römisch(-deutsche) Kaiser(Königs)würde innehatten, lediglich unterbrochen 1742–1745 durch den Wittelsbacher Ks. Karl VII. Albrecht (siehe S. 163).

Parallel zum Aufstieg und zur wachsenden Bedeutung der Casa d'Austria ist der weitere Niedergang der Reichsgewalt zu beobachten. Das hatte allerdings vordergründig nichts mit den Habsburgern zu tun, sondern mit anderen Faktoren. Zum einen war es die seit der Stauferzeit verstärkt einsetzende Entwicklung des Territorialfürstenwesens, weltlich wie geistlich. Damit hing auch die Entstehung des Selbstbewusstseins der aufstrebenden Städte zusammen, die – weil nunmehr reichsunmittelbar – eine eigene Landeshoheit beanspruchten. Zum anderen hatte die Reformation zu einer konfessionellen Teilung des Reiches geführt. Die damit verbundenen Konflikte mündeten schließlich in die Katastrophe des Dreißigjährigen Krieges (1618–1648). Dieser wiederum zergliederte das Reich noch mehr und schwächte die Reichsgewalt.

Dadurch erschienen die Habsburger nur noch als durch die Kaiserwürde besonders hervorgehobene, allerdings im Reich die bedeutendsten Territorialherren. Das Epitheton »kaiserlich« wurde daher nach 1648 zunehmend als Synonym für »österreichisch« aufgefasst. Es basierte daher auf einer gewissen Logik, dass das im Jahr 800 erneuerte westliche Kaisertum nach dessen Beendigung im Jahr 1806 seine Fortsetzung im österreichischen Kaisertum fand (genannt das »Heimliche Heilige Römische Reich«).

Dessen Ende im Jahr 1918 war der endgültige Abschied von der 1100jährigen, gestaltungsmächtigen Idee des westlichen Kaisertums. Es beruhte u. a. auf einer oft konfliktreichen Symbiose zwischen *Imperium* und *Sacerdotium* sowie auf der monarchischen Regierungsform. Indem beide in späterer Zeit zunehmend an Bedeutung verloren und andere wirkungsmächtige Ideen – Aufklärung, Konstitutionalismus, Nationalismus u. a. – für die staatliche Organisation in den Vordergrund traten, war es nur mehr eine Frage der Zeit bis zur Auflösung des Heiligen Römischen Reiches.

König Albrecht II.

(1438/1439)

Kg. Albrecht II. – Hz. Albrecht (V.) – wurde am 16. 8. 1397 in Wien geboren. Seine Eltern waren Hz. Albrecht (IV.) von Österreich (1377–1404) (Kg. Albrecht I. [siehe S. 106] war dessen Ur-Großvater) und Johanna Sophie von Bayern (um 1373–1410). 1421 ehelichte er Elisabeth (1409–1442), die Tochter Ks. Sigismunds (siehe oben), und hatte vier Kinder, darunter Elisabeth (1437–1505), Ehefrau Kg. Kasimirs IV. Jagello von Polen (1427–1492), und Ladislaus Posthumus (1440–1457), Kg. von Ungarn und Polen.

1411	als Albrecht V. Hz. von Österreich
18. 12 1437	Wahl zum Kg. von Ungarn in Ofen (Buda)
17. 12. 1437	Krönung zum Kg. von Böhmen in Prag, St.-Veits-Dom
1. 1. 1438	erneute Krönung zum Kg. von Ungarn in Stuhlweißenburg (Szekesfehervár)
28. 3. 1438	Königswahl in Frankfurt/Main (Krönung erfolgte nicht)
27. 10. 1439	Tod in Neszmély bei Gran (Esztergom); Beisetzung in der Basilika von Stuhlweißenburg

Durch die Heirat 1421 mit Elisabeth, der einzigen Tochter Ks. Sigismunds, bekam Herzog Albrecht (V.) – und damit das Haus Habsburg – die Chance für den (Wieder-)Eintritt in die europäische Politik. Er war der Erbe der älteren, albertinischen Linie des Hauses Habsburg. Durch den Hausvertrag von Neuburg 1379 waren die habsburgischen Erbländer geteilt worden. Herzog Albrecht III. (1349/50—1395) hatte damals Nieder- und

Oberösterreich erhalten, Herzog Leopold III. (1351–1386) – der Begründer der leopoldinischen Linie – alle übrigen Besitzungen.

Bereits 1423 wurde Herzog Albrecht (V.) von seinem Schwiegervater mit Mähren belehnt, was ihm den Anspruch auf Böhmen sicherte. Mit dem Tod Ks. Sigismunds Ende 1437 gelang nahezu problemlos die Nachfolge Albrechts in Böhmen und Ungarn. Damit befanden sich erstmals die böhmischen und ungarischen Länder sowie Österreich ob und unter der Enns unter der Herrschaft Habsburgs vereint. Mit diesem Machtpotential konnte die Wahl Albrechts im März 1438 erfolgen. Damit war seit 130 Jahren die römische Königskrone wieder beim Haus Habsburg.

Mitten in den Vorbereitungen für einen Feldzug gegen die Osmanen, die in Ungarn eingefallen waren, starb Kg. Albrecht II. in der Nähe von Gran (Esztergom). In der Reichspolitik konnte er in seiner kurzen Regierungszeit kaum Spuren hinterlassen. Ein dunkler Punkt in seiner Vita bleiben die Judenverfolgungen, die er 1420 als Herzog von Österreich veranlasste. Die Juden wurden vertrieben, die in Wien zurückgebliebenen wurden in Gegenwart des Herzogs im Wiener Vorort Erdberg (der damit nach der Gefangennahme Richard Löwenherz' im Jahr 1192 – siehe S. 85 – zum zweiten Mal eine »Fußnote« der Weltgeschichte wurde) öffentlich verbrannt.

Posthum wurde ihm ein Sohn bzw. Erbe geboren: Ladislaus Posthumus. Albrecht bestimmte ihn für die Nachfolge in Böhmen, Ungarn und im Reich und bestellte seinen Vetter zweiten Grades, Herzog Friedrich V. von der leopoldinischen Linie und späteren Ks. Friedrich III. (siehe unten), zum Vormund. Ladislaus (bzw. seiner Mutter) gelang es aber nicht, sich in Ungarn durchzusetzen. 1453 wurde er immerhin Kg. von Böhmen, starb aber 1457 kinderlos. Damit endete zumindest vorläufig das habsburgische Zwischenspiel in Böhmen und Ungarn. Die habsburgischen Erbländer der albertinischen Linie fielen mit seinem Tod an die leopoldinische Linie unter Ks. Friedrich III.

KAISER FRIEDRICH III. (IV.)

(1440–1493)

Ks. Friedrich III. wurde am 21. 9. 1415 in Innsbruck geboren. Seine Eltern waren Hz. Ernst der Eiserne von Innerösterreich (1377–1424) (Kg. Albrecht I. [siehe S. 106] war dessen Ur-Großvater) und Cymburgis von Masowien (1394/97–1429). 1452 heiratete er ELEONORE HELENA (1436–1467), Tochter von Kg. Eduard von Portugal (1391–1438), und hatte sechs Kinder, darunter Ks. MAXIMILIAN I. (siehe unten).

10. 6. 1424	als Friedrich V. Hz. von Innerösterreich nach dem Tod seines Vaters
2. 2. 1440	Königswahl in Frankfurt/Main als Friedrich IV.
17. 6. 1442	Krönung in Aachen
19. 3. 1452	Kaiserkrönung in Rom durch Papst Nikolaus V. (1447–1455) als Friedrich III. (letzte Kaiserkrönung in Rom)
19. 8. 1493	Tod in Linz; Beisetzung in einem Hochgrab im Chor des südlichen Seitenschiffes des Stephansdomes zu Wien, Herzurne in der Stadtpfarrkirche Linz

Friedrich entstammte der leopoldinischen Linie des Hauses Habsburg und war deren Prätendent. Von seiner Mutter Cymburgis von Masowien soll die sog. »Habsburgerlippe« (d. h. ein Unterbiss) herrühren, die für die Familie bis ins 20. Jh. charakteristisch war. Cymburgis soll auch ungeheure Kräfte besessen haben. Angeblich konnte sie ein eisernes Hufeisen mit bloßer Hand umbiegen. Als der von Kg. Albrecht II. bestimmte Vormund für dessen Sohn und designierten Erben Ladislaus Posthumus hatte Friedrich im Reich den nötigen Rückhalt, so dass er Anfang 1440 zum Kg. gewählt wurde. Als solcher war er nach der legitimen Wahl Friedrichs (III.) des Schönen (siehe S. 110) der Vierte in dieser Reihe.

Die erste Zeit seiner Regierung war mit Auseinandersetzungen geprägt: innerhalb des Hauses Habsburg, in der sich formierenden Schweiz, im Zusammenhang mit der Sicherung des Erbes seines Mündels Ladislaus sowie mit den Türken. Das waren einige der Gründe, warum Friedrich erst zwei Jahre nach seiner Wahl nach Aachen zu Krönung reiste. Auch sollte er dann dieses »Binnenreich« bis 1471, also für 27 Jahre, nicht mehr betreten. Das führte zu einer weiteren »Verdünnung« der Königsmacht im Reich und zur Stärkung der Territorialfürsten.

Trotz alledem gelang Friedrich mit Hilfe seines Sekretärs Enea Silvio Piccolomini, des späteren Papstes Pius II. (1458–1464), eine Neuordnung der kirchlichen Verhältnisse in Deutschland. Die im Konzil von Basel (1431–1449) beschlossenen Reformdekrete waren bereits unter Kg. Albrecht II. 1439 im sog. Mainzer Akzeptationsinstrument anerkannt worden. Infolge dessen kam es zu einer Annäherung zwischen Papst Eugen IV. (1431–1447) und Friedrich. Dieser erhielt 1446 das Ernennungsrecht für seine landesfürstlichen Bistümer für sich und seine Nachkommen, das bis 1918 in Österreich-Ungarn ausgeübt wurde. 1448 wurde *pro natione Alamanica* das Wiener Konkordat abgeschlossen, das als Reichsgesetz bis 1806 gültig war. Darin wurde u. a. das freie Bischofswahlrecht der Domkapitel für die reichskirchlichen Bistümer anerkannt.

Das neue Verhältnis zwischen Papst und König nutzte Friedrich 1452 für eine Romfahrt, wo er am »Josefi-Tag« zum Kaiser gekrönt wurde. Er war der erste und einzige Habsburger aber auch der letzte römische König, der in Rom zum Kaiser gekrönt wurde. Während seines Aufenthalts in Rom kam es zu Gegenbewegungen der österreichischen, böhmischen und ungarischen Stände, so dass der Kaiser nicht nach Wien, sondern nach Wiener Neustadt (der »allzeit Getreuen«) zurückkehren musste. Mit dem Tod von Ladislaus Posthumus 1457 endeten zwar vordergründig die Auseinandersetzungen in Böhmen und Ungarn, dafür begann ein Streit um das Erbe mit dem Bruder des Königs Herzog Albrecht VI. (1418–1463), in dessen Verlaufe sogar 1462 Wiens belagert wurde. Gleichzeitig begannen neue Kämpfe mit Ungarn, als sich Friedrich zum Gegenkönig von Matthias Corvinus (1443–1490) wählen ließ. 1468 reiste er nochmals nach Rom, währenddessen es wieder zu Aufständen, diesmal in der Steiermark, kam.

1473 traf sich Ks. Friedrich III. in Trier mit Herzog Karl dem

Kühnen von Burgund (1433–1477), u. a. um über eine Heirat seines Sohnes Maximilian (siehe unten) mit der burgundischen Erbtochter Maria zu verhandeln. Das zog sich solange hin, dass die Heirat erst 1477 erfolgte. Im selben Jahr fiel Herzog Karl der Kühne bei Nancy gegen die Eidgenossen, so dass dessen Reichslehen (Niederlande und Freigrafschaft Burgund) an das Haus Habsburg kam. Das Herzogtum Burgund war ein Lehen Frankreichs und wurde von dort eingezogen.

Matthias Corvinus nahm den zwischenzeitlichen wegen der Türken unterbrochenen Kampf gegen den Kaiser wieder auf und belagerte seit 1483 Wien, das er dann 1485 erobern konnte. Dort residierte er bis zu seinem Tod 1490. Erst danach kam Österreich wieder in den vollständigen Besitz der Habsburger.

Von Ks. Friedrich III. stammt die Buchstabenfolge A. E. I. O. U. (= *Austria erit in orbe ultimo*; Österreich wird ewig bestehen), das für ihn zu einem speziellen *corporate design* wurde, wie man heute sagen würde. Übersetzungsvarianten ins Deutsche gibt es viele, so u. a. »Österreich ist allen Ernstes unersetzlich«. Tatsache bleibt aber, dass Ks. Friedrich III., der fast sein ganzes Lebens damit beschäftigt war, vor seinen Feinden zu fliehen, durch die von ihm eingefädelte Heirat seines Sohnes mit Maria von Burgund den Grundstein für die spätere habsburgische Großmacht legte.

Er regierte im Reich 53 Jahre, also mehr als ein halbes Jahrhundert. Mit Ausnahme von Ks. Franz Joseph (68 Jahre) regierte kein Kaiser (bzw. König) vor bzw. nach ihm so lange. Wegen der genannten dauernden Auseinandersetzungen war er aber im Reich kaum präsent. Das hatte die bereits erwähnte weitere Stärkung der Territorialgewalt zur Folge, die nun die Ebene unterhalb der Kurfürsten bzw. die der gleichrangigen Landesherrschaften betraf. Ebenso waren die notwendigen Bemühungen um eine Reichsreform bzw. Landfriedensbemühungen unmöglich. Mit Ausnahme des Wiener Konkordats hinterließ Ks. Friedrich III. in der Reichspolitik nur wenige Spuren. In der späteren Historiograhie wird er deswegen auch als des »Heiligen Römischen Reiches Erzschlafmütze« bezeichnet.

Kaiser Maximilian I.

(1493–1519)

Ks. Maximilian wurde am 22. 3. 1459 in Wiener Neustadt geboren. Seine Eltern waren Ks. Friedrich III. und Eleonore Helena von Portugal (siehe oben). Er war zweimal verheiratet: ab 1477 mit Maria (1457–1482), der Erbtochter von Hz. Karl dem Kühnen von Burgund (1433–1477), und ab 1494 mit Bianca Maria (1472–1510), der Erbtochter von Hz. Galeazzo Maria Sforza von Mailand (1444–1476). Er hatte drei Kinder, darunter Philipp I. den Schönen (1478–1506), Kg. von Kastilien, und Margarete (1480–1530), ab 1506 Regentin der Niederlande.

16. 2. 1486	Königswahl in Frankfurt/Main
9. 4. 1486	Krönung in Aachen
19. 8. 1493	Regierungsübernahme im Reich und in den habsburgischen Erbländern nach dem Tod Ks. Friedrichs III.
4. 2. 1508	Annahme des Titels »Erwählter Römischer Kaiser« in Trient
12. 1. 1519	Tod in Wels (Oberösterreich); Beisetzung unter dem Hochaltar der St.-Georgs-Kathedrale der Burg von Wiener Neustadt; Herzurne im Sarkophag von Maria von Burgund in der Liebfrauenkirche von Brügge; »Kenotaph« (leeres Grabmal) in der Innsbrucker Hofkirche (»Schwarzmander-Kirche«)

Maximilian verlor bereits mit acht Jahren seine Mutter. Unter seinem Vater Ks. Friedrich III. (siehe oben) wuchs er ziemlich unbekümmert und ohne eigentliche Erziehung auf. Nach dem Tod seines Schwiegervaters Herzog Karls des Kühnen von Burgund 1477 musste er das burgundische Erbe seiner Frau gegen die Begehrlichkeiten Frankreichs schützen. Mit englischer Hilfe errang er am 7. 8. 1479 bei Guinegate (Picardie) einen Sieg gegen die überlegene Streitmacht des französischen Kg. Ludwig XI. (1423–1483). Seinem Vater gelang es noch zu Lebzeiten, ihn zum König wählen zu lassen, so dass die Nachfolge im Reich gesichert war. Die Auseinandersetzungen mit Frankreich wegen Burgund gingen aber weiter, sie endeten erst 1489 mit einem Friedenschluss zwischen Maximilian und Kg. Karl VIII. (1470–1498).

Dieser Frieden ermöglichte es Maximilian, das habsburgische Erbe zu sichern und Ost-Österreich mit Wien nach dem Tod von Matthias Corvinus (1443–1490) wieder zu gewinnen. Nach dem Tod seines Vaters 1493 war er nicht nur unbestrittener Herrscher im Reich, sondern auch in den habsburgischen Erblanden, wo er nach burgundischem Vorbild eine Verwaltungsreform durchführte. Durch die Heirat mit Bianca Sforza 1494 kam das Herzogtum Mailand in habsburgischen Besitz (es verblieb dort bis 1859), auch wenn es zuerst deswegen zu Auseinandersetzungen mit Frankreich kam.

Auf dem Reichstag zu Worms 1495 proklamierte Kg. Maximilian I. die Errichtung eines »ewigen Landfriedens«, der formal bis zum Ende des Heiligen Römischen Reiches in Kraft blieb. Ebenso wurde als allgemeine Reichssteuer die Einführung des »Gemeinen Pfennigs« beschlossen. Das bisherige Kammergericht wurde in ein Reichskammergericht umgewandelt und war u. a. für das Verbrechen des Landfriedensbruches zuständig. Ebenso wurde das Reich in sechs Kreise eingeteilt. Das waren Voraussetzungen für die Ausbildung eines einheitlichen Rechts- und Friedensraumes im Reich. Hinzu kam noch 1498 die Erneuerung von Hofrat und Hofkanzlei, mit denen Maximilian stärker die Reichsgeschäfte an sich ziehen wollte – nicht ohne Widerstand der Reichsstände.

Da die Schweizer Eidgenossen diese Beschlüsse nicht anerkannten, kam zum Krieg, der mit einer Niederlage für Maximilian endete. Im Frieden zu Basel 1499 wurden die Eidgenossen vom »Gemeinen Reichspfennig« freigestellt, und die Zuständigkeit des Reichskammergerichtes wurde für sie unverbindlich. Das war der Beginn der endgültigen Loslösung der Schweiz vom Reich.

Da Venedig die Durchreise Maximilians nach Rom zur Kaiserkrönung verweigerte, nahm er 1508 den Titel eines »Erwählten Römischen Kaisers« an, was der Papst nachträglich bestätigte. Auf dem Reichstag in Köln 1512 wurde das Reich endgültig in zehn Reichskreise eingeteilt, denen als quasi genossenschaftlichen Korporationen bestimmte Befugnisse übertragen wurden.

Das Lebensende Maximilians war durch den Beginn der Reformation gekennzeichnet. Am 31. 10. 1517 erfolgte die Übersendung der 95 Thesen Martin Luthers (1483–1546) an seinen Erzbischof von Magdeburg, Albrecht von Brandenburg (1490–1545) – ein demonstrativer Anschlag an der Wittenberger Schlosskirche ist nicht nachzuweisen. Luther verteidigte diese auf dem Augsburger Reichstag im Oktober 1518 und widerrief nicht.

Ks. Maximilians Bedeutung für das Haus Habsburg lag nicht zuletzt in seiner Heiratspolitik. Matthias Corvinus ist – allerdings strittig – in Anlehnung an Ovid der Spruch zuzuschreiben:

»Bella gerant fortes,
tu felix Austria nube.
Nam quae Mars aliis,
da tibi regnat Venus.«
»Die Mächtigen führen Kriege,
du glückliches Österreich heirate,
Was den anderen der Krieg gibt,
das schenkt dir die Liebe.«

Verkürzt lautet dieser Spruch auch: *»Bella gerant alii, tu felix Austria nube!«*

Bereits durch die beiden Heiraten Maximilians fielen einerseits das burgundische Erbe an Habsburg, von dem dann bis in die Napoleonische Zeit das heutige Belgien und Luxemburg bei Österreich verblieb, andererseits Mailand, womit die bis Mitte des 19. Jh. dauernde habsburgische Dominanz in (Ober-)Italien begründet wurde. 1494 konnte Maximilian ein Bündnis mit Ferdinand II. von Aragon (1452–1516) bzw. Isabella I. von Kastilien (1451–1504) schließen, wobei als Garant dafür die jeweiligen Kinder gegenseitig vermählt wurden, darunter der Sohn Maximilians, Philipp der Schöne (1478–1506), mit Johanna (der Wahnsinnigen) (1479–1555). Dadurch kam später das spanische Erbe an Habsburg. Einen ähnlichen Vertrag schloss Maximilian mit dem Jagellonen Wladislaw (1456–1516), dem König von Böhmen und Ungarn. Dessen Kinder verlobten sich 1515 in Wien wechselweise mit den Enkeln Maximilians, darunter der spätere Ks. Ferdinand I. (siehe unten), der dadurch nach der Schlacht von Mohács 1526 diese beiden Königreiche für Habsburg gewinnen konnte. Die territorialpolitischen Voraussetzungen für die habsburgische Donaumonarchie waren geschaffen.

Maximilian war ein Kunstmäzen, Humanist und Förderer der Wissenschaften, somit ein typischer Herrscher der Renaissance. Er selber trat auch schriftstellerisch hervor (»Theuerdank«). Gleichzeitig wurde er als »der letzte Ritter« bezeichnet, weil er in seiner Person durch die Verbindung mit Burgund noch das alte ritterliche Ideal verkörperte. In der Tat war er die prägende Gestalt am Übergang zwischen diesen beiden Epochen.

Kaiser Karl V.

(1519–1556)

Ks. Karl wurde am 24. 2. 1500 in Gent geboren. Seine Eltern waren Kg. Philipp I. der Schöne (1478–1506) und Johanna die Wahnsinnige (1479–1555), Tochter Kg. Ferdinands II. von Aragon (1452–1516) und Kg. Isabella I. von Kastilien (1451–1504). 1526 ehelichte er Isabella von Portugal (1503–1539), eine Tochter von Kg. Manuel I. von Portugal (1469–1521); er hatte fünf eheliche Kinder, darunter Kg. Philipp II. von Spanien (1527–1598) und Maria (1528–1603), Ehefrau ihres Vetters Ks. Maximilian II. (siehe unten), sowie zahlreiche nichteheliche Nachkommen, darunter Margarethe (1522–1586), 1556–1567 und 1580–1583 Generalstatthalterin der Niederlande, und Juan d'Austria (1547–1578), den Sieger von Lepanto (1751).

23. 1. 1517	Kg. von Spanien (als Karl I.)
12. 1. 1519	Regierungsübernahme in den habsburgischen Erbländern nach dem Tod Ks. Maximilians I.
28. 6. 1519	Königswahl in Frankfurt/Main
23. 10. 1520	Krönung in Aachen
26. 10. 1520	nach Einwilligung von Papst Leo X. (1513–1521): Annahme des Titels »Erwählter Römischer Kaiser«
22. 2. 1530	Empfang der »Eisernen Krone« der Langobarden aus den Händen Papst Clemens' VII. (1523–1534) in Bologna
24. 2. 1530	Kaiserkrönung in Bologna, San Petronio, durch

	Papst Clemens VII. (letzte Kaiser-Krönung durch einen Papst)
25. 10. 1555	Bekanntgabe der Abdankung als Landesherr des Burgundischen Kreises (Niederlande) in einem feierlichen Staatsakt in Brüssel
16. 1. 1556	Übergabe Spaniens (samt Nebenländer) an seinen Sohn Philipp II.
12. 9. 1556	Niederlegung der Kaiserkrone zugunsten seines Bruders Ferdinand I. (siehe unten)
21. 9. 1559	Tod in San Jeronimo de Yuste; Beisetzung im Escorial (San Lorenzo)

Da der einzige Sohn Maximilians, Kg. Philipp I. der Schöne, noch zu dessen Lebzeiten gestorben war, war nun dessen ältester Sohn Karl der Prätendent des Hauses Habsburg bzw. des Hauses Österreich oder der Casa d'Austria, wie es noch zu Lebzeiten Ks. Maximilians hieß. Nachdem Karls mütterlicher Großvater Ferdinand von Aragon 1516 gestorben war, wurde er König von Spanien. Mit dem Tod Ks. Maximilians fielen an ihn auch die österreichischen Erbländer, und er strebte nun die Königswahl an. Das beabsichtigte aber auch der französische Kg. Franz I. (1594–1547). Mit Hilfe des Augsburger Bankhauses Fugger, zu dem die Habsburger gute Beziehungen unterhielten, konnte Karl zum König gewählt werden. 1520 nahm er wie sein Großvater Maximilian mit Zustimmung des Papstes den Titel eines »erwählten römischen Kaisers« an. Nicht zuletzt durch diese Präzedenzfälle führten später die bei der Königskrönung in Frankfurt Gekrönten automatisch auch den Titel »Römischer Kaiser« (*Imperator Romanus*) bzw. wurden bereits zu Lebzeiten eines Kaisers zu römischen Königen gekrönte Nachfolger und im Todesfall automatisch Kaiser.

Karl V. war Herrscher eines Gesamtreiches, »in dem die Sonne nicht unterging«. Das bezog sich auf das spanische Kolonialreich mit seinen Besitzungen in Südamerika und später – 1565 – in Asien (Philippinen, benannt nach Kg. Philipp II.).

Karls Regierungsantritt war überschattet durch den Beginn der Reformation. Nachdem Martin Luther (1483–1546) im Dezember 1520 die päpstliche Bannandrohungsbulle *Exsurge Domini* verbrannt hatte, wurde er auf dem Reichstag zu Worms

1521 gebannt, und Ks. Karl V. verhängte über ihn und seine Anhänger im Wormser Edikt die Reichsacht. Deswegen wurde er aus Sicherheitsgründen als »Junker Jörg« auf die Wartburg gebracht, wo er die Heilige Schrift in das Deutsche übersetzte. Gleichzeitig begannen die Auseinandersetzungen mit Frankreich unter Kg. Franz I. um die Vorherrschaft in Oberitalien bzw. eigentlich in Europa. Sie endeten vorläufig 1525 mit dem Sieg Karls über Franz in Pavia, wo dieser in Gefangenschaft geriet. Aber nach dessen Freilassung begannen die Konflikte erneut. Im Zuge dieser wurde 1527 Rom von kaiserlichen Truppen erobert, geplündert und ein schreckliches Blutbad angerichtet (*Sacco di Roma*). Erst 1529 endeten mit einem neuerlichen Sieg Karls diese Auseinandersetzungen. Er konnte nun die italienischen Verhältnisse ordnen und wurde 1530 in Bologna zum Kaiser gekrönt.

1521/22 übergab Karl V. seinem jüngeren Bruder Ferdinand die Regierung in den österreichischen Erblanden. Damit wurde das Haus Habsburg in eine Spanische und eine Österreichische Linie geteilt. Letztere wurde dann 1531 insofern aufgewertet, als es Ks. Karl V. gelang, die Wahl seines Bruders zum römischen König durchzusetzen.

Im Reich war die lutherische Reformation nicht mehr aufzuhalten. In Wittenberg wurde bereits eine »deutsche Messe« gefeiert, und es begannen Bilderstürme. 1523 begründete Ulrich Zwingli (1484–1531) die Reformation in Zürich. Zur selben Zeit 1522/23 begannen die Ritterkriege (Franz von Sickingen, Ulrich von Hutten) aufgrund des sozialen Niedergangs des Rittertums und 1524/25 die Bauernkriege, in denen die Bauern ihre »freien Rechte« gegenüber der aufstrebenden Landesherrschaft verteidigen wollten – allerdings vergeblich.

Auf dem 1. Reichstag zu Speyer 1526 wurde beschlossen, dass jeder Reichsfürst nach seinem eigenen Gewissen verfahren soll, bis ein Konzil entschieden hat. Zum Schutz der Reformation wurde von den evangelischen Reichsfürsten der Torgauer Bund gegründet. Auf dem 2. Reichstag zu Speyer 1529 versuchte der Bruder Karls V., der spätere Ks. Ferdinand I., als dessen Reichsstatthalter die Beschlüsse des 1. Reichstags zu Speyer aufzuheben, da kein Konzil zusammengetreten war. Dagegen protestierten die evangelischen Stände (daher der Name »Protestanten«).

Auf dem Reichstag zu Augsburg 1530 kam es zur Verlesung des »Augsburger Bekenntnisses«, der Kernpunkte der protestantischen Glaubensüberzeugung zu dieser Zeit. Die Folge war 1531 die Gründung des sog. Schmalkaldischen Bündnisses der evangelischen Reichsstände (Fürsten und Reichsstädte) zur Verteidigung ihres Glaubens. Deswegen und wegen der osmanischen Gefahr – 1529 Erste Wiener Türkenbelagerung – musste Ks. Karl V. eine militärische Unterwerfung der Lutheraner aufgeben. Doch blieb er weiterhin bemüht, den konfessionellen Frieden wieder herzustellen. Mehrfach hat er versucht, Papst Clemens VII. zur Einberufung eines Konzils zu bewegen. Doch dies geschah erst 1545 mit der Eröffnung des Konzils von Trient – zu spät für eine Einigung. Denn die Weigerung der Protestanten, am Konzil teilzunehmen, führte zum Schmalkaldischen Krieg. 1547 wurden die Protestanten zwar in Mühlberg (Thüringen) am 24. 4. 1547 vernichtend geschlagen, jedoch ging deren Widerstand trotzdem weiter, da Frankreich zuungunsten des Kaisers auf den Plan trat. Dies führte letztlich 1555 zum Augsburger Religionsfrieden, der die Glaubensspaltung in Deutschland praktisch besiegelte und das Prinzip *cuius regio, eius religio* bestätigte.

Bereits 1553 übergab Ks. Karl seinem Bruder Ferdinand weitgehend die Reichsgeschäfte. Karl selber war zu dieser Zeit ein verbrauchter Mann, und eine Gicht bereitete ihm derartige Schmerzen, dass er sich kaum noch bewegen konnte. 1555 dankte er als Kaiser ab, 1556 übergab er Spanien und die damit zusammenhängenden Besitzungen seinem Sohn Philipp II. Die letzten eineinhalb Jahre seines Lebens verbrachte er zurückgezogen in Yuste.

Ks. Karl V. konnte infolge seiner gewaltigen Hausmacht die Kaisermacht im Reich nochmals zu einem Höhepunkt führen, der durchaus an die entsprechenden Phasen des hohen Mittelalters erinnerte. Jedoch scheiterte er innenpolitisch letztlich an der Glaubensspaltung, die er vergeblich zu verhindern versucht hatte. Die in seiner Person kumulierte und so nicht mehr wiederholte habsburgische Macht führte nicht zuletzt aus »Einkreisungsängsten« zu einem Gegensatz zwischen dem Kaisertum bzw. Reich und Frankreich, der bis 1945 dauern sollte.

Kaiser Ferdinand I.

(1556–1564)

Ks. Ferdinand I. wurde am 10. 3. 1503 auf Schloss Alcalá de Henares bei Madrid geboren. Seine Eltern waren Philipp I. der Schöne und Johanna die Wahnsinnige (siehe oben unter Karl V.). Er heiratete 1521 Anna (1503–1547), eine Tochter von Kg. Wladislaw II./IV. von Ungarn und Böhmen (1456–1516). Er hatte 15 Kinder, darunter Elisabeth (1526–1545), Ehefrau Kg. Sigismund II. Augusts von Polen (1520–1572), Ks. Maximilian II. (siehe unten), Katharina (1533–1572), in zweiter Ehe Ehefrau von Kg. Sigismund II. August von Polen (1520–1572), und Ehz. Karl II. von Innerösterreich (1540–1590).

17. 12. 1526	Wahl zum Kg. von Ungarn in Preßburg
24. 2. 1527	Krönung zum Kg. von Böhmen in Prag, St.-Veits-Dom
3. 11. 1527	Krönung zum Kg. von Ungarn in Stuhlweißenburg
5. 1. 1531	Königswahl in Köln
11. 1. 1531	Krönung in Aachen zum Kg. (letzte Königskrönung in Aachen)
12. 9. 1556	Ks. nach Abdankung Ks. Karls V. im Reich
15. 3. 1558	feierliche Anerkennung als »Römischer Kaiser« in Frankfurt/Main
25. 7. 1564	Tod in Wien; Beisetzung in einem Hochgrab im Mittelschiff des St.-Veits-Doms in Prag

Im Gegensatz zu seinen Geschwistern, die in Brüssel erzogen wurden, wuchs Ferdinand vorerst am spanischen Hof auf, den er mit dem Regierungsantritt seines Bruders Karl in Spanien verließ. Die Jahre 1521/22 waren für sein Leben entscheidend: Ks. Karl V. überließ die Regierung in den österreichischen Erblanden Ferdinand, der nun durch die Ehe mit Anna von Böhmen und Ungarn später in die Lage versetzt werden sollte, auch diese Länder zu erben.

Ferdinand hatte sogleich Schwierigkeiten mit den Ständen

und den Bauern, die er aber in seinem Sinn und mit harter Hand bereinigen konnte. Am 29. 8. 1526 siegten die Türken bei Mohács über die Ungarn. Sein Schwager, der junge Kg. Ludwig II. von Ungarn und Böhmen (1506–1526), fiel dabei, so dass nun der Erbvertrag zum Tragen kam. Während in Böhmen die Erbfolge ohne Schwierigkeiten anerkannt wurde, musste er sich in Ungaren gegen die Osmanen und einen Gegenkönig erwehren, so dass sich Ferdinand nur in Westungarn behaupten konnte.

1527 erließ Ferdinand eine Hofstaatsordnung mit einer Zentralverwaltung für seine österreichischen, böhmischen und ungarischen Länder, die in Grundzügen in Österreich bis 1848 Geltung hatte (Hofrat, Hofkammer, Hofkriegsrat, Hofkanzlei, Geheimer Rat). 1529 setzte erneut die osmanische Expansion ein, die bis Wien führte (Erste Türkenbelagerung). Die Hauptlast des Kampfes gegen die Türken verblieb nun in den nächsten rund 250 Jahren beim Haus Habsburg, das zur Zeit Ferdinands noch zusätzlich in die konfessionellen Auseinandersetzungen im Reich involviert war.

1531 konnte Ferdinand zum römischen König gewählt werden. Damit war er automatisch Nachfolger seines Bruders Ks. Karl V. Die folgenden Jahre war Ferdinand mit der türkischen Abwehr beschäftigt. Erst ein Waffenstillstand 1547 brachte die notwendige Entlastung für ihn, um seinen Bruder Karl im Reich unterstützen zu können. Ferdinand selber versuchte in seinen Ländern, u. a. mit Hilfe der Jesuiten, die Reformation einzudämmen und die sog. Gegenreformation einzuleiten.

In einer Hausordnung regelte Ferdinand seine Erbfolge. Zwar erbte sein ältester Sohn, der spätere Ks. Maximilian II. (siehe unten), den größten Teil, doch Vorder- und Innerösterreich wurden den zwei anderen Söhnen übertragen, die damit für einige Zeit eigene habsburgische Linien begründeten. Bereits 1553 übergab Ks. Karl V. seinem Bruder Ferdinand im Reich weitgehend die Regierungsvollmacht. Nach der Abdankung Karls V., die von den Kurfürsten erst 1558 anerkannt wurde, folgte Ferdinand I. auch offiziell als Kaiser nach.

Die Lösung der Glaubensfrage war ihm von Anbeginn ein Anliegen. So wurde auf dem Reichstag von Regensburg 1556/57 der vergebliche Versuch eines Ausgleichs zwischen den Konfessionen unternommen. 1559 wurde eine Reichsmünzordnung erlassen, und Ks. Ferdinand I. organisierte in Fortsetzung der oben genannten Maßnahmen für seine Erblande auch die Reichszentralbehörden am Sitz des Kaisers neu. Es wurde eine Reichshofkanzlei geschaffen, für die der Reichserzkanzler, der Kurfürst von Mainz, das Ernennungsrecht eines Reichsvizekanzlers erhielt, sowie in Konkurrenz zum Reichskammergericht ein Reichshofrat, wo der Kaiser das Besetzungsrecht ausübte.

Vor Beginn der dritten Periode des Konzils von Trient 1561 unterbreitete Ferdinand interessante Vorschläge, u. a. die Volkssprache beim Gottesdienst, die Kommunion unter beiderlei Gestalt sowie die Priesterehe, die aber alle vom Konzil abgelehnt wurden. Damit war die letzte Chance einer Einigung vertan, und die konfessionelle Spaltung endgültig.

1562 gelang Ks. Ferdinand I. die Wahl seines Sohnes Maximilian zum König. Damit war die Nachfolge im Reich gesichert. Nach längerer Krankheit verstarb Ferdinand, der Kaiser »Wider Türkennot und Glaubensspaltung«, im Sommer 1564.

Kaiser Maximilian II.

(1564–1576)

Ks. Maximilian II. wurde am 31. 7. 1527 in Wien geboren. Seine Eltern waren Ks. Ferdinand I. und Anna von Böhmen und Ungarn (siehe oben). 1548 heiratete er seine Cousine Maria (1528–1603), eine Tochter Ks. Karls V. Er hatte 16 Kinder, darunter Anna (1549–1580), die ihren Onkel Kg. Philipp II. (1527–1598) heiratete, Ks. Rudolf II. (siehe unten), Ks. Matthias (siehe unten) und Ehz. Albrecht (VII.) (1559–1621).

14. 5. 1562	Krönung zum Kg. von Böhmen in Prag, St.-Veits-Dom
24. 11. 1562	Königswahl und Kaiserkrönung in Frankfurt/Main
16. 7. 1563	Krönung zum Kg. von Ungarn in Preßburg, St.-Martins-Kirche
25. 7. 1564	Ks. nach dem Tod Ks. Ferdinands I.
12. 10. 1576	Tod in Regensburg; Beisetzung in einem Hochgrab im Mittelschiff des St.-Veits-Doms in Prag

Die Kindheit verbrachte Maximilian in Innsbruck. Mit 17 Jahren holte ihn sein Onkel, Ks. Karl V., nach Spanien, wo er weiter erzogen wurde und seine Cousine heiratete. Mit ihr zusammen regierte er bei Abwesenheit Ks. Karls V. Spanien.

Früh kam er allerdings schon mit protestantischen Fürsten in Berührung, und nach seiner Rückkehr aus Spanien 1552 machten sich seine protestantischen Neigungen immer mehr bemerkbar. Dadurch kam es zu Vorhaltungen seitens des Papstes und Spaniens, so dass Maximilian seinem Vater versprechen musste, der katholischen Kirche treu zu bleiben. Nunmehr konnte Ks. Ferdinand 1562 die Wahl Maximilians zum König durchsetzen. Als man ihm bei der Krönung aufgrund der Glaubenskämpfe den seit Jahrhunderten bei der Krönungsliturgie geübten Brauch der Kommunion unter beiderlei Gestalten verweigerte, verzichtete er überhaupt auf die Kommunion.

Nach seinem Regierungsantritt setzte er die interkonfessionelle Versöhnungspolitik behutsam fort. In seinen Erblanden gestattete er dem protestantischen Adel auf seinen Gütern den entsprechenden Gottesdienst. Zuerst lehnte er die Verkündigung der Beschlüsse des Konzils von Trient für das Reich ab, jedoch auf dem Reichstag von Augsburg 1566 nahmen er und die katholischen Reichsstände diese offiziell an. Auf dem Reichstag von Speyer 1570 versuchte Ks. Maximilian II., das Reichskriegswesen zu reformieren und sich zu unterstellen. Diese sog. Freistellungsbewegung, die auch andere Bereiche des Reiches zentralistisch-moderat reformieren wollte, scheiterte 1576 auf dem Reichstag von Regensburg, wodurch sich die konfessionellen Spannungen im Reich verschärften.

Bezüglich des Osmanischen Reiches nutzte Ks. Maximilian II. die durch den Tod Sultan Süleimans I. (1495–1566) entstandene vorteilhafte Lage nicht aus. Im Frieden von Adrianopel (Edirne) 1568 wurde lediglich der beiderseitige Besitzstand bestätigt.

Mit Ks. Maximilian II. begannen die Heiraten der beiden habsburgischen Zweige (Österreich – Spanien) untereinander, was mehr als 100 Jahre dauern sollte. Unter Berücksichtigung der politischen Verhältnisse waren diese vielleicht klug, letztlich führten sie – nicht zuletzt aus biologischen Gründen – im Jahr 1700 zum Aussterben der spanischen Habsburger und 40 Jahre später zu dem des österreichischen Zweiges im Mannesstamm.

Ks. Maximilian II. war geistig hochstehend und tolerant. Er fühlte sich weder als Katholik noch als Protestant, sondern als Christ. Im Innersten dürfte er aber seinen protestantischen Neigungen treu geblieben sein.

Kaiser Rudolf II.

(1576–1612)

Ks. Rudolf II. wurde am 18. 7. 1552 in Wien geboren. Seine Eltern waren Ks. Maximilian II. und Maria von Spanien (siehe oben). Er blieb unverheiratet und kinderlos.

25. 9. 1572	Krönung zum Kg. von Ungarn in Preßburg, St.-Martins-Kirche
22. 9. 1575	Krönung zum Kg. von Böhmen in Prag, St.-Veits-Dom
27. 10. 1575	Königswahl in Regensburg
1. 12. 1575	Krönung ebenda
12. 10. 1576	Ks. nach dem Tod Ks. Maximilians II.
20. 1. 1612	Tod in Prag; Beisetzung in der Fürstengruft des St.-Veits-Doms in Prag

Im Alter von 14 Jahren wurde Rudolf zusammen mit seinem jüngeren Bruder Erzherzog Ernst (1553–1595) zur weiteren Erziehung an den spanischen Hof geschickt. Er beherrschte fünf Sprachen fließend und besaß eine besondere Vorliebe für Astronomie und Astrologie. Noch zu Lebzeiten seines Vaters wurde er zum ungarischen, böhmischen und römischen Kg. gekrönt, so dass die Nachfolge unstreitig war.

Eine seiner ersten Amtshandlungen war wegen der Türkengefahr die Verlegung seiner Residenz von Wien nach Prag, was die Bedeutung Böhmens und seiner Hauptstadt erhöhte. Seinen Brüdern übertrug er die Regierung in den österreichischen Erblanden, wo sie erfolgreich die Rekatholisierung betrieben. Diese Gegenreformation erlitt 1583 einen Rückschlag, als der Erzbischof von Köln, Gebhard II. Truchseß von Waldburg (1547–1601), zum evangelischen Glauben übergetreten war. Er wurde jedoch vom Papst abgesetzt und hatte auch das Domkapitel sowie die Stadt gegen sich. Diese Jahre waren auch von der Säkularisierung reichs- wie landständischer Stifte (Bistümer) und Klöster gekennzeichnet, die auch verfassungsrechtliche Folgen hatte (wegen Sitz und Stimme im Reichstag, z. B. des Erzbistums Magdeburg).

Für Ks. Rudolf II. gab es in Böhmen und Ungarn größere Schwierigkeiten, nicht zuletzt auch wegen der teilweisen türkischen Besetzung in Ungarn. Die dortigen Stände lehnten Rudolf ab, so dass dessen jüngerer Bruder Matthias dort die Regierung übernahm. Am 11. 11. 1606 schloss dieser mit den Türken den Frieden von Zsitva-Torok (östlich von Komorn bzw. Komárno, nördlich der Donau, heute Slowakei), gegen den Ks. Rudolf opponierte.

Daraufhin kam es zu dem auch literarisch (Franz Grillparzer) verarbeiteten »Bruderzwist im Hause Habsburg«. Die Brüder des Kaisers führten geheime Verhandlungen und forcierten Matthias als Nachfolger. Rudolf II. war daher 1608 gezwungen, Mähren, Nieder- und Oberösterreich sowie Ungarn an Matthias abzutreten. Er selber gewährte in Böhmen und Schlesien Gewissensfreiheit (Majestätsbrief) sowie partiell freie Religionsausübung. Der Konflikt zwischen Rudolf und Matthias ging jedoch weiter. 1611 musste Ks. Rudolf auch Böhmen an seinen Bruder abtreten. Es verblieb ihm nur mehr die Kaiserkrone.

Inzwischen spitzte sich im Reich der Religionskonflikt zu. Über das mehrheitlich protestantische Donauwörth wurde die Reichsacht verhängt, was zu 1608 auf dem Reichtag zu Regensburg zum Eklat führte, als die protestantischen Fürsten diesen verließen. In Folge davon wurde die Protestantische Union unter der Führung des Kurfürsten Friedrich IV. von der Pfalz (1574–1610) gegründet (auf ihn geht das alte Studentenlied: »Wütend wälzt sich einst im Bette, Kurfürst Friedrich von der Pfalz. Gegen alle Etikette brüllte er aus vollem Hals: Heute wieder voll gewest.«). Als gegengewichtiges Defensivbündnis entstand dann 1609 die katholische Liga unter der Führung Herzogs Maximilians I. von Bayern (1573–1651).

Rudolf II. blieb unvermählt. Eine geplante Heirat mit seiner Cousine zweiten Grades, der Infantin Isabella Clara Eugenia (1566–1621), Tochter Kg. Philipps II., kam nicht zustande. Sie heiratete später Rudolfs Bruder Erzherzog Albrecht (VII.). Mit diesem war sie gemeinsam Statthalterin der Niederlande. Trotz alledem war Rudolf II. eine außergewöhnliche Erscheinung unter den Herrschern aus dem Hause Habsburg – aber ein Kaiser in »Ohnmacht und Einsamkeit«. Er war ein großer Förderer der Kunst (Manierismus) und Wissenschaft und ein Freund der Geheimwissenschaften (Astrologie). Er ließ u. a. die sog. Rudolfinische Hauskrone, die spätere Österreichische Kaiserkrone, anfertigen.

Kaiser Matthias

(1612–1619)

Ks. Matthias wurde am 24. 2. 1557 in Wien geboren. Seine Eltern waren Ks. Maximilian II. und Maria von Spanien (siehe oben). Er heiratete 1611 seine Cousine Anna (1585–1618), eine Tochter von Ehz. Ferdinand II. von Österreich-Tirol (1529–1595). Die Ehe blieb kinderlos.

25. 6. 1608	Regierungsübernahme in Österreich, Ungarn und Mähren von Ks. Rudolf II.
19. 11. 1608	Krönung zum Kg. von Ungarn in Preßburg, St.-Martins-Kirche
23. 5. 1611	Krönung zum Kg. von Böhmen in Prag, St.-Veits-Dom
21. 6. 1612	Königswahl und Krönung in Frankfurt/Main
20. 3. 1619	Tod in Wien; Beisetzung ebendort als erster Habsburger-Herrscher in der Kapuzinergruft

Im Gegensatz zu seinen älteren Brüdern verlebte Matthias seine Kindheit in Wien. Nach einem kurzzeitige Abenteuer in den Niederlanden im Jahr 1577, wo man ihn gegen seine eigene Dynastie zu instrumentalisieren versuchte, kehrte er nach Wien zurück und wurde von seinem Bruder Ks. Rudolf II., der ihn nie mochte, nach Linz verbannt. 1593 erhielt er die Statthalterschaft für Nieder- und Oberösterreich. In den bereits erwähnten Auseinandersetzungen zwischen Rudolf II. einerseits und seinen Brüdern andererseits dominierte schlussendlich Matthias, der nach und nach das Erbe seines ältesten Bruders antreten konnte.

Die wichtigste politische Figur für Matthias war Melchior Khlesl (1552–1630), Sohn eines protestantischen Bäckers, später Bischof von Wien und Kardinal. Er organisierte für Matthias die »Machtübernahme« im Haus Habsburg sowie die Kaiserwahl nach dem Tode Rudolfs. Khlesl war in seiner Bedeutung für Ks. Matthias durchaus mit den Kardinälen Richelieu und Mazarin in Frankreich vergleichbar.

In seiner Regierungszeit fiel auch eine entscheidende Weichenstellung für die weitere deutsche Geschichte. Nach dem Tod von Herzog Johann Wilhelm von Jülich-Kleve-Berg (1562–1609) kam es zwischen dessen Erben, Kurfürst Johann Sigismund von Brandenburg (1572–1619) und Herzog Wolfgang Wilhelm von Pfalz-Neuburg (1578–1653), zum Jülich-Klevischen Erbfolgekrieg (1609–1614). Im Vertrag von Xanten am 12. 11. 1614 erhielt Brandenburg-Hohenzollern das Herzogtum Kleve und die Grafschaften Mark und Ravensberg, Pfalz-Neuburg die Herzogtümer Jülich und Berg. Vier Jahre später fiel das Herzogtum Preußen an die Hohenzollern. Für diese war nun die Ausgangsbasis einer weiteren Machtentfaltung im Reich gegeben.

Matthias war zwar verheiratet, blieb jedoch kinderlos, so dass die Erbfolge im österreichischen Zweig des Hauses Habsburg geregelt werden musste. So wurde nach verschiedenen Schwierigkeiten und Widerständen Erzherzog Ferdinand, der Sohn Erzherzog Karls (II.) von Innerösterreich, 1617/1618 zum Kg. von Böhmen und von Ungarn gekrönt (siehe unten).

Die konfessionellen Konflikte in Böhmen nahmen inzwischen weiter zu. Sie eskalierten am 23. 5. 1618 mit dem Zweiten Fenstersturz von Prag. Zwei kaiserliche Räte und ein Sekretär wurden aus einem Fenster des Hradschin gestoßen, landeten unsanft auf einem Misthaufen im Burggraben und überlebten ohne schwere Verletzungen. Das war das Signal für einen böhmischen Aufstand, der sich zum politischen Umsturz ausweitete. In der historischen Literatur wird dieser Fenstersturz als Beginn des Dreißigjährigen Krieges bezeichnet. Während Ks. Matthias und Khlesl einlenken wollten, vertrat Kg. Ferdinand mit spanischer Unterstützung eine harte Linie. Matthias resignierte in der Folge und ließ Khlesl fallen, der von Ferdinand verhaftet und des Landes verwiesen wurde.

Ks. Matthias war ein Herrscher der Übergangszeit von »Bruderzwist und Glaubenskampf«. Innerhalb des österreichischen Teils des Hauses Habsburg wechselte die Herrschaft vom nun erloschenen Hauptzweig zur innerösterreichischen Linie unter Ferdinand. Während dessen drei Vorgänger Maximilian II., Rudolf II. und Matthias in der Konfessionsfrage oft Unschlüssigkeit und Nachgiebigkeit zeigten, war Ferdinand in der Durchsetzung der Rekatholisierung konsequent, was im Dreißigjährigen Krieg zur Eskalation führte.

Ks. Matthias' Ehefrau, seine Cousine Anna, holte die Kapuziner nach Wien. Im dortigen Kloster ließ sie für sich und ihren Gemahl eine Gruft erbauen. Sie wurde im Laufe der Jahrhunderte immer weiter ausgebaut und ist seitdem die Familiengrabstätte des Hauses Habsburg, die »Kaisergruft« zu Wien, in der jüngst die letzte österreichische Kaiserin und ungarische Königin Zita Anfang April 1989 und Erzherzog Karl Ludwig Anfang 2008 bestattet wurden.

KAISER FERDINAND II.

(1619–1637)

Ks. Ferdinand II. wurde am 9. 7. 1578 in Graz geboren. Seine Eltern waren Ehz. Karl II. von Innerösterreich (1540–1590), ein Sohn Ks. Ferdinands I. (siehe oben), und Maria Anna von Bayern (1551–1608), eine Tochter von Hz. Albrecht V. von Bayern (1528–1590). Er war zweimal verheiratet: ab 1600 mit seiner Cousine MARIA ANNA von Bayern (1574–1616), einer Tochter von Hz. Wilhelm V. von Bayern (1548–1626), und ab 1622 mit ELEONORE (1598–1655), einer Tochter von Hz. Vinzenz I. von Mantua a. d. H. Gonzaga (1562–1612). Er hatte sieben Kinder, darunter Ks. FERDINAND III. (siehe unten), MARIA ANNA (1610–1665), Ehefrau von Kft. MAXIMILIAN I. von Bayern (1573–1651), CÄCILIA RENATA (1611–1644), Ehefrau von Kg. WLADISLAW IV. von Polen (1594–1648), und Ehz. LEOPOLD WILHELM (1614–1662), Bf. von Passau, Straßburg, Halberstadt,

Olmütz und Breslau sowie 1646–1656 Generalstatthalter der Niederlande. Dieser betätigte sich dort als bedeutender Sammler von Gemälden, die einen großen Teil des Kunsthistorischen Museums Wien ausmachen.

1596	Übernahme der Regierung in Innerösterreich und Tirol
29. 6. 1617	Krönung zum Kg. von Böhmen in Prag, St.-Veits-Dom
1. 7. 1618	Krönung zum Kg. von Ungarn in Preßburg, St.-Martins-Kirche
28. 8. 1619	Königswahl in Frankfurt/Main
9. 9. 1619	Kaiserkrönung ebendort
25. 2. 1637	Tod in Wien; Beisetzung im Mausoleum neben dem Grazer Dom

In Graz geboren wurde Ferdinand von seiner Mutter Maria Anna von Bayern streng katholisch erzogen und 1590 zum Studium auf die damals noch bestehende Universität Ingolstadt geschickt, von wo er 1595 zurückkehrte. 1596 übernahm er die Regierung in Innerösterreich – sein Vater Erzherzog Karl II. war bereits 1590 verstorben – und auch das Tiroler Erbe der Habsburger. Zum Herrschaftsgebiet Ferdinands gehörten nun die Steiermark, Kärnten, Tirol sowie das heutige Slowenien und Triest.

Erste Maßnahme Ferdinands war die Aufhebung der Gewissensfreiheit für den Ritterstand und die Herrschaften sowie eine gewaltsame und brutale Unterdrückung des Protestantismus. Durch eine Abmachung mit den spanischen Habsburgern gelang es ihm, im Juni 1617 zum Kg. von Böhmen und im Juli 1618 zum Kg. von Ungarn gekrönt zu werden. Nach dem Tod von Ks. Matthias 1619 kam es in Innerösterreich und vor allem in Böhmen zu einer kritischen Lage. Im Juni 1619 standen böhmische Rebellen vor Wien.

Durch seine Wahl zum Kaiser am 28. 8. 1619 war Ferdinand in Österreich und Böhmen abwesend. Die protestantischen Stände nützten dies zum offenen Aufruhr (Konföderationsakte). Ks. Ferdinand wurde in Böhmen abgesetzt, an seiner Stelle wurde Kurfürst Friedrich V. von der Pfalz (1596–1632) zum König gewählt und in Prag gekrönt. Der siebenbürgische Fürst

Gabriel (Gábor) Bethlen (um 1580–1629) nahm den Titel eines erwählten Königs von Ungarn an. Ks. Ferdinand wurde in der Folge von Papst Paul V. (1605–1621), Kg. Philipp III. von Spanien (1578–1621) und der katholischen Liga unter der Führung Herzog Maximilians I. von Bayern (1573–1651) unterstützt. Die Truppen des Kaisers und der Liga unter der Führung von Johann Tserclaes von Tilly (1559–1632) zogen nach Böhmen bzw. nach Prag. Die dort stehenden Verbände der protestantischen Union wurden am 8. 11. 1620 am Weißen Berg vernichtend geschlagen. Der »Winterkönig« Friedrich von der Pfalz musste fliehen, seine Kurwürde wurde aberkannt und an Maximilian von Bayern übertragen. Dadurch änderte sich auch die Lage in Ungarn, wo Gabriel Bethlen auf seinen Königstitel verzichtete.

Ks. Ferdinand II. hingegen ließ in Prag die Führer des Aufstands hinrichten, die Gegenreformation wurde in der Folge in Böhmen und Österreich mit Härte durchgeführt. Zahlreiche Familien mussten fliehen.

Inzwischen übernahm Kg. Christian IV. von Dänemark (1577–1648) die Führung der protestantischen Union, was zur zweiten Phase des Dreißigjährigen Krieges führte. Tilly und der neu hinzugekommene Feldherr Albrecht von Wallenstein (1583–1634) übernahmen das Kommando der kaiserlichen bzw. ligistischen Truppen und konnten in Feldzügen in Norddeutschland die Dänen bis 1629 zurückdrängen. Dabei kam es erstmals zu größeren, für den Dreißigjährigen Krieg typisch gewordenen Grausamkeiten und Exzessen.

Ks. Ferdinand II. befand sich nun am Höhepunkt seiner Macht sowohl im Reich als auch in seinen Ländern (besonders in Böhmen). Unter diesem Eindruck erließ er am 6. 3. 1629 das Restitutionsedikt, mit dem alle den Katholiken seit 1552 entzogenen und den Protestanten übereigneten Kirchengüter und Bistümer zurückgefordert wurden. Diese Maßnahme stärkte den Widerstand der Protestanten und forderte Frankreich und vor allem Schweden heraus. Kg. Gustav II. Adolf (1594–1632) landete am 6. 7. 1630 in Vorpommern, wozu ihn weniger konfessionelle Überlegungen, sondern eher machtpolitische veranlassten. Damit begann die dritte Phase des Dreißigjährigen Krieges.

Im Reich selbst wurde die Opposition gegen Wallenstein größer. Auf dem Kurfürstentag in Regensburg wurde er am 13. 8.

1630 von Ks. Ferdinand II. abgesetzt, weil dieser die Nachfolge seines Sohnes nicht gefährden wollte. Führende militärische Figur auf katholischer bzw. kaiserlicher Seite wurde nun Tilly. Er war aber auch für eines der wohl schrecklichsten Ereignisse des Dreißigjährigen Krieges verantwortlich, nämlich die Eroberung und Zerstörung Magdeburgs am 20. 5. 1631 mit schätzungsweise 20.000 Toten.

Doch die militärische Lage wurde für den Kaiser und die Liga prekär, denn die Schweden konnten mit Unterstützung Sachsens und Brandenburgs bis nach Süddeutschland vorrücken, so dass Ferdinand II. sich gezwungen sah, Wallenstein wieder das Kommando zu übertragen. Diesem gelang es, wenigstens ein militärisches Patt zu erreichen, als bei der Schlacht bei Lützen am 16. 11. 1632 Kg. Gustav II. Adolf tödlich verwundet wurde. Dieser wurde vor allem im 19. Jh. zu einer Symbolgestalt des Protestantismus. Friedrich von Schiller (1759–1805) setzte Wallenstein bzw. dem Dreißigjährigen Krieg mit seiner Wallenstein-Trilogie ein literarisches Denkmal.

Um eine Ausweitung des Krieges zu vermeiden, führte Wallenstein eigenmächtig Friedensverhandlungen mit Schweden, die letztlich zu seiner Ermordung am 25. 2. 1634 in Eger (Cheb) führte. Alleiniger Oberbefehlshaber der katholischen Truppen wurde nun der Sohn Ks. Ferdinands II., der spätere Ks. Ferdinand III. (siehe unten), der am 6. 9. 1634 die Schweden und deren protestantischen Verbündete bei Nördlingen entscheidend schlagen konnte. In der Folge kam es am 30. 5. 1635 zum Frieden von Prag zwischen dem Kaiser und dem Kurfürst von Sachsen, dem sich viele protestantische Reichsstände anschlossen. Ks. Ferdinand II. verzichtete auf die Durchführung des Restitutionsedikts von 1629, dafür wurde die Übertragung der pfälzischen Kurwürde auf Bayern bestätigt, alle fremden Mächte hatten den Reichsboden zu verlassen und Sonderbündnisse, wie die Liga oder die Union, wurden aufgelöst.

Diese scheinbar friedliche innenpolitische Entwicklung wurde aber durch die Kriegserklärung Frankreichs am 19. 6. 1635 an Spanien gestört. Damit begann die vierte und letzte Phase des Dreißigjährigen Krieges, die sich wohl als die grausamste erweisen sollte. Ferdinand II. gelang es noch, bevor er 1637 starb, die Nachfolge seines Sohnes als Kaiser zu sichern.

Ferdinand II. war ein Kaiser im »Zwiespalt der Zeit« und auch von zwiespältiger Natur. Er war zwar von freundlichem Äußeren und großzügig, gleichzeitig war er aber von höchster Unduldsamkeit gegen die Protestanten. Von Jesuiten erzogen war er von Gewissensskrupeln geplagt und trug erhebliche Mitschuld am Ausbruch, an der Dauer und am Verlauf des Dreißigjährigen Krieges. Er scheiterte nicht nur im Bemühen um eine Rekatholisierung des Reiches, sondern auch darin, eine starke Zentralgewalt im Reich wiederherzustellen. Es sollte dies der letzte ernsthafte Versuch dazu in der Reichsgeschichte bleiben.

Kaiser Ferdinand III.

(1637–1657)

Ks. Ferdinand III. wurde am 13. 7. 1608 in Graz geboren. Seine Eltern waren Ks. Ferdinand II. und Maria Anna von Bayern (siehe oben). Er war dreimal verheiratet: ab 1631 mit seiner Cousine Maria Anna (1608–1646), einer Tochter von Kg. Philipp III. von Spanien (1578–1621) und Ehz. Margarethe von Österreich (1584–1611), ab 1648 mit seiner Cousine Ehz. Maria Leopoldina (1632–1649), einer Tochter von Ehz. Leopold V. von Österreich-Tirol (1586–1632), und 1651 mit Eleonore Gonzaga (1630–1686), einer Tochter von Karl II. Prinz von Mantua-Nevers (1609–1631). Er hatte elf Kindern, darunter Kg. Ferdinand IV. (1633–1654, wurde 1653 zum Kg. gewählt und gekrönt), Maria Anna (1635–1696), Ehefrau von Kg. Philipp IV. von Spanien (1605–1665), Ks. Leopold I. (siehe unten), Eleonora Maria Josefa (1653–1697), Ehefrau von Kg. Michael Korybut Wisniowiecki von Polen (1640–1673) und Hz. Karl V. Leopold von Lothringen (1643–1690), und Ehz. Maria Anna Josefa (1654–1689), Ehefrau von Kft. Johann Wilhelm (Jan Willem) von Pfalz-Neuburg (1658–1716).

8. 12. 1625	Krönung zum Kg. von Ungarn in Preßburg, St.-Martins-Kirche
26. 11. 1627	Krönung zum Kg. von Böhmen in Prag, St.-Veits-Dom

22. 12. 1636 Königswahl und Krönung in Regensburg
15. 2. 1637 Ks. nach dem Tod Ks. Ferdinands II.
2. 4. 1657 Tod in Wien; Beisetzung in der Kapuzinergruft ebendort

Wie sein Vater wurde auch Ferdinand in Graz von den Jesuiten erzogen, studierte dann Kriegswissenschaften und schlug die Militärlaufbahn ein. In der Schlacht von Nördlingen 1634 erwies er sich als erfolgreicher Feldherr.

Durch den Eintritt Frankreichs 1635 wurde der Dreißigjährige Krieg weiter internationalisiert. Dabei ging es Paris vornehmlich um Machtpolitik und darum, den habsburgischen Ring zu sprengen. Der Kriegsverlauf war wechselnd. Nach dem Sieg der Schweden 1642 bei Breitenfeld (nahe Leipzig) stießen diese bis vor Wien tief ins habsburgische Kernland vor. Aber nach der für die Kaiserlichen siegreichen Schlacht bei Tuttlingen 1643 begannen am 10. 4. 1644 Friedensverhandlungen mit Schweden in Osnabrück und mit Frankreich in Münster. Doch der Krieg ging vorerst unvermindert weiter. Zeitweise wurden Bayern und Böhmen besetzt. Am 24. 10. 1648 konnte dann endlich in Münster und Osnabrück der Westfälische Frieden unterzeichnet werden. Er beendete eine durch die Reformation ausgelöste kriegerische Epoche in Mitteleuropa, die – beginnend mit dem Unabhängigkeitskrieg der Niederlande – rund 80 Jahre gedauert hatte.

Der Dreißigjährige Krieg war in Anbetracht der Verwüstungen in Deutschland wohl der im Verhältnis furchtbarste europäischen Krieg der Neueren Geschichte. Aufgrund der Maxime der Söldnerheere »Der Krieg ernährt den Mann« wurden weite Landstriche verödet, die sich erst Jahrzehnte danach wieder erholen konnten. Die Bevölkerung Deutschlands sank zwischen 1618 und 1648 von 15 bis 17 Millionen auf 10 bis 13 Millionen, also um nahezu 40 Prozent. Allerdings waren dieser Rückgang sowie die Verwüstungen von unterschiedlicher Intensität, in Österreich geringer, im mittleren Deutschland wiederum sehr stark.

Der Krieg hinterließ auch tiefe Spuren in der Bevölkerung und wurde zum Trauma der deutschen Geschichte bis fast in die Gegenwart hinein. Die Herausbildung getrennter, sich oft feindlich gegenüberstehender katholischer wie evangelischer Milieus war eine Folge und prägte die deutsche Geschichte über Jahrhunderte. Erst gegen Ende des 20. Jh. fand durch verstärkte Migration und vor allem durch die fortschreitende Säkularisierung der westlichen Industriegesellschaften eine Aufweichung dieser Milieus statt, zu der die beiden Konfessionen, selbst durch die Ökumenische Bewegung, nicht wirklich imstande waren.

Der Westfälische Frieden brachte – gemessen an dem jahrzehntelangen Ringen – nur wenig territoriale Verschiebungen zwischen den wichtigsten Streitparteien. Frankreich konnte im Osten zu Lasten des Reiches seinen Besitzstand etwas erweitern. Die Niederlande (Generalstaaten) und die Schweiz wurden nun auch völkerrechtlich anerkannt und vom Reich unabhängig. Die Lausitz kam von Böhmen an Sachsen (mit Ausnahme der kleinen katholischen »vergessenen« Enklave Schirgiswalde, die bis 1845 formell bei Österreich verblieb).

Das Jahr 1624 wurde als Normaljahr für den Besitzstand geistlicher Güter und die Konfessionszugehörigkeit festgelegt. Darüber hinaus gab es einige verfassungsrechtliche Regelungen, darunter die Schaffung des ab 1663 tagenden »Immerwährenden Reichstags« in Regensburg. Die territoriale Zergliederung (»Flickenteppich«) des Reichs erreichte ihren Höhepunkt. Dieses war nur als loser Staatenbund übrig geblieben bestehend aus fast souveränen Gliedstaaten, die oft unterschiedliche, politisch gegensätzliche Interessen hatten. Der Kaiser an der Spitze hatte kaum noch Macht, er besaß sie lediglich als größter Territorialherr des Reiches. Die Reichsfürsten übten ihre Gewalt in ihren Territorien zunehmend absolutistisch bzw. zentralistisch aus, und die Ständeverfassung verlor immer mehr an Bedeutung. Trotz päpstlichen Protestes wurden Anfang 1649 die Ratifikationsurkunden unter den Signatarmächten ausgetauscht. Man war aber froh, dass der Krieg endlich zu Ende war. Die weiteren politischen Folgen dieses Krieges bzw. Friedensschlusses waren:

Der Antagonismus zwischen Habsburg (bzw. dem Reich) und Frankreich blieb bestehen und führte in den folgenden 150 Jahren zu mehreren Kriegen, am Ende zu den europaweiten Auseinandersetzungen unter Napoleon. Dieser Antagonismus setzte sich in der zweiten Hälfte des 19. Jh. zwischen Frankreich und Deutschland(-Hohenzollern) fort; er sollte erst nach 1945 enden.

Der spätere Konflikt zwischen Habsburg und Hohenzollern-Preußen wurde durch die im Westfälischen Frieden gefestigte konfessionelle Spaltung Deutschlands grundgelegt. Die vor allem militärische Reorganisation und Zentralisierung der hohenzollerschen Gebiete unter dem »Großen« Kurfürsten Friedrich Wilhelm (1620–1688) nach 1648 sind dabei als Ausgangspunkt besonders zu erwähnen.

Ks. Ferdinand III. konnte 1653 die Wahl und Krönung seines gleichnamigen Sohnes zum König in Regensburg durchsetzen. Dieser wurde dadurch Ferdinand IV., starb bereits ein Jahr später, so dass der zweitgeborene Sohn Erzherzog Leopold, »zur Macht nicht geboren«, nachrücken musste (siehe unten). Es gelang Ferdinands III. erneut, noch zu seinen Lebzeiten, ihn zum König von Böhmen und Ungarn krönen zu lassen und somit dessen Anwartschaft auf die Kaiserkrone zu sichern.

Ks. Ferdinand III. zog sich nach dem Dreißigjährigen Krieg zurück und überließ die laufenden Regierungsgeschäfte weitgehend seinem Kanzler Maximilian Graf Trautmannsdorff (1584–1650). 1654 wurde auf dem Reichstag in Regensburg noch versucht, verschiedene verfassungsrechtliche Fragen in Folge des Westfälischen Friedens zu lösen. Dies führte allerdings zu einer weiteren Schwächung der Reichsgewalt.

Obwohl von den Jesuiten erzogen stand Ks. Ferdinand III. im Gegensatz zu seinem Vater geistlichen Ratgebern äußerst skeptisch gegenüber. Sein Verdienst war es, das von Ks. Ferdinand II. übernommene Erbe des Dreißigjährigen Krieges mit Anstand zu liquidieren. Er stand an der Schwelle des sich abzeichnenden Hochbarocks, der vor allem im süddeutschen Raum, Böhmen und Österreich zu einer besonderen Blüte und Pracht gelangen sollte. Er war auch der erste einer Reihe von Habsburger-Kaisern, die als Komponisten vornehmlich geistlicher Musik hervortraten.

Kaiser Leopold I.

(1658–1705)

Ks. Leopold I. wurde am 9. 6. 1640 in Wien geboren. Seine Eltern waren Ks. Ferdinand III. und Maria Anna von Spanien (siehe oben). Er war heiratete dreimal: 1666 seine Nichte Margaretha Theresia (1651–1673), Tochter Kg. Philipps IV. von Spanien (1605–1665) und Ehz. Maria Anna von Österreich (1635–1696); 1673 seine Cousine zweiten Grades Claudia Felizitas (1653–1676), Tochter von Ehz. Ferdinand Karl von Österreich-Tirol (1628–1662) und 1676 Eleonore Magdalena (1655–1720), Tochter von Kft. Philipp Wilhelm von Pfalz-Neuburg (1615–1690). Er hatte 16 Kinder, darunter Ks. Josef I. (siehe unten), Maria Elisabeth (1680–1741), ab 1725 Generalstatthalterin der Niederlande, und Maria Anna Josefa (1683–1754), Ehefrau von Kg. Johann V. von Portugal (1689–1750).

27. 6. 1655	Krönung zum Kg. von Ungarn in Preßburg, St.-Martins-Kirche
14. 9. 1656	Krönung zum Kg. von Böhmen in Prag, St.-Veits-Dom
2. 4. 1657	Regierungsübernahme in den österreichischen Erblanden nach dem Tod seines Vaters Ks. Ferdinand III.
18. 7. 1658	Königswahl in Frankfurt/Main
31. 7. 1658	Krönung ebendort
5. 5. 1705	Tod in Wien; Beisetzung in der Kapuzinergruft ebendort

Als zweitgeborener Sohn Ks. Ferdinands III. war Leopold ursprünglich für den geistlichen Stand vorgesehen (»Zur Macht nicht geboren«) und dementsprechend erzogen worden. Der überraschende Tod seines Bruders Kg. Ferdinand IV. im Jahr 1654 änderte seinen Lebensplan. Obwohl im Haus Habsburg die Thronfolge Leopolds nicht unumstritten war, folgten bald die Krönungen in Preßburg und Prag, um die Erbfolgen in Ungarn und Böhmen zu sichern.

Nach dem Tod Ks. Ferdinands III. folgte ein Interregnum von fünf Vierteljahren, das den zerrissenen Zustand des Reiches und dessen Ohnmacht offenbarte. Frankreich versuchte – allerdings vergeblich –, die Wahl eines Habsburgers zu verhindern. In einer demütigenden Wahlkapitulation musste Leopold zugestehen, die spanischen Habsburger in einem Krieg gegen Frankreich nicht zu unterstützen. Dabei kam es zu einer Allianz zwischen Frankreich mit den drei geistlichen Kurfürsten sowie weiteren Reichsfürsten.

Inzwischen brach der Schwedisch-polnische Krieg aus, auch Zweiter Nordischer Krieg, (1655–1661) genannt, bei dem die Habsburger und Hohenzollern die Polen gegen Schweden unterstützten. Frankreich hingegen unterstützte Schweden. Militärisch war der Feldzug für die kaiserlichen Truppen unter Raimund Fürst Montecuccoli (1609–1680) und die Verbände unter dem Kurfürsten Friedrich Wilhelm von Brandenburg (1620–1688) durchaus erfolgreich. Im Frieden von Oliva 1660 wurde der territoriale Besitzstand zwar bestätigt, doch konnte Frankreich seine Vormachtstellung in Europa weiter ausbauen.

Kaum war dieser Krieg zu Ende, da flammte 1662 der mit den Türken wieder auf, als diese den habsburgischen Teil Ungarns besetzten. Mit Hilfe von Reichstruppen und eines französischen Corps konnte die kaiserliche Armee unter Montecuccoli 1664 bei St. Gotthard/Raab bzw. Mogersdorf (heute an der ungarisch-österreichischen Grenze) die Türken entscheidend schlagen. Doch damit war die Ruhe in Ungarn nicht hergestellt, denn 1666 kam es zu Aufständen des Adels, die teilweise blutig niedergeschlagen werden mussten und doch bis 1700 weiter andauerten und auch die Gegend bis Wien nicht verschonten (Kuruzzenaufstände; Kuruzzen = Kreuzträger; aus dieser Zeit stammt der in Ostösterreich noch immer beliebte Missbilligungsruf »Kruzitürken«, eine Verballhornung von Kuruzzen und Türken).

Die Jahre 1665 bis 1681 waren geprägt von ständigen politischen wie militärischen Vorstößen Frankreichs gegen Norden (spanisch-habsburgische Niederlande) und Osten (Lothringen, Elsass) sowie über den Rhein. Kg. Ludwig XIV. (1638–1715) versuchte einerseits, die Separation der beiden habsburgischen Linien herbeizuführen, andererseits auch Territorialgewinne zu erlangen. Er erreichte aber damit nur, dass sich die Reichsfürsten vermehrt in das Lager des Kaisers begaben. Ludwig XIV. fürchtete, dadurch die in den sog. Reunionskriegen gewonnenen Gebiete wieder abgeben zu müssen. Im Pfälzischen Erbfolgekrieg (1688–1697) versuchte er seine bisherigen gewonnenen Gebiete zu stabilisieren und neue hinzuzugewinnen. Dabei wurde die Kurpfalz durch französische Truppen verwüstet. Die Städte Mannheim und Worms wurden gebrandschatzt und 1693 das Heidelberger Schloss gesprengt. Speyer wurde zerstört und die Kaisergräber verwüstet. Ks. Leopold I. verkündete den Reichskrieg gegen Frankreich und übertrug Herzog Karl V. von Lothringen (1643–1690) den Oberbefehl, der die militärische Lage stabilisieren konnte, weil Frankreich sich zunehmend in einen Mehrfrontenkrieg verstrickte (gegen England sowie in den Niederlanden und in Italien).

Am 30. 10. 1697 wurde der Friede von Rijswijk geschlossen. Frankreich erhielt zwar endgültig das Elsass und die Reichsstadt Straßburg, verlor aber alle anderen in den Reunionskriegen (vor 1684) besetzten Gebiete, insbesondere rechts des Rheins. In der deutschen Geschichtsschreibung des 19. und frühen 20. Jh. wurde das brutale Vorgehen der französischen Armee scharf kritisiert. Man sprach von »Raubkriegen«, die sicherlich die behauptete »Erbfeindschaft« beider Länder vertiefte. Eine Folge dieser Kriege war aber auch eine gewisse »Auferstehung des Reiches«. Die Reichsfürsten waren sich sehr wohl der Gefahr aus Frankreich bewusst und scharten sich enger um den Kaiser.

Dieser hatte aber im Osten ein noch viel größeres Problem, nämlich eine erneute Türkengefahr. Die Interessen der Habsburger und der Osmanen in Ungarn entzündeten sich wiederum. Im Herbst 1682 begann unter Sultan Mehmed IV. (1642–1693) der Feldzug gegen Wien, der unter der Leitung des Großwesirs Kara Mustafa (1626/36–1683) stand. Das osmanische Heer erreichte die Stadt im Juli 1683, und es begann eine zweimonatige Belagerung. Es gelang, ein Reichsheer unter Herzog Karl V. von Lothringen aufzustellen, dem sich ein polnisches Heer unter Kg. Johann III. Sobieski (1629–1696) anschloss. Am 11. 9. besetzen die verbündeten Truppen die Höhen des heutigen Leopoldsberg und des Kahlenberg. In den Morgenstunden des Sonntags, des 12. 9. 1683, begann die Entsatzschlacht um Wien, die bis zum Abend desselben Tages dauerte. Gewaltig war die Beute (darunter einer Legende zufolge Mengen von Kaffee, die dann die Wiener Kaffeehaus-Tradition begründet haben sollen; ebenso Musikinstrumente der Janitscharen, wie der Schellenbaum). Das osmanische Heer musste fliehen, Kara Mustafa wurde hingerichtet.

Die Entsatzschlacht von Wien am 12. 9. 1683 hatte großen Symbolwert (u. a. wurde für dieses Datum das Fest Mariä Namen eingeführt). Denn rückblickend war danach die Mitteleuropa bedrohende osmanisch-islamische Gefahr gebannt, und es begann nun eine kontinuierliche Zurückdrängung der Osmanen aus Europa bis auf das Gebiet um Istanbul, die erst mit dem Ersten Balkankrieg 1912 endete.

Bereits Ende Oktober 1683 wurde die Festung Gran (Esztergom) erobert, am 19. 8. 1685 die Festung Neuhäusel (Nové Zámký, heute Slowakei). Am 2. 9. 1686 eroberten Karl V. von Lothringen und Kurfürst Maximilian II. Emanuel von Bayern (1662–1726) Stadt und Festung Ofen (Buda). In der Folge wurde bis Oktober 1687 Mittelungarn und Siebenbürgen besetzt. Auf dem ungarischen Reichstag in Preßburg wurde die Erblichkeit der ungarischen Krone im Haus Habsburg anerkannt, und der älteste Sohn Ks. Leopolds I., Erzherzog Josef, konnte Ende 1687 zum König von Ungarn gekrönt werden.

Die Kämpfe gegen die Türken im Südosten gingen weiter. Kaiserliche Feldherren waren dort Markgraf Ludwig von Baden (1655–1707) (der »Türken-Louis«) und ab 1697 Prinz Eugen von Savoyen (1663–1736), der in einer kollektiven, ruhmreichen Erinnerung bis heute präsent bleiben sollte. Noch im selben Jahr schlug er die Türken in Süd-Ungarn bei Zenta am rechten Ufer der Theiß – einer der bedeutendsten Siege der europäischen Geschichte. Die Folge war der Friede von Karlowitz 1699, der den Besitz Ungarns (vorläufig noch ohne den Temesvarer Banat) und Siebenbürgens für die Habsburger endgültig sicherte.

Im Reich kam es zu einem interessanten Konfessionswechsel. Kurfürst Friedrich August von Sachsen (1670–1733) (besser bekannt als August II. der Starke) von der albertinischen Linie der Wettiner wurde 1697 katholisch, um die Königskrone Polens zu erlangen. Bereits 46 Jahre zuvor hatte Herzog Johann Friedrich von Braunschweig-Lüneburg (1625–1679) zum Katholizismus gewechselt. Beide Konversionen hatten aber bezüglich des

Prinzips *cuius regio, eius religio,* also für die Bevölkerung, keine Konsequenzen.

Der Tod des kinderlosen und geisteskranken spanischen Königs Karl II. (1661–1700) ließ die »Westfront« plötzlich wieder aufbrechen. Durch verwandtschaftliche Beziehungen meldeten sowohl Ks. Leopold I. als auch der französische Kg. Ludwig XIV. Erbansprüche an. Ein militärischer Konflikt war aufgrund der Vorgeschichte unausweichlich. Es kam zum Spanischen Erbfolgekrieg (1701–1714), der wegen seiner verstreuten Kriegsschauplätze – auch in Übersee – bisweilen als erster »Weltkrieg« bezeichnet wird. Prinz Eugen wurde Oberbefehlshaber der Südarmee und siegte bereits 1701 in Carpi und Chiari, womit Oberitalien für Österreich vorerst gesichert war. Unter dem Eindruck dieser Siege kam es zur »Großen Allianz« zwischen Österreich, England und den Niederlanden, der sich auch das Reich, Preußen, Savoyen und Portugal anschlossen. Nur die Wittelsbacher bzw. Bayern paktierten mit Frankreich.

Am 12. 9. 1703 wurde der zweitälteste Sohn Ks. Leopolds I., Erzherzog Karl, der spätere Ks. Karl VI., zum Erben der österreichischen Habsburger für Spanien bestimmt, worauf er sich sofort dorthin begab. Doch hatte vorher schon Kg. Ludwig XIV. seinen Enkel Philipp von Anjou (1683–1746) als Erben nach Madrid geschickt, worauf es zwischen deren Anhängern zu Kämpfen kam.

Der Krieg ging weiter. Bei Höchstädt und Blindheim schlug am 13. 8. 1704 ein vereinigtes österreichisch-englisches Heer unter Prinz Eugen und John Churchill, Herzog von Marlborough (1650–1722), die Franzosen und Bayern. Die Franzosen zogen sich über den Rhein zurück, die Wittelsbacher gingen ins Exil. Bayern wurde von Österreich besetzt, wobei es zu vereinzelten Aufstandsaktionen kam (»Lieber bayerisch sterben, als österreichisch verderben.«).

Mitten in diesen noch nicht beendeten Auseinandersetzungen starb Ks. Leopold I. am 5. 5. 1705 nach 47jähriger Regierungszeit. Er war einer der bedeutendsten Gegenspieler Kg. Ludwigs XIV. von Frankreich und vielseitig begabt. Es fehlte ihm zwar oft an der nötigen Entschlusskraft, aber dafür hatte er ein ausgesprochenes Geschick bei der Auswahl seiner Feldherren und Mitarbeiter. Der ihm gestellten Aufgabe, das Reich und die habsburgischen Lande in einem jahrzehntelangen Zweifrontenkrieg gegen Frankreich und die Türkei zu bewahren, ist er trotz vieler Schwierigkeiten gerecht geworden. Mit den Erfolgen in diesen Kriegen legte er den Grundstein für die territoriale Großmacht Habsburg-Österreich. Sie ermöglichten auch das Aufblühen von Kunst, Architektur und Musik im Hoch-Barock. Ks. Leopold I. trat wie sein Vater auch als Komponist hervor.

Sein äußeres war hingegen nicht sehr ansprechend. Zeitgenössische Darstellungen zeigen ihn mit einer überdimensionierten »Habsburger-Lippe« (ein Unterbiss, siehe S. 127), die nach einer längeren Generationenpause bei ihm wieder stärker hervortrat. Das hinderte ihn nicht, sich vor allem in Wien einer gewissen Beliebtheit (»Türken-Poldl«) zu erfreuen.

Kaiser Josef I.

(1705–1711)

Ks. Josef wurde am 26. 7. 1678 in Wien geboren. Seine Eltern waren Ks. Leopold I. und Eleonore Magdalena von Pfalz-Neuburg (siehe oben). 1699 heiratete er Amalia Wilhelmine (1673–1742), eine Tochter Hz. Johann Friedrichs von Braunschweig-Lüneburg (1625–1679). Ks. Josef I. hatte drei Töchter, darunter Maria Josefa (1699–1757), Ehefrau von Kg. August III. von Polen (1696–1763), und Amalia Maria (1701–1756), Ehefrau von Ks. Karl VII. (siehe unten)

9. 11. 1687	Krönung zum Kg. von Ungarn in Preßburg, St.-Martins-Kirche
24. 1. 1690	Königswahl in Augsburg
26. 1. 1690	Krönung ebendort, St.-Ulrichs-Kirche
5. 5. 1705	Ks. nach dem Tod Ks. Leopolds I.
17. 5. 1711	Tod in Wien; Beisetzung in der Kapuzinergruft ebendort

Erzherzog Josef erhielt in jungen Jahren eine im Hinblick auf seine kommende Stellung sehr gute Ausbildung. Er war schon früh eine selbstbewusste Persönlichkeit und wurde von seinem

Vater immer mehr zu Regierungsgeschäften herangezogen, so dass nach dessen Tod eine reibungslose Sukzession erfolgte.

Eine seiner ersten Amtshandlungen war die Reorganisation und die Straffung der obersten Behörden. Den Kampf gegen Frankreich bzw. gegen Ludwig XIV. führte er entschieden weiter. In Spanien gelang mit Hilfe der Engländer die Eroberung Barcelonas, so dass seinem Bruder dort als Kg. Karl III. von Spanien gehuldigt wurde. Desgleichen konnten die spanischen Niederlande von den Franzosen befreit werden.

Im Inneren kam es zu neuerlichen Konflikten und Aufständen in Ungarn (Kuruzzen), die aber durch militärisches Eingreifen bereinigt werden konnten. In dem von Kg. Karl XII. von Schweden (1682–1718) begonnen Dritten Nordischen Krieg (1700–1721) konnte Ks. Josef I. wegen des laufenden Spanischen Erbfolgekrieges nicht eingreifen. Ihm gelang es dafür, Papst Clemens XI. (1700–1721) durch Drohungen auf die Seite Habsburgs zu ziehen, womit die Herrschaft über Süditalien (Neapel-Sizilien) gesichert war.

Zwei weitere militärische Erfolge konnte die englisch-österreichische Allianz über die Franzosen erzielen: 1708 siegten Marlborough und Prinz Eugen bei Oudenaarde in der Nähe von Brüssel, 1709 in Malplaquet in der Nähe von Cambrai. Die letzte Niederlage bedeutete für die Franzosen das Ende der militärischen wie wirtschaftlichen Kräfte. Aber auch in England zeichnete sich nach Neuwahlen ein Meinungsumschwung ab, der für einen Frieden eintrat. In dieser Situation starb völlig unerwartet Ks. Josef I. ohne männlichen Erben, was für das Reich bzw. Österreich ungünstige Folgen haben sollte.

Ks. Josef I., der wie seine Vorfahren ebenfalls komponierte, war politisch hochbegabt, durchsetzungsfreudig und lebensfroh. Er hätte, wäre er länger am Leben geblieben, zweifelsohne der europäischen Politik entscheidende Impulse gegeben. Von ihm wird in der Historiographie vom »vergessenen Kaiser« gesprochen. Und es wundert auch nicht, dass die nach ihm benannte Josefstadt in Wien (8. Bezirk) meistens mit Ks. Josef II. in Beziehung gebracht wird. An seine Gemahlin Amalia Wilhelmine von Braunschweig-Lüneburg erinnert heute noch der unter Ks. Rudolf II. erbaute sog. Amalientrakt der Wiener Hofburg, wo sie als Witwe noch mehr als 30 Jahre wohnen sollte.

Kaiser Karl VI.

(1711–1740)

Ks. Karl VI. wurde am 1. 10. 1685 in Wien geboren. Seine Eltern waren Ks. Leopold I. und Eleonora Magdalena von Pfalz-Neuburg (siehe oben). 1708 ehelichte er Elisabeth Christine (1691–1750), eine Tochter von Hz. Ludwig Rudolf von Braunschweig-Wolfenbüttel (1671–1735). Er hatte vier Kinder, darunter Maria Theresia (1717–1780), Ehefrau von Ks. Franz I. (siehe unten).

2. 7. 1706	Krönung zum Kg. von Spanien in Madrid als Karl III.
17. 5. 1711	Regierungsübernahme in den österreichischen Erblanden nach dem Tod seines Bruders Ks. Josefs I.
12. 10. 1711	Königswahl in Frankfurt/Main
22. 12. 1711	Kaiserkrönung ebendort
22. 5. 1712	Krönung zum Kg. von Ungarn in Preßburg, in der St.-Martins-Kirche
5. 6. 1723	Krönung zum Kg. von Böhmen in Prag, im St.-Veits-Dom
20. 10. 1740	Tod in Wien; Beisetzung in der Kapuzinergruft ebendort

Als Zweitgeborener war Erzherzog Karl ursprünglich für den geistlichen Stand vorgesehen und wurde dementsprechend von den Jesuiten erzogen. Wie sein Bruder und seine Vorfahren war auch er musikalisch begabt, wurde von dem Hofkapellmeister Johann Joseph Fux unterrichtet und komponierte auch. Der Tod Kg. Karls II. von Spanien im Jahr 1700 änderte für den damals 15jährigen Karl den Lebensweg. Er wurde von den österreichischen Habsburgern zum Erbe der spanischen Habsburger erklärt und zog 1703 nach Spanien, wo er sich in Barcelona bzw. in Katalanien halten konnte. Weitgehend unbekannt ist geblieben, dass er in dieser Zeit die katalanische Eigenart sowie die dortige Sprache (Katalanisch) und somit das Selbstbewusstsein dieser Region förderte.

Gegenüber dem bourbonischen Prätendenten Philipp von Anjou (1683–1746) geriet er in Spanien politisch-militärisch aber zunehmend in Nachteil. Als er die Nachricht vom Tod seines Bruders erhalten hatte, wurde Barcelona gerade belagert. Er musste seine Gemahlin zurücklassen und nach Frankfurt zur Königswahl, die einstimmig erfolgte, und zur Kaiserkrönung reisen. Dadurch änderte sich die politische Lage schlagartig, denn England war mit einer Vereinigung der Kaiserkrone mit der spanischen Königskrone aus Gründen des Mächtegleichgewichts (»Balance of power«) nicht einverstanden. Die »Große Allianz« begann sich aufzulösen, und man wollte Frieden schließen.

Daher kam es am 11. 4. 1713 zwischen Frankreich und den Verbündeten zum Frieden von Utrecht, am 7. 3. 1714 zwischen den Dynastien Habsburg und Bourbon zum Frieden von Rastatt. In diesen wurde folgendes vereinbart: Der Bourbone Philipp V. erhält Spanien und dessen überseeischen Kolonien mit der Maßgabe, dass es keine Vereinigung von Spanien mit Frankreich geben darf; die österreichischen Habsburger erhalten die bisherigen spanischen Niederlande (im Prinzip das heutige Belgien und Luxemburg ohne das Gebiet des Fürstbistums Lüttich) sowie das Herzogtum Mailand und das Königreich Neapel-Sizilien, womit Österreich seine Stellung in Italien ausbauen konnte; der Besitzstand Frankreichs blieb unverändert.

Den größten Vorteil zog aber England: Es erhielt neben Gibraltar und der Insel Menorca (Balearen) in Nord-Amerika Neufundland und Neuschottland (heute Kanada). Damit war ein wichtiger Baustein für die britische Weltmacht gelegt.

Die Hohenzollern standen im Spanischen Erbfolgekrieg wohlwollend zum Kaiser. Dieses Wohlwollen wurde gleich zu Beginn dadurch belohnt, dass sich Kurfürst Friedrich III. von Brandenburg (1657–1713) für das außerhalb des Reiches befindliche Herzogtum Preußen als Friedrich I. zum »König in Preußen« krönen lassen konnte (erst ab 1772 »König von Preußen«).

Nach dem Frieden von Utrecht verkündete Ks. Karl VI. die sog. Pragmatische Sanktion, wonach das habsburgische Erbe ungeteilt bleiben muss und auch eine weibliche Erbfolge möglich wurde. Zu diesem Zeitpunkt hatte Ks. Karl VI. noch keine Kinder. Er konnte also nicht ahnen, dass diese Erbfolgeregelung notwendig werden würde. In den folgenden Jahren bzw. Jahrzehnten – nahezu bis an sein Lebensende – war das innen- wie außenpolitische Handeln des Kaisers um die Absicherung und Anerkennung dieser Sanktion bemüht, was u. a. zu unterschiedlichen Bündniskonstellationen führte. Dies vor allem von da an, als sich abzuzeichnen begann, dass aus seiner Ehe keine weiteren Kinder als die bisherigen Töchter entspringen würden.

Kaum war der Spanische Erbfolgekrieg zu Ende, kam es mit dem Osmanischen Reich wieder zum Krieg, weil dieses den Frieden von Karlowitz nicht einhielt. Am 5. 8. 1716 besiegte Prinz Eugen, nunmehr »Feldherr dreier Kaiser«, das türkische Heer bei Peterwardein (Petrovaradin). Dieser Sieg beflügelte zu weiteren Waffentaten: Am 18. 8. 1717 eroberten die Österreicher, nicht zuletzt durch persönlichen Einsatz Prinz Eugens, Belgrad. Dabei soll das bekannte »Prinz-Eugen-Lied« entstanden sein. In dem im Jahr darauf abgeschlossenen Frieden von Passarowitz erhielt Österreich den Temesvarer Banat, die Kleine Walachei sowie das Gebiet um Belgrad zugesprochen.

Die Siege des Prinzen Eugen und die damit verbundenen diplomatischen Erfolge hatten das Haus Habsburg auf den Gipfel seiner Macht gebracht. Österreich, die »barocke Großmacht«, hatte damals für rund 20 Jahre seine größte Ausdehnung erreicht. Der habsburgische Staat hatte damals eine mehr als doppelt so große Fläche wie das heutige Deutschland. In diesen Jahren konnte sich in Österreich, aber auch in Süddeutschland, das Barock vollends und von Kriegsheimsuchungen ungestört entfalten, wie die Ergebnisse dieser Bautätigkeit noch heute eindrucksvoll beweisen.

Nach dem Tod Kg. Augusts II. des Starken von Polen (1670–1733) begann durch eine Kriegserklärung Frankreichs an den Kaiser der Polnische Erbfolgekrieg (1733–1738). Entscheidend war dabei der Ausgang bzw. die Regelungen im Frieden von Wien am 18. 11. 1738: Kurfürst Friedrich August von Sachsen wurden als Kg. August III. von Polen (1696–1763) anerkannt; Stanislaus Leszczyński (1677–1766), der ebenfalls für Polen Prätendent war, erhielt den Ehrentitel »König von Polen«, wurde aber mit den Herzogtum Lothringen und Bar abgefunden. Die bisherigen Herzöge von Lothringen wurden Großherzöge der Toskana, nachdem das Haus Medici ausgestorben war. Nicht zuletzt war ja der Polnische Erbfolgekrieg durch die geplante Eheschließung Hz. Franz III. von Lothringen mit Maria Theresia (siehe unten), der ältesten Tochter Ks. Karls VI., ausgelöst worden, die ja nunmehr Erbtochter war. Das empfand Frankreich als Affront. Neapel-Sizilien musste Österreich an den spanischen Prinzen Karl, den späteren Kg. Karl III. (1716–1788), abtreten, der dort eine bis 1860 regierende Dynastie begründete (nach 1815 das »Königreich beider Sizilien«). Dafür erhielt Österreich die oberitalienischen Herzogtümer Parma und Piacenza. Wichtig war auch, dass Frankreich die Pragmatische Sanktion anerkannte. England garantierte diese bereits 1731. Dafür musste Österreich seine Ostendesche Handelkompanie (nach Ostende benannt) und den damit verbundenen Handel mit Ostindien aufgeben. Damit waren erste zaghafte Versuche Österreichs, Kolonien (nämlich die Nikobaren) zu erwerben, beendet.

Gegen Ende seines Lebens musste Ks. Karl VI. nochmals gegen das Osmanische Reich Krieg führen, was aber nicht von Erfolg gekrönt war. Im Frieden von Belgrad 1739 wurden daher die im Frieden von Passarowitz erlangten Gebiete teilweise wieder an die Türkei abgetreten.

Nach einem Jagdausflug an den Neusiedler See erkrankte Ks. Karl VI. wahrscheinlich an einer Pilzvergiftung, an der er 55jährig starb. Er mag in seinen letzten Stunden geahnt haben, dass alle seine Bemühungen, die Erbfolge seiner Tochter friedlich zu sichern, vergeblich gewesen waren. Der weitere Verlauf der Geschichte hat diese Ahnungen bestätigt. Mit seinem Tod ist das Haus Habsburg im Mannesstamm erloschen.

Kaiser Karl VII. Albrecht

(1742–1745)

Ks. Karl VII. wurde am 6. 8. 1697 in Brüssel geboren. Seine Eltern waren Kft. Maximilian II. Emanuel von Bayern (1662–1726) und Therese Kunigunde (1676–1730), eine Tochter von Kg. Johann III. Sobieski von Polen (1629–1696). Er ehelichte 1722 Amalia Maria (1701–1756), eine Tochter Ks. Josefs I. (siehe oben).

Er hatte sieben Kinder, darunter Maria Josefa (1739–1767), Ehefrau von Ks. Josef II. (siehe unten).

26. 2. 1726	Kft. und Hz. von Bayern
8. 12. 1741	Wahl zum Kg. von Böhmen in Prag
29. 12. 1741	Krönung ebendort, im St.-Veits-Dom
24. 1. 1742	Königswahl in Frankfurt/Main
12. 2. 1742	Krönung ebendort
20. 1. 1745	Tod in München; Beisetzung in der Theatinerkirche ebendort

Karl Albrecht verbrachte eine unruhige Kindheit. Geboren wurde er in Brüssel, wo sein Vater Statthalter des spanischen Königs war. Kaum wieder in München wurde er von der österreichischen Besatzungsmacht im Spanischen Erbfolgekrieg, als Bayern mit Frankreich verbündet war, vertrieben und lebte zeitweise in Klagenfurt und Graz, ab 1714 wieder in München. 1726 folgte er seinem Vater als Kurfürst und Herzog von Bayern nach.

Als 1740 der letzte männliche Habsburger starb, machte er sich Hoffnungen auf die Kaiserkrone. Er meinte, dass seine Wahl eine gute Gelegenheit wäre, das Gleichgewicht im Reich wieder herzustellen. Er bekam die Unterstützung Kg. Ludwigs XV. von Frankreich (1710–1774) und Brandenburg-Preußens. Sein Bruder Clemens August (1700–1761) war Kurfürst-Erzbischof von Köln, so dass eine Mehrheit für ihn im Kurkollegium sicher war. Nach einer eineinvierteljährigen Thronvakanz wurde Kurfürst Karl Albrecht gewählt und von seinem Bruder gekrönt. Damit endete vorläufig eine mehr als 300jährige Epoche, in denen die Habsburger ununterbrochen die römisch-deutsche Krone besessen hatten.

Doch der nun einsetzende Österreichische Erbfolgekrieg mit Maria Theresia, der Erbtochter Ks. Karls VI. und Cousine seiner Frau, gestaltete sich wechselhaft. Karl Albrecht konnte zwar Böhmen okkupieren und sich dort krönen lassen. Dafür wurde wiederum Bayern von Österreich besetzt – gerade als er in Frankfurt zum Kaiser gekrönt wurde. In dem Spiel der am Beginn der Österreichischen Erbfolgekriege verwickelten Großmächte blieben Bayern und Karl Albrecht letztlich Nebenfiguren.

Obwohl Ks Karl VII. in der Reichsverwaltung einige interessante Initiativen setzte, blieb er letztlich ein Politiker ohne Macht. Der dritte König bzw. Kaiser aus dem Hause Wittelsbach blieb in der historischen Retrospektive ein »unglücklicher Kaiser« (Peter C. Hartmann) und ein Zwischenspiel in einer Zeit des politischen Umbruchs.

KAISER FRANZ I. STEPHAN

(1745–1765)

Ks. Franz I. wurde am 8. 12. 1708 in Nancy geboren. Seine Eltern waren Hz. Leopold Josef von Lothringen (1679–1729) und Elisabeth Charlotte von Orléans (1676–1744). 1736 ehelichte er MARIA THERESIA (1717–1780), eine Tochter Ks. Karls VI. (siehe oben), wodurch das Haus Habsburg-Lothringen begründet wurde. Er hatte 16 Kinder, darunter Ks. JOSEF II. (siehe unten), Ks. LEOPOLD II. (siehe unten), MARIA KAROLINE (1752–1814), Ehefrau von Kg. FERDINAND IV. von Neapel (1751–1825), MARIA ANTONIA (Marie-Antoinette) (1754–1793), Ehefrau von Kg. LUDWIG XVI. von Frankreich (1754–1793), und Kft. MAXIMILIAN FRANZ von Köln (1756–1801).

27. 3. 1729	als Franz III. Hz. von Lothringen
11. 4. 1736	Verzicht auf Lothringen
9. 7. 1737	Ghz. der Toskana
13. 9. 1745	Königswahl in Frankfurt/Main
4. 10. 1745	Krönung ebendort
18. 8. 1765	Tod Innsbruck; Beisetzung in der Kapuzinergruft ebendort

Ks. Franz I. stand als Kaiser und steht in der historischen Erinnerung immer im Schatten seiner Gemahlin, der »Kaiserin« Maria Theresia, die sich aber als solche nie bezeichnete. Ihre Verbindung war ein Liebesheirat, für die damalige Zeit in diesen Kreisen eher eine Seltenheit.

Lothringen gehörte seit jeher zum Reich, stand aber als Land zwischen Deutschland und Frankreich (*Pays d'entre deux*) häufig im Mittelpunkt von Konflikten und Besitzwechseln, die bis in die Mitte des 20. Jh. dauern sollten. Der Großvater von Ks. Franz I., Herzog Karl V., stand als Feldherr in kaiserlichen Diensten (siehe S. 156). Wegen der Verbindung zum Wiener Hof wurde Franz Stephan zeitweise dort erzogen. 1729 übernahm er nach dem Tod seines Vaters die Regierung in Lothringen, kehrte aber bald nach Wien zurück, um 1732 die Statthalterschaft in Ungarn zu übernehmen. Wie bereits erwähnt (siehe oben bei Ks. Karl VI.) kam es im Zuge des Polnischen Erbfolgekriegs zu einem Ländertausch. Franz Stephan verzichtete auf Lothringen und wurde Großherzog der Toskana. Lediglich die kleine Grafschaft Falkenstein (nördlich von Kaiserslautern) behielt er als Reichsfürstentum.

Nach dem plötzlichen Tod Ks. Karls VI. nützten alle Verträge, die im Zuge der Anerkennung der Pragmatischen Sanktion geschlossen wurden, nichts. Bayern erhob sofort Erbansprüche und wurde von Frankreich unterstützt. Kg. Friedrich II. von Preußen (1712–1786) marschierte gegen den anfänglichen Widerstand seiner Generäle, die den Rechtsbruch nicht dulden wollten, sofort in Schlesien ein. Es begannen somit die Österreichischen Erbfolgekriege, deren erster auch Erster Schlesischer Krieg (1740–1742) genannt wird. Das unvorbereitete österreichische Heer konnte anfänglich Preußen nichts entgegensetzen. Anfang 1741 wurde Breslau erobert.

Maria Theresia sicherte sich aber durch geschicktes Verhalten die volle Unterstützung der Ungarn, nachdem sie im Juni 1741 in Preßburg zur Königin gekrönt worden war. Es gelang zwar, die Bayern aus Österreich zu vertreiben und München zu besetzen. Doch in einem Friedensschluss am 28. 7. 1742 in Breslau musste Maria Theresia auf Schlesien verzichten. Österreich verblieben nur die Gebiete um Troppau, Teschen und Jägerndorf (in der Folge das Kronland Österreichisch-Schlesien). Der Krieg mit Frankreich und Bayern ging aber weiter. Am 27. 6. 1743 schlug die »Pragmatische Armee« (England, Niederlande, Hannover, Hessen, Österreich) die Franzosen bei Dettingen (westlich von Aschaffenburg). (Das veranlasste übrigens Georg Friedrich Händel zur Komposition seines »Dettinger Te Deums«.) 1743 wurde dann Böhmen von den Franzosen geräumt.

Durch ein entschiedenes Auftreten Maria Theresias konnte der wesentliche Bestand Österreichs gehalten werden. Sehr zum Erstaunen so mancher Zeitgenossen, die – so wie die Franzosen – 1740 verlauten ließen, es gäbe kein Habsburg mehr.

Am 26. 3. 1744 erklärte der Kg. von Frankreich Maria Theresia neuerlich den Krieg. Die Österreicher konnten im Juli den Rhein überqueren, doch Preußen verbündete sich mit Frankreich sowie mit Ks. Karl VII. (siehe oben) und eröffnete damit den Zweiten Schlesischen Krieg (1744/45). Die inzwischen wiedergewonnene Macht Maria Theresias und die Stabilität Österreichs zu zerstören, war das vorrangige Ziel Kg. Friedrichs II. Die österreichische Armee musste ihre erfolgreichen Aktionen an der Westgrenze des Reiches abbrechen und nach Böhmen eilen, wo man die Preußen vertreiben und sogar Oberschlesien teilweise besetzen konnte. Desgleichen marschierten die Österreicher in Bayern ein.

Nach dem Tod Ks. Karls VII. Anfang 1745 schloss Maria Theresia mit dessen Nachfolger in Bayern Frieden und konnte dadurch die Wahl ihres Gemahls Franz Stephan zum römischen König sichern, wogegen Preußen vergeblich opponierte. Auf Vermittlung Englands kam es dann Ende 1745 zum Frieden von Dresden, der den Zweiten Schlesischen Krieg vorerst beendete. Endgültig abgeschlossen wurde das Kapitel Österreichische Erbfolgekriege erst im Frieden von Aachen am 18. 10. 1748. Schlesien blieb bei Preußen, dafür wurde von dortiger Seite Franz I. als Kaiser anerkannt. Parma und Piacenza gingen für Österreich verloren, dafür mussten die Franzosen die österreichische Niederlande (Belgien, Luxemburg) räumen.

Es begann nun eine Friedensperiode von einigen Jahren, die Maria Theresia für innere Reformen nützte. In Weiterführung der von Ks. Ferdinand I. begonnenen Reformen (siehe S. 138) wurde für die Habsburger-Monarchie eine zentrale Behördenstruktur geschaffen, die im Wesentlichen bis 1848 Bestand hatte. In der Außenpolitik wurde Wenzel Anton Graf Kaunitz-Rietberg (1711–1794), ab 1764 Fürst, die zentrale Figur in Wien. Er sah in der Wiedergewinnung Schlesiens das vorrangige Ziel seiner Politik. Um dies zu erreichen, strebte er ein Bündnis mit Frankreich an. Von 1750 bis 1753 als Botschafter in Paris und dann wieder als Staatskanzler in Wien arbeitete er intensiv daran, bis es am 1.

5. 1756 gelingen sollte. Frankreich und Österreich schlossen ein Defensivbündnis. Es war das in der Tat ein Umsturz der Bündnisse, ein *reversement d'alliances*. In der Geschichte der rund 250 Jahre zuvor war Frankreich fast ausnahmslos immer ein Gegner der Habsburger, aus welchen Motiven auch immer, und stand in der Regel im Bündnis mit jenen Mächten, die gegen Österreich kämpften.

Um nun seinen Gegnern (Österreich, England, Russland) zuvorzukommen, fiel Kg. Friedrich II. am 29. 8. 1756 überraschend in Sachsen ein und eröffnete damit den Dritten Schlesischen oder Siebenjährigen Krieg. Er marschierte in Böhmen ein, wurde aber am 18. 7. 1757 von Leopold Graf Daun (1705–1766) bei Kolin erstmals in offener Feldschlacht besiegt. Die militärische Lage wurde für Preußen immer prekärer. Es gelang Österreich sogar, am 16./17. 10. 1757 Berlin zu besetzen. Doch das Blatt wendete sich wieder, und Preußen blieb in Roßbach und Leuthen siegreich. Aber bereits ein Jahr später, am 14. 10. 1758, erlitt es bei Hochkirch wieder eine schwere Niederlage. 1759 sollte das schwärzeste Jahr für Preußen werden. Am 12. 8. wurde Friedrich II. in Kunersdorf von Ernst Gideon Frhr. von Laudon (1716–1790) vernichtend geschlagen, und die preußische Armee löste sich praktisch auf. Mit dem Rücken zur Wand konnte sich Friedrich II. 1760 und 1761 halten, Berlin und Potsdam wurden besetzt.

In dieser Situation geschah das »Mirakel des Hauses Brandenburg«. Am 5. 1. 1762 starb die Zarin Elisabeth von Russland (1709–1761). Ihre Nachfolger, Zar Peter III. (1728–1763) und Zarin Katharina II. (1729–1796) verbündeten sich mit Preußen, und Sachsen verließ die Allianz mit Österreich. Durch Vermittlung kam es zu Friedensverhandlungen, die am 15. 2. 1763 in Hubertusburg (bei Leipzig) besiegelt wurden. Preußen behielt weiterhin Schlesien, trat aber für die Wahl des ältesten Sohnes von Ks. Franz I., Erzherzog Josef, zum römischen König ein, die 1764 erfolgte.

Wenige Tage nach den Hochzeitsfeierlichkeiten für seinen Sohn, den späteren Ks. Leopold, starb Ks. Franz I. In der langen Reihe der römisch-deutschen Kaiser und Könige nimmt er einen untergeordneten Rang ein. Sein Kaiserum stand im Schatten seiner Gemahlin Maria Theresia, die nicht bereit war, auch nur ein Stück ihrer Macht in Österreich, Ungarn und Böhmen aus den Händen zu geben. Franz I. war ein bequemer Mensch, der die Jagd und den Spieltisch liebte.

Sein besonderes, für die Zukunft des nunmehrigen Hauses Habsburg-Lothringen und Österreich nicht zu unterschätzendes Verdienst lag im Ökonomischen. Er sanierte die Staatsschulden und legte den Grundstein für das Vermögen des Hauses Habsburg-Lothringen, was ihm auch durch den Besitz der Toskana möglich war.

Der Ehe zwischen Ks. Franz I. und Maria Theresia entsprangen 16 Kinder. Während einige Generationen davor die beiden habsburgischen Zweige durch Kindermangel in Bedrängnis gekommen waren – nicht zuletzt wegen der ehelichen Verschachtelungen –, hatte nun offenbar der lothringische Einfluss beim weiblichen Rest der Familie Habsburg Erfolg: die oftmals zitierten 16 Kinder der Maria Theresia, die ihren mütterlichen Nachruhm begründeten. Allerdings hatte diese Kinderschar gemessen an ihrer Zahl noch nicht ausreichend für eine entsprechende »dynastische Ausbreitung« bzw. »Reserve« (etwa für die Thronfolge) sorgen können. Von diesen 16 Kindern starben bereits sechs als Kinder oder Jugendliche. Zwei Töchter wurden Äbtissinnen von Damenstiften. Ein Sohn – Maximilian Franz – wurde Kurfürst-Erzbischof von Köln. Von den verbliebenen sieben Kindern wurden zwei Kaiser – Josef II. und Leopold II. Die kurzfristig politisch wohl bedeutsamste Heirat war die 1770 erfolgte der jüngsten Tochter Maria Antonia mit Kg. Ludwig XVI. Als Marie-Antoinette ging sie, nicht unumstritten, in das historische Gedächtnis ein.

Kaiser Josef II.

(1765–1790)

Ks. Josef wurde am 13. 3. 1741 in Wien geboren. Seine Eltern waren Ks. Franz I. und Kg. (»Kaiserin«) Maria Theresia (siehe oben). Er war zweimal verheiratet: ab 1760 mit Maria Isabella (1741–1763), einer Tochter von Hz. Philipp von Parma (1720–1765), und ab 1765 mit Maria Josefa (1739–1767), einer

Tochter von Ks. Karl VII. (siehe oben). Er hatte zwei Töchter aus erster Ehe.

27. 3. 1764	Königswahl in Frankfurt/Main
3. 4. 1764	Krönung ebendort
18. 8. 1765	Ks. nach dem Tod Ks. Franz I.
29. 11. 1780	Regierungsübernahme in den österreichischen Erblanden nach dem Tod seiner Mutter »Kaiserin« Maria Theresia
20. 2. 1790	Tod in Wien; Beisetzung in der Kapuzinergruft ebendort

Ks. Josef II. war der erste Kaiser aus dem Haus Habsburg-Lothringen. Infolge der ersten beiden Schlesischen Kriege erlebte er eine unruhige und unstete Kindheit. Schon in jungen Jahren zeigten sich sein eigenwilliger Charakter und seine in der Aufklärung wurzelnden Ansichten, die ihn oft in Gegensatz zu seiner Mutter brachten. Trotzdem kann seine Erziehung im Hinblick auf seine spätere Funktion als hervorragend betrachtet werden.

Infolge des Friedens von Hubertusburg wurde Josef 1764 einstimmig in Frankfurt zum römischen König gewählt und gekrönt, so dass die Nachfolge von Ks. Franz I. gesichert war. Über diese Krönung besitzen wir eine lebendige Schilderung in Johann Wolfgang von Goethes »Dichtung und Wahrheit«, bei der er Zeuge war. Eineinhalb Jahre später musste Josef die Nachfolge seines Vaters antreten.

Obwohl Ks. Josef II. von seiner Mutter zum Mitregenten in den habsburgischen Ländern ernannt wurde, war er trotzdem vorerst ein »Kaiser ohne Land«. So verblieben in den ersten 15 Jahren Ks. Josef II. nur die ganz wenigen relevanten Befugnisse eines Reichsoberhauptes und die Rolle eines »Kronprinzen« für Österreich. Gelegentlich konnte sich aber Josef II. mit eigenen Vorstellungen durchsetzen. Trotz Kritik seiner Mutter näherte er sich um 1769/1770 Kg. Friedrich II. von Preußen an, mit dem ihm sicherlich das Ideal eines aufgeklärten Absolutismus verband. Das hatte für Österreich einen positiven Aspekt: Bei der ersten Teilung Polens 1772 fiel Galizien an Habsburg (drei Jahre später kam die Bukowina an Österreich) – ein territorialer Ausgleich für das zuvor verlorene Schlesien.

Josef II. erwies sich als hervorragender politischer Stratege bei seinen Plänen für die wittelsbachische-bayerische Erbfolge. Kurfürst Maximilian III. Joseph »der Vielgeliebte« von Bayern (1727–1777) hatte keine Erben. Der nächste Agnat war Kft. Karl Theodor von Pfalz-Neuburg-Sulzbach (1724–1799). Jener regierte (»Herr der sieben Länder«) ein ansehnliches, aber im Prinzip verstreutes Territorium, nämlich einmal die pfälzischen Gebiete beiderseits des Mittelrheins mit der Residenz Mannheim, dann die Herzogtümer Jülich und Berg westlich und nordöstlich von Köln mit der Residenz Düsseldorf sowie die pfälzisch-neuburgischen Territorien an der Donau mit Neuburg und einem Gebiet nördlich von Regensburg (von daher rührt der Name des bayerischen Regierungsbezirks Oberpfalz). Die beiden ersten Gebietsgruppen dokumentierten das wittelsbachische Interesse im Rheinland. Dieses wurde abgerundet durch die Tatsache, dass von 1583 bis 1761 Wittelsbacher ununterbrochen Kurfürsten von Köln waren. Zu diesem Kurfürstentum gehörten neben dem unmittelbaren Gebiet des Erzstiftes Köln noch das Herzogtum Westfalen (etwa das südliche Gebiet des heutigen Regierungsbezirks Arnsberg) sowie die »Vest« Recklinghausen. Darüber hinaus waren die Erzbischöfe von Köln in der Regel auch Fürstbischöfe von Münster sowie sehr oft noch Fürstbischöfe von Lüttich, Hildesheim und Osnabrück. Insgesamt standen damals rund zwei Drittel des heutigen Nordrhein-Westfalen unter wittelsbachischem Einfluss.

Da durch die Heirat seiner Schwester mit Kg. Ludwig XVI. von Frankreich (1754–1793) von dort vorläufig keine nennenswerte Gefahr mehr drohte, schlug Ks. Josef II. mit Unterstützung des genialen Staatskanzlers Kaunitz nun Kft. Karl Theodor vor, im Falle des Ablebens von Kft. Maximilian III. dessen Territorien (im Prinzip »Altbayern«) mit den österreichischen Niederlanden zu tauschen. Wäre das gelungen, dann hätte das Konsequenzen gehabt: Es wäre im Nordwesten bzw. am Rhein ein bedeutender katholisch-wittelsbachischer Territorialstaat entstanden, gleichwertig mit Preußen-Hohenzollern. Österreich hätte seine weit entfernten Niederlande gegen Altbayern eingetauscht, womit im Süden die Macht der Habsburger »kompakter« geworden wäre. Denn es wäre eine geographische Landbrücke zwischen dem österreichischen Kerngebiet und den österreichischen Vorlanden entstanden, die im südlichen Drittel des heutigen Baden-Württemberg lagen.

Aber Kg. Friedrich II. von Preußen (1712–1786) durchschaute diesen Plan und konnte die Folgen richtig einschätzen. Er erklärte mit Rückendeckung Russlands 1778, nach dem Tod Kurfürst Maximilians III., als Josef II. schon in Bayern einmarschiert war, Österreich den Krieg. Mit dem Einmarsch preußischer und sächsischer Truppen in Böhmen begann der Bayrische Erbfolgekrieg (1778/79), in dem es zu keinen nennenswerten Kampfhandlungen gekommen war. Daher wurde er auch »Kartoffelkrieg« oder »Zwetschkenrummel« genannt. Maria Theresia nahm aber, ohne ihren Sohn zu informieren, hinter dessen Rücken mit Preußen Verhandlungen auf, so dass es 1779 zu einem Friedensschluss in Teschen kam. Aus den hochfliegenden Plänen Ks. Josefs wurde nichts. Lediglich das Innviertel kam zu Oberösterreich.

Ein Jahr später starb Maria Theresia, eine der bedeutendsten Herrschergestalten des Spätbarocks bzw. des Rokoko. Josef II. war nun auch in den habsburgischen Erblanden uneingeschränkter Monarch, wobei sein Amtsverständnis die des aufgeklärten Absolutismus war. Sofort setzte er eine Reihe innenpolitischer Maßnahmen durch, mit denen er besonders in der historischen Erinnerung haften blieb. 1781 erließ er für die Protestanten das Toleranzpatent, ein ähnliches für die Juden folgte 1782. Im selben Jahr wurden in seinem Reich rund 750 Klöster aufgehoben, das war rund ein Drittel von allen. Aus dem daraus erzielte Erlös wurde der Religionsfonds gegründet, mit dem der Bau neuer Kirchen, Schulen und Krankenhäuser finanziert wurde. Das führte zwangsläufig zu Protesten der Kirche, in Folge derer sogar Papst Pius VI. 1782 nach Wien reiste, um den Kaiser umzustimmen – allerdings vergeblich.

Josef II. griff sogar in Angelegenheiten des innerkirchlichen Kults ein, in dem er die Zahl der Kerzen auf dem Altar beschränkte (nämlich normal sechs, an hohen Feiertagen zehn). Diese Verordnung blieb in Österreich sogar bis zum II. Vatikanum in Übung. Diese spezielle Kirchenpolitik wird auch als Josefinismus bezeichnet, Ks. Josef II. in der Historiographie als »Revolutionär von Gottes Gnaden«. Bei diesen josefinischen Maßnahmen darf man aber nicht übersehen, dass im Gegensatz zur Säkularisation von 1803, wo die betreffenden nutznießenden Fürsten das Vermögen weitgehend in die eigene Tasche steckten, die josefinische Kirchenpolitik gemeinwohlorientiert war. Auch war die Kirche nicht mehr imstande, selbst notwendige Reformen in eigenem Antrieb durchzuführen. Von eminent pastoraler Bedeutung waren sicherlich die zahlreichen überfälligen Pfarrgründungen, die für eine intakte Seelsorge notwendig waren.

Auch auf anderen innenpolitischen Gebieten setzte er Reformschritte (etwa im Erbrecht), allerdings forcierte er zentralistische Tendenzen (deutsche Amtssprache), die dann zu entsprechendem Widerstand in Ungarn oder in den Niederlanden führte. Preußen nutzte die Gelegenheit, in Ungarn durch Agenten gegen das Haus Habsburg-Lothringen zu agitieren. Ks. Josef II. versuchte abermals, den Tausch Bayern gegen österreichische Niederlande in die Wege zu leiten. Doch die protestantischen Reichsfürsten, an der Spitze Preußen, vereitelten wiederum diesen Plan.

Gemeinsam mit Russland (Zarin Katharina II.) begann Josef II. 1787 einen Krieg gegen die Osmanen, bei dem er zuerst den Oberbefehl hatte. Nach anfänglichen Erfolgen der Türken und einer Erkrankung des Kaisers übernahm Ernst Gideon Frhr. von Laudon den Oberbefehl und konnte 1789 Belgrad erobern.

Gegen Ende seines Lebens gab es in seinen Ländern offenen Aufruhr (z. B. in den Niederlanden), einen Teil seiner rigorosen und rücksichtslos durchgeführten Reformen musste er zurücknehmen, auch wenn sie noch später wieder als richtig erkannt wurden. Der Josefinismus hat Österreich und seine Nachfolgestaaten bis in die Gegenwart geprägt. Mit diesem Namen verbunden sind ein gemeinwohlorientiertes, papstdistanziertes Staatskirchentum, eine rationale Verwaltung mit zentralistischen Zügen auf der Basis eines Berufsbeamtentums und aber auch eine gewisse Staatsgläubigkeit.

Privat war Ks. Josef II. wenig Glück gegönnt. Da war einmal der ambivalente Konflikt mit seiner übermächtigen Mutter. Seine 1760 geschlossene Ehe mit Maria Isabella von Parma galt zwar als recht glücklich, doch sie starb bei der Geburt der zweiten Tochter, die selbst auch nicht überlebte. Seine erste Tochter starb achtjährig 1770 an Windpocken, was ihn sehr tief traf.

Seine zweite Ehe mit einer Wittelsbacherin hatte ausschließlich politisches Kalkül als Grund. Josef II. machte aus seiner Ablehnung ihr gegenüber keinen Hehl. Diese persönlichen Schicksalsschläge blieben nicht ohne Auswirkungen auf seine Persönlichkeitsstruktur und sein rastloses politisches Handeln.

Die Nachwelt hat diesen mit visionärer Kraft ausgestatteten Habsburger oft gerechter beurteilt als seine Zeitgenossen, die ihn einen Gescheiterten nannten.

Kaiser Leopold II.

(1790–1792)

Ks. Leopold II. wurde am 5. 5. 1747 in Wien(-Schönbrunn) geboren. Seine Eltern waren Ks. Franz I. und Kg. Maria Theresia (siehe oben). 1765 ehelichte er Maria Ludovika (1745–1792), eine Tochter von Kg. Karl III. von Spanien (1716–1788) und von Maria Amalia von Sachsen (1724–1760). Er hatte 16 Kinder, darunter Maria Theresia (1767–1827), Ehefrau von Kg. Anton I. von Sachsen (1755–1836), Ks. Franz II. (siehe unten), Ferdinand (1769–1824), Ghz. der Toskana (ab 1790) und von Würzburg, Begründer der toskanischen Linie der Habsburger (Linie »Salvator«), Ehz. Karl (1771–1847), den Sieger von Aspern, Ehz. Josef (1776–1847), Begründer der ungarischen Linie der Habsburger, Klementine (1777–1801), Ehefrau von Franz I., Kg. beider Sizilien (1777–1830), den späteren Reichsverweser Ehz. Johann (1782–1859) sowie Rudolf (1788–1831), FEbf. von Olmütz und Kardinal.

18. 8. 1765	Ghz. der Toskana (bis 1790) nach dem Tod seines Vaters Ks. Franz I.
20. 2. 1790	Regierungsübernahme in den österreichischen Erblanden nach dem Tod seines Bruders Ks. Josef II.
9. 10. 1790	Königswahl und Krönung in Frankfurt/Main
15. 11. 1790	Krönung zum Kg. von Ungarn in Preßburg, St.-Martins-Kirche
6. 9. 1791	Krönung zum Kg. von Böhmen in Prag, St.-Veits-Dom

1. 3. 1792 Tod in Wien; Beisetzung in der Kapuzinergruft ebendort

Als zweitgeborener Sohn Ks. Franz' I. erbte er nach dessen Tod 1765 das Großherzogtum Toskana. Während Franz I. in Florenz nie residierte, zog Leopold dorthin und regierte dort 24 Jahre. In dieser Zeit formte er aus einem rückständigen und verarmten Land einen Musterstaat im Sinne eines fortschrittlichen aufgeklärten Absolutismus, dem er noch stärker verbunden war als sein Bruder Josef II. Spuren seines Wirkens sind bis heute erkennbar. Das 1786 eingeführte Strafgesetzbuch hatte für die damalige Zeit geradezu revolutionären Charakter. Ähnlich wie sein Bruder hob er zahlreiche Klöster auf, um dadurch andere gemeinnützige Einrichtungen zu finanzieren.

Am 1. 3. 1790 verließ Leopold den Palazzo Pitti, seine Residenz in Florenz, um in Wien das Erbe seines Bruders in den habsburgischen Ländern anzutreten, und verzichtete am 21. 7. 1790 auf das Großherzogtum zugunsten seines zweitgeborenen Sohnes Ferdinand.

Nach seinem Regierungsantritt gelang Leopold der Ausgleich mit Preußen (Konvention von Reichenbach), um freie Hand bei der Befriedung des Aufstandes in den österreichische Niederlanden zu haben. Dieser Ausgleich war auch die Grundlage für seine nun folgende Wahl und Krönung in Frankfurt. 1791 kam es dann auch zum Frieden mit dem Osmanischen Reich.

Nun konnte er sich den Ereignissen in Frankreich widmen, die in Folge der Französischen Revolution 1789 eingetreten waren und die kommenden rund 25 Jahre Europa beschäftigen sollten. Am 27. 8. 1791 wurde in der Pillnitzer Konvention das Bündnis Österreichs mit Preußen vereinbart, ihr folgte am 7. 2. 1792 ein Defensivbündnis gegen Frankreich zur gemeinsamen Verteidigung des Reiches.

Drei Wochen danach starb völlig unerwartet Ks. Leopold II. nach nicht einmal eineinhalb Jahren Regierungszeit als Kaiser. (Er war der Kaiser mit der kürzesten Regierungszeit.) Leopold II. war, wie sein Wirken in der Toskana gezeigt hatte, einer der begabtesten Herrscher aus dem Hause Habsburg. Wäre ihm ein längeres Leben gegönnt gewesen, wären möglicherweise die Folgen der Französischen Revolution für Europa weniger schwerwiegend ausgefallen. Wie sein Vater hatte auch er 16 Kinder. Allerdings war die Disposition für die nachkommenden Generationen besser, denn es konnten insgesamt fünf Linien generiert werden, so dass sich die Zahl der Namensträger Habsburg-Lothringen bis in die Gegenwart stark verbreitert hat.

Kaiser Franz II./I.
(1792–1806 bzw. 1804–1835)

Ks. Franz II. wurde am 12. 2. 1768 in Florenz geboren. Seine Eltern waren Ks. Leopold II. und Maria Ludovika von Spanien (siehe oben). Er war viermal verheiratet: ab 1788 mit Elisabeth Wilhelmine (1767–1790), einer Tochter von Hz. Friedrich II. Eugen von Württemberg (1732–1797), ab 1790 mit Maria Theresia (1772–1807), einer Tochter von Kg. Ferdinand I. beider Sizilien (1751–1825), ab 1808 mit seiner Cousine Maria Ludovika (1787–1816), einer Tochter von Ehz. Ferdinand von Österreich-Modena d'Este (1754–1806), und ab 1816 mit Karoline Auguste Charlotte (1792–1873), einer Tochter von Kg. Maximilian I. Josef von Bayern (1756–1825). Er hatte 13 Kinder, darunter Maria Luise (1791–1847), Ehefrau Ks. Napoleons I. von Frankreich (1769–1821), Ks. Ferdinand I. (siehe unten), Leopoldine (1797–1826), Ehefrau von Ks. Pedro I. von Brasilien (1798–1834), und Ehz. Franz Karl (1802–1878), Vater von Ks. Franz Joseph I. (siehe unten) und Urgroßvater von Ks. Karl I. (siehe unten).

1. 3. 1792	Regierungsübernahme in der österreichischen Erblanden nach dem Tod seines Vaters Ks. Leopolds II.
6. 6. 1792	Krönung zum Kg. von Ungarn in Ofen (Buda), St.-Matthias-Kirche
14. 7. 1792	Königswahl und Krönung in Frankfurt/Main
9. 8. 1792	Krönung zum Kg. von Böhmen in Prag, St.-Veits-Dom
11. 8. 1804	Annahme des erblichen Titels Ks. von Österreich als Franz I.

6. 8. 1806 Niederlegung der römisch-deutschen Kaiserkrone und Verkündung der Auflösung des Heiligen Römischen Reiches
2. 3. 1835 Tod in Wien; Beisetzung in der Kapuzinergruft ebendort

Als die Nachricht, dass Franz, der älteste Sohn des späteren Ks. Leopold, in Florenz geboren worden sei, in Wien eintraf, eilte Maria Theresia ins k. k. Hofburgtheater und rief von der kaiserlichen Loge ins Publikum: »Kinder, Kinder, der Poldl håt an Buam!« Das habsburgische Trauma eines nochmaligen Aussterbens der männlichen Linie schien somit gebannt gewesen zu sein. Mit 16 Jahren kam Franz an den Wiener Hof zur weiteren Erziehung, denn nach dem Willen Ks. Josefs II. sollte er ihm nachfolgen. Die beiden waren aber unterschiedliche Charaktere. Der etwas biedere und schwerfällige Franz versuchte, durch Fleiß das zu ersetzen, was ihm an Talent fehlte.

Für eine Nachfolge vorerst noch zu jung trat er diese dann beim überraschenden Tod seines Vaters an und wurde sofort mit einer schwierigen außenpolitischen Lage konfrontiert. Kaum war er an der Regierung, erklärte Frankreich im April 1792 Österreich und Preußen den Krieg, es begann der Erste Koalitionskrieg (1792–1797). Unter dem Eindruck der Ereignisse in Frankreich wurde Franz einmütig zum letzten römisch-deutschen Kaiser gewählt. Nach anfänglichen Erfolgen der Koalitionsarmeen erstarkte aber der Widerstandswille der französischen Bevölkerung und der Revolutionsarmee, welche die Österreicher und die Preußen an den Rhein zurückdrängen konnte (Kanonade von Valmy). Die Hinrichtung Kg. Ludwigs XVI. (1754–1793) Anfang 1793 führte zur Ausweitung der Koalition, der nun u. a. auch England, die Niederlande sowie das Reich beitraten. Nach dem österreichischen Erfolg unter Prinz Josias von Sachsen-Coburg (1737–1815) am 28. 3. 1793 in der Schlacht von Neerwinden kam es in Frankreich zu einem neuerlichen Umschwung (*levée en masse*). Nach der Besetzung Hollands 1795 durch französische Truppen wurde dort die »Batavische Republik« ausgerufen.

Preußen schied 1795 aus der Koalition aus, andere Bündnispartner folgten. Die Franzosen stießen nun nach Oberitalien vor und drängten die Österreicher in den Alpenraum zurück. Im Frieden von Campo Formio (oder Campoformido) vom 17. 10. 1797 musste Österreich auf seine Niederlande, die Lombardei und Teile Vorderösterreichs (Breisgau) verzichten. Die deutschen Reichsfürsten, die durch den Verlust der Gebiete links des Rheins betroffen waren, sollten anderwärtig entschädigt werden, was die spätere Säkularisation vorbereitete.

Nach der Besetzung Roms und der Gefangennahme Papst Pius' VI. (1775–1799) kam auf Betreiben Englands neuerlich eine Koalition zustande, der u. a. Österreich, Russland und auch das Osmanische Reich beitraten. Preußen blieb hingegen neutral. Damit begann der Zweite Koalitionskrieg (1799–1802). Zunächst konnten die Verbündeten Erfolge in Oberitalien erringen, und Erzherzog Karl (1771–1847) war in der Schweiz erfolgreich (1799 Schlacht bei Zürich). Russland verließ bald die Koalition, und der inzwischen zum unumstrittenen militärischen Führer Frankreichs emporgestiegene Napoleon Bonaparte (1769–1821) unterbreitete Ks. Franz II. ein Friedensangebot, das dieser aber ablehnte. Daraufhin ging Napoleon zum Angriff über. Am 14. 6. 1800 wurden die Österreicher bei Marengo besiegt und mussten auch am Oberrhein Niederlagen hinnehmen. Der Frieden von Lunéville am 9. 2. 1801 beendete den Zweiten Koalitionskrieg und bestätigte den Frieden von Campo Formio. Die Toskana ging verloren, und die dort herrschenden Habsburger wurden später zuerst mit Salzburg und Eichstätt, dann mit dem Großherzogtum Würzburg entschädigt.

Ks. Franz II. ernannte im Januar 1801 seinen Bruder Erzherzog Karl zum Präsidenten des Hofkriegsrates. Er sollte in den kommenden Jahren die österreichischen Armee reformieren und zum wichtigsten Heerführer der Anti-Napoleon-Koalition werden.

In den folgenden zwei Jahren wurden die Entschädigungen für die Reichsfürsten beraten. Sie wurden im sog. Reichsdeputationshauptschluss am 25. 2. 1803 vom Reichstag in Regensburg beschlossen. Damit wurde das für den deutschen Sprachraum wohl einzigartige Reichskirchensystem beendet. Das betraf 19 Reichsbistümer und 44 Reichsabteien sowie auch 41 Reichsstädte, die bis dahin selbständige landesfürstliche Territorien waren. Die geistlichen Einrichtungen waren vor allem seit der

Reformation eine Stütze des katholischen Kaiserhauses, die Städte insbesondere eine solche für das Reich im allgemeinen gewesen, in ihrer inneren Verwaltung oft vorbildlich moderat (»unter dem Krummstab ist gut dienen«) und vor allem in der Spätphase des Reiches im 18. Jh. Träger kulturell bedeutsamer, noch heute präsenter und bewunderter Initiativen, vor allem im Bauwesen (Kirchen, Schlösser) oder in der Musik (Mozart in Salzburg). Im letzten Drittel des 18. Jh. machten sich nationalkirchliche Tendenzen bemerkbar. So versammelten sich 1786 die vier Erzbischöfe des Reiches (Köln, Mainz. Trier, Salzburg), um in den sog. »Emser Punktuationen« gegen die päpstliche Hegemonie Stellung zu beziehen. Rom sah darin eine Bedrohung für sich und gab die deutsche Adelskirche auf. Für den Papst war dieses Reichskirchensystem schon immer suspekt, weil diese Bischöfe infolge ihrer politischen Stellung (das Gebiet, über das der Kurfürst-Erzbischof von Köln oft infolge von Personalunionen geherrscht hatte, war weitaus größer als der Kirchenstaat!) gegenüber dem Heiligen Stuhl eine selbstbewusste Haltung in innerkirchlichen Fragen einnahmen. Aber dieses Reichskirchensystem hatte sich an der Schwelle zum bürgerlich-industriellen Zeitalter überlebt.

Auf diesem Reichsdeputationshauptschluss wurde zwar nur das Ende des reichsständischen Territorialkirchensystems beschlossen, doch zahlreiche Landesherren mediatisierten zu ihrem eigenen Vorteil auch den Besitz der landständischen Klöster. Beides kam aber einer glatten Enteignung gleich, was aber der Staat nach 1815 in den verschiedenen Konkordaten, 1919 in der Weimarer Reichsverfassung und 1949 im Bonner Grundgesetz anerkannte und dementsprechend die katholische Kirche noch immer dafür entschädigt.

Ks. Franz II. protestierte vergeblich gegen diese Vorgehensweise. Denn erstens war, wie erwähnt, eine wichtige Stütze für ihn entfallen, zweitens wurden neue Kurfürstentümer geschaffen, wie Salzburg, Hessen-Kassel, Württemberg und Baden, die eine protestantische Mehrheit im Kurfürstenkollegium schufen. Territorial profitierten von dieser Säkularisation am meisten Baden, Bayern, Württemberg und vor allem Preußen, das somit seine Stellung am Rhein ausbauen konnte.

Als sich am 18. 5. 1804 Napoleon zum Kaiser der Franzosen

krönte, nahm als Reaktion darauf Ks. Franz II. am 11. 8. 1804 den Titel eines erblichen Kaisers von Österreich an. Das war ein weiterer Schritt zur Auflösung des Heiligen Römischen Reiches.

Gegen den Widerstand seines Bruders Erzherzog Karl schloss Ks. Franz II. ein Defensivbündnis mit Russland, dem sich England und Schweden anschlossen. Das führte zum Dritten Koalitionskrieg (1805). Spanien, Baden, Bayern, Württemberg, Hessen und Nassau standen an der Seite Napoleons, Preußen blieb wiederum neutral. England siegte zwar bei Trafalgar über die französische Flotte, aber die Österreicher und Russen wurden am 2. 12. 1805 bei Austerlitz (»Dreikaiser-Schlacht«) geschlagen. Im Frieden von Preßburg vom 26. 12. 1805 musste Österreich weitere Gebietsverluste hinnehmen. So fiel u. a. Tirol an Bayern, das so wie Württemberg zum »Königreich von Napoleons Gnaden« erhoben wurde.

Am 12. 7. 1806 unterzeichneten 16 Reichstände, darunter Bayern, Württemberg und Baden, die Rheinbundakte und unterstellten sich dem Protektorat Napoleons. Diesem Rheinbund schlossen sich nach und nach alle Reichsstände an, lediglich Preußen, das zu Dänemark gehörende Holstein und das zu Schweden gehörende Pommern widerstanden. Am 1. 8. 1806 zeigten diese Rheinbundfürsten dem Kaiser ihren Austritt aus dem Heiligen Römischen Reich an. Dem blieb nun nichts anderes mehr übrig, als den Herold auf der Ballustrade der Kirche »Zu den neun Chören der Engel« in Wien (Am Hof) am 6. 8. 1806 das Ende des Reiches verkünden zu lassen.

Damit endete die mehr als 1000jährige Geschichte des im Jahr 800 erneuerten (west-)römischen Kaisertums, das seit dem 10. Jh. mit der Krone des *regnum Francorum occidentialium* verbunden war. Der preußische Historiker Leopold von Ranke (1795–1887) hat das Heilige Römische Reich einmal mit jenen gotischen Domen verglichen, »an denen man mehr als ein Jahrhundert gearbeitet hat, die in ihrem Umfang gar viele Abteilungen von besonderen Bestimmungen und Art einschließen, deren Säulen alle ähnlich, aber alle verschieden, deren Zieraten bis in das kleinste mit unendlicher Mannigfaltigkeit aufgearbeitet sind und die bei alledem einen harmonischen, ja erhabenen Gesamteindruck machen.« Dieses Reich war der gelungene Versuch, die europäische Mitte, das »deutsche Mitteleuropa«, derart zu organisieren, dass es nur selten eine kritische Masse wurde, von der aus für die Nachbarn Gefahren ausgingen. Auch hatte das Reich, vor allem nach 1648, eine wichtige Friedensfunktion im Innern ausgeübt, und es konnte vor allem für die vielen kleinen, ihm angehörenden Territorialstaaten Rechtssicherheit bieten. Seine lose föderative Struktur sowie seine Fähigkeit, auch andere Nationen zu integrieren, löst noch immer eine gewisse Bewunderung aus. Eine der sichtbareren Erinnerungen an dieses Reich sind die Reichskrone und die anderen Reichsinsignien, die 1800 zum Schutz vor den Franzosen von Nürnberg nach Wien gebracht wurden. Sie gingen völkerrechtlich korrekt bei der Dismembration des Reiches in den Besitz jenes Staates über, auf dessen Boden sie sich zuletzt befunden hatten. Daher sind sie zu Recht in der Wiener Schatzkammer untergebracht. Eine weitere, gegenwärtige Erinnerung an dieses Reich stellen die ehemals freien Reichsstädte und nunmehrigen Bundesländer Hamburg und Bremen sowie das selbständige Fürstentum Liechtenstein dar. Zu den gewiss sonderbarsten Erinnerungen an das Reich gehörten die noch bis zur Liturgiereform im Gefolge des II. Vatikanums 1969 offiziell im römische Missale unter den *Orationes diversae* angeführten Gebete für den »Römischen Kaiser«, die rein theoretisch bis dahin in der katholischen Messe hätten verwendet werden können. Und Anfang November 2007 konnte man in einer Todesanzeige für einen Adeligen in einer überregionalen deutschen Tageszeitung noch den Namenszusatz S. R. I. C. lesen: *Sacri Imperii Romani Comes*.

Inzwischen bildeten Russland, Preußen und Sachsen ein Bündnis, das zum Vierten Koalitionskrieg (1806/07) führte, bei dem Preußen am 14. 10. 1806 bei Jena und Auerstädt vernichtend geschlagen wurde. Ks. Franz I. entschloss sich aufgrund weiterer Provokationen Napoleons zum Fünften Koalitionskrieg (1809), der aber von seinem Bruder Erzherzog Karl wegen der noch nicht abgeschlossenen Reorganisation der österreichischen Armee abgelehnt wurde. Am 9. 4. 1809 erklärte Österreich Frankreich den Krieg. Napoleon konnte bis Wien vorstoßen, wurde aber am 21. 5. 1809 von Erzherzog Karl in einer offenen Feldschlacht in Aspern zum ersten Mal geschlagen. Napoleon gelang dennoch die Sammlung, und er konnte sich am 6. 7. bei

Deutsch-Wagram revanchieren. In dem nun folgenden Frieden von Schönbrunn musste Österreich weitere Gebiete abtreten und eine hohe Entschädigung bezahlen.

In dieser prekären Situation berief Ks. Franz I. Klemens Wenzel Lothar Johann Nepomuk Graf (später Fürst) von Metternich (1773–1859) zum Außenminister. Seit 1806 österreichischer Botschafter in Paris bekam er den Auftrag, gegenüber Frankreich eine realistische Außenpolitik zu gestalten. Das erste Mittel dazu war 1810 die Vermählung von Erzherzogin Maria Luise, einer Tochter Ks. Franz' I., mit Napoleon. Sie gebar ein Jahr später den ersehnten Erben.

Wegen der ursprünglichen – aber dann vergeblichen – Brautwerbung Napoleons am Zarenhof kam es zu Spannungen zwischen Frankreich und Russland, die 1812 zum Krieg führten. Österreich und Preußen (sowie auch die Rheinbundfürsten) mussten sich an diesem Unternehmen beteiligen. Dieses endete vor Moskau und an der Beresina Ende 1812 in einem Debakel, das zur praktischen Auflösung der französischen Armee führte.

Im ersten Halbjahr 1813 führten diplomatische Bemühungen zu einem russisch-preußischen Bündnis, dem dann England und Österreich beitraten und das am 11. 8. 1813 Frankreich den Krieg erklärte. Napoleon I. konnte jedoch neue Verbände aufstellen und marschierte nach Mitteldeutschland. Vom 16. bis zum 18. 10. 1813 kam es unter dem Oberkommando von Karl Fürst zu Schwarzenberg (1771–1820) zur »Völkerschlacht« bei Leipzig, bei der Napoleon geschlagen wurde. Diese Periode wurde heroisierend auch als die der »Deutschen Befreiungskriege« bezeichnet. Dieses gemeinsame, stark emotional begriffene Erleben übte einen bleibenden Einfluss auf die deutsche Nationalbewegung unmittelbar nach 1815 aus, die aber – weil dann weitgehend republikanisch orientiert – in Konflikt mit den alten Mächten geraten musste.

Nach diesem Erfolg drängten die Verbündeten die Franzosen zurück und zogen am 31. 3. 1814 in Paris ein. Napoleon dankte ab und wurde mit dem Fürstentum Elba abgefunden, das er nicht verlassen durfte. Die Bourbonen unter Kg. Ludwig XVIII. (1755–1824) bestiegen wieder den Thron, und die Frau Napoleons, Maria Luise, kehrte mit ihrem Sohn, dem Herzog von Reichstadt (1811–1832), nach Wien zurück.

Im Frieden von Paris am 30. 5. 1814 erhielt Frankreich die Grenzen von 1792. Weitere Einzelheiten wurden auf dem Wiener Kongress beraten und beschlossen, der am 18. 9. 1814 begann. Dieser wurde durch die Rückkehr Napoleons aus Elba nach Paris gestört. In der Schlacht von Waterloo am 18. 6. 1815 wurde der Franzosenkaiser geschlagen und danach auf die Insel St. Helena im Südatlantik verbannt. Frankreich wurde nun auf die Grenzen von 1790 zurückgeführt. Am 9. 6. 1815 wurden die Wiener Schlussakte unterzeichnet.

Die für Mitteleuropa wichtigsten Ergebnisse des Wiener Kongresses waren:

Das *Heilige Römische Reich* wurde nicht mehr wiedererrichtet. An seine Stelle trat der Deutsche Bund, dessen Präsidium Österreich innehatte. Es gab zu Anfang 41 Mitglieder. Österreich und Preußen waren nur mir ihren ehemaligen Reichsteilen Mitglied. Der König von England war als König von Hannover, der König von Dänemark als Herzog von Holstein und der König der Niederlande für Luxemburg Mitglied des Deutschen Bundes.

Österreich gab seine Niederlande an das Königreich der Vereinigten Niederlande und die Vorlande an das Königreich Württemberg bzw. das Großherzogtum Baden ab. Maria Luise, die »entthronte« Kaiserin von Frankreich, erhielt das Herzogtum Parma. Die Habsburger konnten in die Toskana zurückkehren. Zu Österreich kam auch eine vergrößerte Lombardei und Venedig als Lombardo-Venetianisches Königreich. Mittelfristig bedeutete dies: Österreichs Interesse lag nun stärker in Italien, und es verzichtete auf die Vorlande und damit auf seinen Einfluss in Süddeutschland.

Preußen erhielt, wie schon früher erstrebt, die künftig wirtschaftlich interessante Rheinprovinz und Westfalen (das heutige Nordrhein-Westfalen, den Raum Trier und Koblenz sowie das Saarland). Es blieb aber (noch) geographisch und vor allem konfessionell gespalten.

Bayern erhielt sein heutige Gestalt sowie als Exklave die Pfalz.

Infolge der Säkularisation und der Mediatisierung zahlreicher kleinerer Territorialfürstentümer und Herrschaften verschwand mit Ausnahme des Raumes Thüringen der bis 1789 für das Heilige Römische Reich so charakteristische Flickenteppich.

An freien Reichsstädten blieben nur noch die Hansestädte Bremen, Hamburg und Lübeck sowie die alte Reichsstadt Frankfurt/Main übrig.

Dominante Figur auf dem Wiener Kongress war Fürst Metternich. Er war der Architekt einer europäischen Staatenkonstellation, in der mehr als 30 Jahre Friede herrschte – vor dem Hintergrund früherer Konflikte eine bemerkenswerte Leistung. Metternich war aber von restaurativer Gesinnung, ein Vertreter des fürstlichen Staatsabsolutismus und dadurch in der Innenpolitik repressiv. Zur Absicherung des *status quo* gründete er mit Russland und Preußen am 26. 9. 1815 die Heilige Allianz. Dieser traten später die übrigen Staaten des Deutschen Bundes, Frankreich und die Schweiz bei. England, die USA und der Papst weigerten sich beizutreten, das Osmanische Reich durfte nicht beitreten. Die Vertragspartner verpflichteten sich, den christlichen Glauben auch als Richtschnur des politischen Handelns anzuerkennen und betrachteten sich als Glieder ein und derselben christlichen Nation.

Die Großmächte fanden sich auch bereit, zur Sicherung des Friedens in Europa enger zusammenzuarbeiten. So wurde u. a. vereinbart, regelmäßige Monarchenkongresse abzuhalten. Am 20. 11. 1815 schlossen sich Österreich, Russland, Preußen und England zum Vierbund (Quadrupelallianz) zusammen, in den am 15. 11. 1819 durch das Aachener Protokoll Frankreich beitrat. Damit fanden die fünf europäischen Großmächte zu einer strukturierten politischen Akkordierung, die die europäische und damit größtenteils auch die internationale Politik der Zeit bis 1848 bestimmte. Unschwer wird man dabei entweder an die fünf ständigen Mitglieder des UN-Sicherheitsrates oder an den sog. G 8-Gipfel erinnert.

Durch Metternich und sein Wirken wurde Österreich nach 1815 die diplomatische Führungsmacht zumindest in Kontinentaleuropa. Er war bemüht, das politische bzw. strategische Gleichgewicht in Europa zu erhalten. Metternichs Ziel und das der Heiligen Allianz war es aber auch – beeinflusst durch das Trauma der Französischen Revolution –, möglichst jede revolutionäre Regung auszuschalten oder besser gar nicht erst aufkommen zu lassen. Diese Politik verfolgte er nicht nur in Österreich, sondern verpflichtete dazu auch die Staaten des

Deutschen Bundes und die übrigen Mitglieder der Heiligen Allianz. Ein Beispiel dafür sind die Karlsbader Beschlüsse von 1819, nach denen alle Studentenverbindungen (Burschenschaften) verboten und ein Überwachungs- und Bespitzelungssystem eingeführt wurde.

Revolutionäre Ereignisse in Spanien, Portugal und im Königreich beider Sizilien (Neapel) machten den Monarchenkongress von Troppau im Jahr 1820 notwendig. Dort wurde das Prinzip der bewaffneten Intervention in allen Ländern, in denen ein revolutionärer Umsturz drohte, bestätigt. England widersetzte sich diesen Beschlüssen, die stark an die »Breschnew-Doktrin« der letzten 25 Jahre des Ostblocks erinnern. Bei einem neuerlichen Treffen 1821 in Laibach wurde Österreich beauftragt, in Neapel militärisch zu intervenieren, was wiederum England und Frankreich veranlasste, die Konferenz zu verlassen. Ähnliche Interventionen folgten. 1830 kam es zu revolutionären Ereignissen bzw. Revolutionen in Europa: die Juli-Revolution 1830 in Frankreich, die Lostrennung der südlichen Niederlande in einen Staat Belgien und der polnische Freiheitskampf. Freiheitlich-republikanische Tendenzen entstanden nun auch in Deutschland: 1832 das Hambacher Fest und 1833 der Frankfurter Wachensturm. Gegen letzteren ging Metternich rigoros vor, und die Zensur wurde nochmals verschärft.

Im Jahr 1833 gelang es nach mehreren einschlägigen Initiativen unter Führung Preußens, den Deutschen Zollverein zu gründen. Diesem gehörten aber Österreich und vorerst auch Hannover nicht an. Damit gelang es Preußen, in der Frage der deutschen Einigung zumindest auf wirtschaftlichem Gebiet die Initiative an sich zu ziehen.

Kaiser Franz II./I. kann nicht zu den großen Herrschern aus dem Hause Habsburg gezählt werden. Er übte sein Amt gemäß seines Wahlspruches *Iustitia regnorum fundamentum* aus, der noch heute auf dem Äußeren Burgtor in Wien geschrieben steht. Wie sein Onkel pflegte er eine eher spartanische Lebensweise und ließ die Politik von Metternich gestalten, der aber nie die Autorität des Kaisers in Frage stellte. Für die Wiener war er »der gute Kaiser Franz«. Am wohlsten fühlte er sich im Kreis seiner großen Familie, wie dies auch zahlreiche Gemälde dokumentieren. In diesen wird auch ein gewisser bürgerlicher Lebensstil sichtbar, wie er für die damalige Zeit des Biedermeier charakteristisch war. Nicht zuletzt wegen der rigiden Innenpolitik Metternichs zogen sich die Bürger in eine verinnerlichte Romantik zurück, wie aus den Zeugnissen der damaligen Literatur, Malerei und Musik – man denke nur an Franz Schubert (1797–1828) – hervorgeht. Der biedermeierliche Klassizismus, der in Wien einen seiner Schwerpunkte hatte, prägte in weiten Teilen Europas sowohl den äußerlichen Baustil, wie auch die Inneneinrichtung und die Dekoration.

Privat hatte Kaiser Franz I. wenig Glück. Seine ersten drei Frauen starben früh entweder im Kindbett oder durch Krankheit. Die vierte Ehefrau, eine Wittelsbacherin, war zwar nicht allzu schön, dafür aber gesund, was Kaiser Franz zu der Bemerkung veranlasste: »Dann hab ich nicht in ein paar Jahren gleich wieder eine Leich'.«

Nach einer Regierungszeit von 43 Jahren starb Kaiser Franz als erster österreichischer Kaiser und als letzter Träger der Krone des Heiligen Römischen Reiches. Er und Metternich waren bestrebt, die durch die Französische Revolution durcheinander geratene Alte Welt in den Fugen zu halten. Das gelang ihnen durch die Friedensordnung des Wiener Kongresses teilweise für die folgenden 20 bis 30 Jahre. Die Entwicklung hin zur Moderne und damit auch zu einem modernen Staatsverständnis (Konstitutionalismus) in Europa konnten sie aber nicht aufhalten. Insofern muss ihr Bemühen als gescheitert bewertet werden.

In seinem Testament hielt Kaiser Franz II./I. auf Vorschlag Metternichs am monarchischen Legalitätsprinzip fest und bestimmte seinen nicht allzu begabten, kranken ältesten Sohn Ferdinand zum Nachfolger.

Kaiser Ferdinand I.

(1835–1848)

Ks. Ferdinand I. wurde am 19. 4. 1793 in Wien geboren. Seine Eltern waren Ks. Franz II. und Maria Theresia von Sizilien (siehe oben). Er ehelichte 1831 Maria Anna (1803–1884), eine Tochter von Kg. Viktor Emanuel I. von Piemont-Sardinien (1759–1824). Die Ehe blieb kinderlos.

28. 9. 1830	Krönung zum Kg. von Ungarn in Preßburg, St.-Martins-Kirche
2. 3. 1835	Ks. von Österreich nach dem Tod seines Vaters Ks. Franz I.
7. 9. 1836	Krönung zum Kg. von Böhmen in Prag, St.-Veits-Dom
6. 9. 1838	Krönung mit der »eisernen Krone« zum Kg. von Lombardei-Venetien in Mailand
2. 12. 1848	Abdankung in Olmütz zugunsten seines Neffen Franz Joseph
29. 6. 1875	Tod in Prag; Beisetzung in der Kapuzinergruft in Wien

Bereits in jungen Jahren waren die körperliche Behinderung und die geistige Schwerfälligkeit Ferdinands nicht zu übersehen. Für einen Monarchen brachte er nur wenige Voraussetzungen mit. Metternich favorisierte aber trotzdem seine Thronbesteigung nicht zuletzt deswegen, weil er damit seine Politik ungehindert verfolgen konnte. Ferdinand musste sich dann einer Art Vormundschaft unterwerfen und blieb damit von der Regierung weitgehend ausgeschlossen. Am 18. 12. 1836 wurde eine Staatskonferenz gebildet, die anstelle des Kaisers die Leitung der Staatsgeschäfte übernahm. Den Vorsitz führte dessen Onkel Erzherzog Ludwig Josef (1784–1864).

Bedeutsame Ereignisse innerhalb des Deutschen Bundes gab es im Jahr 1837. Zum einen begann mit den »Kölner Wirren« die erste Phase des preußischen Kulturkampfes. Er wurde erst unter Kg. Friedrich Wilhelm IV. (1795–1861) (dem »Romantiker auf dem Königsthron«, ab 1840) beendet, als dieser 1842 die Fertigstellung des Kölner Domes förderte. All das führte zu einer Herausbildung eines auch politisch verfestigten katholischen Milieus in Deutschland und später in Österreich.

Zum anderen löste sich wegen unterschiedlicher Thronfolgeregelung die Personalunion zwischen England und Hannover. Dort gelangte der nächstrangige männliche Erbe Ernst August (1771–1851) auf den Thron, während in England der nähere weibliche Grad dem ferneren männlichen vorgezogen wurde, so dass dort Kgn. Victoria (1819–1901) den Thron bestieg. Damit war die rund 130jährige Epoche der gemeinsamen englisch-hannoveranischen Geschichte beendet.

Am 15. 7. 1840 schlossen die Großmächte Österreich, Großbritannien, Russland und Preußen die erste Londoner Konvention zum militärischen Eingreifen im Konflikt zwischen Ägypten und dem Osmanischen Reich. Eine englisch-österreichische Flotte besetzte dabei Beirut.

In den vierziger Jahren regten sich überall in Europa liberale Bewegungen, und erste revolutionäre Ansätze zeigten sich in Galizien, wo sich 1846 der polnische Adel – bezeichnenderweise im Gegensatz zu den polnischen Bauern – gegen die österreichische Unterdrückung erhob. Bei dieser Gelegenheit wurde der Freistaat Krakau von Österreich annektiert. Hinzu kam eine sich noch verschlechternde wirtschaftliche Lage, so dass es nur mehr eines Funkens bedurfte und der Aufstand brach los.

Die Revolution begann auf italienischem Boden. Am 1. 1. 1848 kam es zu Erhebungen im Lombardo-Venetianischen Königreich, die vom Königreich Piemont-Sardinien unterstützt wurden. Johann Joseph Wenzel Graf Radetzky (1766–1858) erhielt den Auftrag, die Aufstände niederzuschlagen. Am 23. 2. brach die Revolution in Paris los, die zur Absetzung von Kg. Louis Philippe von Orléans (1773–1850) führte.

Diese revolutionäre Stimmung ermunterte auch ungarische Nationalisten unter Führung von Ludwig (Lajos) Kossuth (1802–1894), für das gesamte Kaiserreich eine demokratische Verfassung zu fordern. Nachdem bereits Ende Februar in Mannheim eine revolutionäre Stimmung entstanden war, begannen nach dem 10. 3. auch anderswo Unruhen, so in Wien und Berlin. In den Abendstunden des 13. 3. 1848 erhielt Fürst Metternich von Erzherzog Ludwig Josef, dem Vorsitzenden der Staatskonferenz, die Aufforderung, von seinem Amt zurückzutreten, da sich – ähnlich wie in Frankreich – die Gefahr eines möglichen Sturzes der Monarchie abzuzeichnen begann. Metternich begab sich nach London ins Exil. Kaiser Ferdinand versprach eine Verfassung, so dass sich die Lage vorerst etwas beruhigte. Am 20. 3. dankte der (auch persönlich diskreditierte; Lola Montez) Kg. Ludwig I. von Bayern (1786–1868) ab.

In Oberitalien wurde hingegen die Lage kritisch. Radetzky musste Mailand räumen, Venetien war nicht mehr zu halten. Die österreichischen Sekundogenituren in Parma, Modena und in Florenz mussten ihre Residenzen verlassen. Nun regten sich in Böhmen auch die Tschechen und verlangten die Gleichberechtigung. Am 25. 3. 1848 erklärte Kg. Karl Albert von Piemont-Sardinien (1798–1849) Österreich den Krieg, und in Ungarn bildete sich am 22. 3. eine liberal-nationale Regierung unter Ludwig Graf Batthyány.

Für das Kaisertum Österreich wurde am 25. 4. eine oktroyierte zentralistische Verfassung (sog. Pillersdorfsche Verfassung) proklamiert, die zwar Fortschritte brachte aber als nicht weit genug gehend abgelehnt wurde. Es kam daher im Mai zu neuerlichen Unruhen in Wien, woraufhin der Hof nach Innsbruck floh. Ende Mai wurde in Prag eine provisorische Regierung für Böhmen gebildet, Anfang Juni trafen sich dort Delegierte der slawischen Völker zu einem Slawenkongress. Die daraufhin in Prag ausgebrochene Revolution wurde von Alfred Fürst zu Windischgrätz (1787–1862) niedergeschlagen.

Mit Zustimmung des Bundestages des Deutschen Bundes versammelte sich am 31. 3. 1848 in der Frankfurter Paulskirche das von Landtagen beschickte sog. Vorparlament und beschloss die Einberufung einer Nationalversammlung nach allgemeinem und gleichem Wahlrecht. Diese konstituierte sich dann am 18. 5. und wählte am 29. 6. 1848 Erzherzog Johann (1782–1859), den Bruder von Ks. Franz, zum Reichsverweser. Dieser ernannte in der Folge eine Reichsregierung, die aber weitgehend ohne Wirkung blieb.

Inzwischen zeichnete sich mit Beginn der zweiten Jahreshälfte eine Besserung der Lage in Österreich ab. Am 22. 7. konnte der nach der Pillersdorfschen Verfassung gewählte Reichstag in Wien eröffnet werden, was vorübergehend zu einer inneren Beruhigung führte, vor allem, als für die Bauern das Untertänigkeitsverhältnis aufgehoben wurde. In Oberitalien konnte Radetzky am 25. 7. 1848 bei Custoza die Piemontesen besiegen und am 6. 8. wieder in Mailand einziehen.

Doch im September verschärfte sich die Lage in Ungarn, und Ks. Ferdinand I. verhängte über das Land den Ausnahmezustand. Gleichzeitig kam es auch in Wien zu neuerlichen Aufständen. Der zwischenzeitlich dorthin zurückgekehrte kaiserliche Hof musste sich nach Olmütz begeben. Fürst Windischgrätz konnte Ende Oktober den Widerstand in Wien niederschlagen. 24 Revolutionäre – darunter Robert Blum – wurden standrechtlich erschossen.

Ks. Ferdinand I. verlegte im November den Reichstag von Wien nach Kremsier (Kroměřiž, Mähren), der eine neue Verfassung ausarbeitete (sog. Kremsierer Entwurf). Zwischenzeitlich wurde eine neue Regierung unter der Führung von Felix Fürst zu Schwarzenberg (1800–1858) ernannt, deren Programm die Gleichberechtigung der Nationalitäten und die Gleichheit aller Bürger vorsah.

Nach der Niederschlagung der Revolutionen in Wien, Oberitalien und in Prag mussten Monarchie und Dynastie neu geordnet werden. Im Einvernehmen mit Ministerpräsident Schwarzenberg bereitete Erzherzogin Sophie (1805–1872), die Schwägerin des Kaisers, dessen Abdankung vor. Am 2. 12. 1848 versammelte sich der Wiener Hof im Erzbischöflichen Palais von Olmütz. Nach der Volljährigkeitserklärung Erzherzog Franz Josephs verzichtete dessen Vater, Erzherzog Franz Karl (1802–1878), der Bruder des Kaisers, auf sein Thronfolgerecht. Daraufhin unterzeichnete Ks. Ferdinand I. zugunsten seines Neffen Franz Joseph die Abdankung.

Ks. Ferdinand I. war in seinen 13 Jahren nur ein Schattenkaiser. Infolge seiner Krankheit war er nicht in der Lage, die Regierungsgeschäfte einer kontinentalen Großmacht zu leiten. Das besorgten andere. Seine psychische Statur wurde von Zeitgenossen freundlicherweise dadurch umschrieben, indem sie ihm den Beinamen »der Gütige« gaben. Nach seiner Abdankung lebte Ferdinand mit seiner Gemahlin Maria Anna als letzter gekrönter König von Böhmen auf dem Prager Hradschin und starb im Verhältnis zu seinen Gebrechen im relativ hohen Alter von 82 Jahren.

Kaiser Franz Joseph I.

(1848–1916)

Ks. Franz Joseph wurde am 18. 8. 1830 in Wien-Schönbrunn geboren. Seine Eltern waren Ehz. Franz Karl (1802–1878), ein Sohn von Ks. Franz II./I. (siehe oben), und Sophie Friederike von Bayern (1805–1872), eine Tochter von Kg. Maximilian I. Josef von Bayern (1756–1825). Er ehelichte 1854 Elisabeth (1837–1898), eine Tochter von Hz. Maximilian in Bayern (1808–1888). Er hatte vier Kinder, darunter Kronprinz Rudolf (1858–1889).

2. 12. 1848	Ks. von Österreich nach Abdankung Ks. Ferdinands I.
8. 6. 1867	Krönung zum Kg. von Ungarn in Budapest, St.-Matthias-Kirche
21. 11. 1916	Tod in Wien-Schönbrunn; Beisetzung in der Kapuzinergruft ebendort

Der vorzeitige Regierungsantritt beendete die Erziehung Franz Josephs, die bis dahin kaum über eine gute, der damaligen Zeit und die seines Standes angemessene Allgemeinbildung hinausging. Relativ früh zeigte er bereits sein Interesse an allem Militärischen, was mit ein Grund war, dass Ks. Franz Joseph selten ohne Uniform zu sehen war. Aufgrund des frühen Regierungsantritts war der junge Kaiser auf entsprechende Berater angewiesen, die seine Ausbildung – oder besser Bildung – auf einer anderen Ebene fortsetzten. Zu diesem Kreis gehörte in exponierter Position der noch von Ks. Ferdinand ernannte Ministerpräsident Felix Fürst zu Schwarzenberg (1800–1852).

Die Zeiten, in denen Franz Joseph die Regierung antrat, waren durch die revolutionären Ereignisse wahrlich nicht einfach. Zum ersten mussten diese beendet werden, zum zweiten waren mittelfristig die deutsche Frage und der Ausgleich mit Ungarn zu lösen. Im letzteren Fall kam es erst einmal zu einer Konfrontation, da Franz Joseph die Forderungen der Ungarn ablehnte und den ungarischen Reichstag auflöste. Das führte noch im Dezember zum Ausbruch der Revolution in Ungarn, die anfänglich erfolgreich war. Am 13. 4. 1849 wurde das Haus Habsburg in Ungarn für abgesetzt erklärt, und nahezu das ganze Land war von Aufständischen besetzt. Im Sinne der Prinzipien der Heiligen Allianz verständigte sich Franz Joseph mit dem russischen Zaren Nikolaus I. (1796–1855). Russische Verbände marschierten daraufhin in Ungarn ein, und am 13. 8. 1849 wurde die ungarische Revolutionsarmee bei Világos entscheidend geschlagen. In der Folge wurden zahlreiche Aufständische hingerichtet, darunter der ungarische Ministerpräsident Ludwig Graf Batthyány (1807–1849), andere wie Ludwig Kossuth (1802–1894) oder Julius Graf Andrassy (1823–1890) konnten hingegen fliehen. Für die Ungarn war diese demütigende Niederlage ein lange nachwirkendes Trauma.

Gleichzeitig brachen auch die Kämpfe in Oberitalien wieder auf, nachdem im März 1849 Piemont-Sardinien den Waffenstillstand kündigte. Nach zwei Siegen Radetzkys bei Novara und Mortara war aber auch diese Gefahr zumindest vorläufig gebannt.

Zur selben Zeit ging es in der deutschen Frage weiter. Nachdem die Frankfurter Nationalversammlung mit knapper Mehrheit für die kleindeutsch-preußische Lösung gestimmt, jedoch Kg. Friedrich Wilhelm IV. von Preußen (1795–1861) die ihm angebotene deutsche Kaiserkrone abgelehnt hatte, und nachdem auch der Plan Schwarzenbergs für eine großdeutsch-österreichische Lösung am Einspruch Englands und Frankreichs scheiterte, kam es am 9. 9. 1849 zwischen Ks. Franz Joseph und Kg. Friedrich Wilhelm IV. zu der Pillnitzer Vereinbarung, die aber wegen des Beharrens Preußens auf der kleindeutschen Lösung nicht hielt. Erzherzog Johann (1782–1859) trat als Reichsverweser zurück, so dass das »Experiment« der Frankfurter Paulskirchenversammlung endgültig gescheitert war. Wegen des weiter bestehenden preußisch Suprematiestrebens und eines Konflikt um das Kurfürstentum Hessen-Kassel wäre es fast zu militärischen Auseinandersetzungen zwischen Preußen und Österreich gekommen. Da Russland sowie die meisten deutschen Bundesfürsten auf Seiten Franz Josephs standen, konnte sich letztlich Österreich gegenüber Preußen durchsetzen. Am 30. 5. 1851 wurde daher in Dresden der Deutsche Bund wieder hergestellt.

Innenpolitisch wurde in Österreich jedoch ein Kurs in Richtung Neoabsolutismus eingeschlagen. Am 4. 3. 1849 wurde eine neue zentralistische Verfassung aufgezwungen (»Okroyierte Märzverfassung«), in der Ungarn wie auch Lombardo-Venetien einbezogen waren. Da der Reichstag nicht einberufen wurde, regierte der Kaiser bzw. sein Ministerium absolutistisch. Diese und andere Maßnahmen riefen in Ungarn Verbitterung und Unzufriedenheit hervor. Mit dem »Sylvesterpatent« vom 31. 12. 1851 wurde diese nur auf dem Papier bestehende oktroyierte Verfassung aufgehoben und der dynastische Absolutismus weiter ausgebaut. Am 5. 4. 1952 starb Fürst Schwarzenberg, so dass Franz Joseph nunmehr allein regieren konnte, wobei u. a. seine Mutter Erzherzogin Sophie und der Wiener Fürsterzbischof Othmar Kardinal von Rauscher (1797–1875) nicht immer einen günstigen Einfluss auf ihn ausübten. Ein Attentat eines Ungarn auf Franz Joseph am 18. 2. 1853 auf der Wiener Burgbastei, bei dem er nur leicht verletzt wurde, war für diese Zustände symptomatisch, steigerte aber seine Popularität.

Außenpolitisch kam Österreich in eine schwierige Lage. Wegen Auseinandersetzungen zwischen Russland und den rumänischen Fürstentümern Moldau und Walachei erklärte die Türkei Russland den Krieg. Österreich und Preußen verhielten sich neutral, England und Frankreich unterstützten jedoch die Hohe Pforte. Es kam zum Krim-Krieg (1853–1856), der für Russland ungünstig ausging. Im Frieden von Paris musste St. Petersburg seine Protektoratsbestrebungen über die orthodoxen Christen auf dem Balkan aufgeben. Das war zwar für Österreich günstig, weil es sich dadurch mehr Einfluss auf den Balkan erhoffte, dem jedoch von England und Frankreich widersprochen wurde. Aufgrund der neutralen Haltung Österreichs im Krim-Krieg – allerdings mit Tendenz zu den Westmächten – war das in der Heiligen Allianz grundgelegte positive Verhältnis zwischen Österreich und Russland zerrüttet. Denn 1849 hatte der Zar in Ungarn Franz Joseph geholfen, im Krim-Krieg war er nun allein gelassen worden. Damit begann eine jahrzehntelange politische Konkurrenzsituation zwischen diesen beiden Mächten über die Vorherrschaft auf dem Balkan, die letztlich im Ersten Weltkrieg mündete.

Bald nach dem Krim-Krieg brach der oberitalienische Konflikt erneut auf, da Piemont-Sardinien seine Vorreiterrolle für eine

Einigung Italiens nicht aufgegeben hatte. Dabei wurde Kg. Viktor Emanuel II. (1820–1878) von Ks. Napoleon III. (1808–1873) unterstützt. Die Wiener Regierung verhängte über die Lombardei das Kriegsrecht, und österreichische Truppen marschierten in Piemont ein. Daraufhin erklärte Frankreich am 26. 4. 1859 den Krieg. In der äußerst blutig verlaufenen Schlacht bei Solferino am 24. 6. 1859 erlitten die Österreicher eine schwere Niederlage. (Henri Dunant war Zeuge des Geschehens und gründete, davon zutiefst betroffen, das Rote Kreuz.) Im Frieden von Zürich musste die Lombardei abgetreten werden, die seit dem frühen 16. Jh. für rund 350 Jahre im Besitz der Habsburger gewesen war, zuerst bei Spanien, ab 1714 bei Österreich.

Diese außenpolitische Niederlage hatte Konsequenzen für die Innenpolitik. Mit dem »Oktoberdiplom« vom 20. 10. 1860 und dem »Februarpatent« vom 26. 2. 1861 begann nun in Österreich die Ära des Konstitutionalismus, und die Periode des Neoabsolutismus ging zu Ende. Diese Verfassungen sahen aber nach wie vor einen Einheitsstaat vor, den aber die Ungarn und zum Teil auch andere Völker ablehnten. Der Reichsrat wurde daher nur teilweise beschickt, so dass die Verfassung nicht mit Leben erfüllt werden konnte. Aber bereits 1865 gab es Anzeichen einer Aussöhnung mit den Ungarn, die nicht zuletzt auch durch Kaiserin Elisabeth in die Wege geleitet worden waren.

Inzwischen wurde die deutsche Frage wieder virulent, als 1862 Otto Graf Bismarck (1815–1898) zum preußischen Ministerpräsidenten ernannt wurde. Er war ein entschiedener Verfechter der kleindeutschen Lösung. Österreich versuchte zwar noch, im Jahr 1863 auf dem Frankfurter Fürstentag, an dem Ks. Franz Joseph persönlich teilnahm, den Deutschen Bund zu reformieren, und erhielt dabei Unterstützung von fast allen deutschen Staaten. Doch Preußen torpedierte diese Bemühungen, die – wenn sie umgesetzt worden wären – zu einem engeren, fast staatsähnlichen deutschen Staatenbund geführt hätten.

Zur selben Zeit kam es zum Konflikt mit Dänemark, das sich Schleswig-Holstein einverleiben wollte. Da Holstein zum Deutschen Bund gehörte, stellten Österreich und Preußen ein Ultimatum dagegen. Da ihren Forderungen nicht stattgegeben wurde, kam es zum Deutsch-Dänischen Krieg, der für Österreich und Preußen siegreich ausging. Österreich erhielt zur Verwaltung Holstein, Preußen Schleswig. In der Folge kam es um die weitere Zukunft von Schleswig-Holstein zu einem Konflikt zwischen Österreich und Preußen, das mit dem zwischenzeitlich entstandenen Italien ein Bündnis einging. Das führte zum Krieg des Jahres 1866. In diesem musste Österreich an zwei Fronten bestehen. Zwar blieb es gegen Italien in der Schlacht bei Custoza und in der Seeschlacht bei Lissa siegreich, aber es musste in Königgrätz gegen Preußen eine Niederlage hinnehmen.

Die Folge davon war: Österreich trat an Italien Venetien ab und schied aus dem Deutschen Bund aus. Da die meisten deutschen Staaten in diesem Krieg auf der Seite der Österreicher standen (weil sie die preußische Hegemonie fürchteten), konnte Preußen sein Staatsgebiet erheblich vergrößern: Das Königreich Hannover, das Kurfürstentum Hessen-Kassel, das Herzogtum Nassau sowie die freie Reichsstadt Frankfurt verloren ihre Unabhängigkeit und wurden Preußen angegliedert. Damit war dessen Dominanz in Deutschland unbestritten. Bismarck war einen entscheidenden Schritt näher an seine angestrebte kleindeutsche Lösung gekommen. Dazu zählte die Gründung des Norddeutschen Bundes, dem mit Ausnahme Bayerns, Württembergs, Badens und des südlichen Teils von Hessen alle anderen deutschen Staaten angehörten. Dessen Verfassung und Struktur war dann Vorbild für das spätere Wilhelminische Reich.

Innenpolitisch hatte diese Niederlage für Österreich zur Folge, dass der Ausgleich mit Ungarn nun zügig vorankam. Österreich wurde in eine Doppelmonarchie umgewandelt, bestehend aus der österreichischen und der ungarischen Reichshälfte. Diese beiden waren durch die Person des Herrschers (Personalunion) verbunden. Da aber dem Monarchen nach damaligem Verständnis die Prärogative in der Außenpolitik und beim Militär zustand, war diese Doppelmonarchie auch eine Realunion. Es gab daher u.a. je ein gemeinsames Außen- und Kriegsministerium, dessen Legitimität von der Person des Herrschers abgeleitet wurde. Darüber hinaus gab es weitere Gemeinsamkeiten, die jedoch politisch von den beiden Reichsteilen im Rahmen von paktierten Gesetzen geschaffen wurden. Dazu zählte z. B. die gemeinsame Währung sowie ein gemeinsames Zollgebiet, und damit verbunden eine gewisse gemeinsame Wirtschaftspolitik.

Dieser Dualismus schaffte aber auch Unzufriedenheiten bei

den anderen, nicht privilegierten Völkern der Donaumonarchie, etwa den Tschechen, Polen, Rumänen usw., und schuf damit die Voraussetzungen für die späteren Loslösungsbestrebungen.

Nach der Gründung des Deutschen Reiches Anfang 1871 kam es noch im Sommer desselben Jahres zu einem Treffen zwischen Ks. Franz Joseph und Ks. Wilhelm I. (1797–1888), um die Beziehungen zwischen Österreich-Ungarn und dem neuen Deutschen Reich zu normalisieren. Leiter der Wiener Außenpolitik wurde der ungarische Revolutionär der Jahre 1848/49 Julius Graf Andrassy, der einen betont prodeutschen Kurs verfolgte. Mit dem Krieg von 1870/71 endete auch eine rund 23jährige kriegerische Epoche in Europa, die zu zwei Ergebnissen geführt hatte:

Erstens wurden als Nationalstaaten Deutschland und Italien konstituiert, die bis dahin territorial zersplittert waren. Diese beiden Ereignisse führten insgesamt zu einer Epoche des Nationalismus, dessen Sprengkraft übernationale Reiche – Österreich-Ungarn, Russland und das Osmanische Reich – von innen (und von außen) fast 50 Jahre später zerstörte.

Zweitens entwickelte sich in der Folge jene Mächtekonstellation – das Bündnis der Westmächte England und Frankreich mit Russland auf der einen, das Bündnis der Mittelmächte Deutschland und Österreich-Ungarn sowie anfänglich Italien auf der anderen Seite –, die nach einer – sieht man von lokalen Konflikten ab – friedlichen Epoche von rund 43 Jahren im Ersten Weltkrieg endete und im Zweiten Weltkrieg modifiziert fortgeführt wurde.

Doch vorerst war man davon noch entfernt: Im Jahre 1873, als es in Wien, Berlin und in den USA zu einem Börsenkrach kam, wurde in Wien das Dreikaiserbündnis – ein Defensiv- und Konsultativ-Bündnis – zwischen dem Deutschen Reich, Österreich-Ungarn und Russland geschlossen. Ab 1875 kam es zu Aufständen in Bosnien-Herzegowina und Bulgarien gegen die Herrschaft der Türken, die das Problem des »kranken Mannes am Bosporus« wieder in den Vordergrund rückten. Die Folge war ein Krieg zwischen der Türkei und Russland sowie Serbien und Montenegro, der für die Hohe Pforte ungünstig verlief. Auf dem Berliner Kongress im Juni/Juli 1878, auf dem Bismarck als »ehrlicher Makler« agierte, wurde Österreich-Ungarn die Okkupation Bosnien-Herzegowinas zugesprochen. Damit verschärfte sich die Konkurrenzsituation zwischen Österreich-Ungarn und Russland auf dem Balkan weiter und zeigte, auf welchen schwachen Füßen das Dreikaiserbündnis ruhte. Die Folge war der im Oktober 1879 abgeschlossen Zweibund zwischen Berlin und Wien, der ein Defensivbündnis gegen Russland war. Dieser wurde dann 1882 mit der Hinzuziehung Italiens zum Dreibund erweitert.

Nachdem bereits 1867 Ks. Franz Joseph ein schwerer Schicksalsschlag getroffen hatte, als sein Bruder, Ks. Maximilian von Mexiko (1832–1867), erschossen worden war, traf ihn am 30. 1. 1889 ein noch schwererer Schicksalsschlag: sein Sohn Rudolf erschoss sich mit seiner Geliebten im Jagdschloss Mayerling im Wiener Wald. Die Thronfolge ging vorerst auf den Bruder des Kaisers, Erzherzog Karl Ludwig (1833–1896), über. Als dieser starb, rückte dessen Sohn, Erzherzog Franz Ferdinand (1863–1914), nach. Da dieser 1900 »morganatisch«, d. h. nicht standesgemäß, geheiratet hatte, verschlechterte sich das Verhältnis zwischen Ks. Franz Joseph und seinem präsumptiven Nachfolger zusehends, der auch politisch andere Auffassungen vertrat. Als dritten familiären Schicksalsschlag traf Franz Joseph 1898 die Ermordung seiner Frau Kaiserin Elisabeth am Genfer See.

Innenpolitisch sind in dieser Zeit drei Entwicklungen zu beobachten: Ab 1890 begannen die Tschechen, ihre nationalen Forderungen zu radikalisieren (Jungtschechen). Diese eskalierten in den sog. Badeni-Unruhen des Jahres 1897, als die Regierung unter dem polnischstämmigen Ministerpräsident Kasimir Graf Badeni (1846–1909) den Tschechen Zugeständnisse machen wollte, was aber von den Deutschen abgelehnt wurde. Zur selben Zeit formierte sich die Sozialdemokratie. Etwas später kam es zum Aufstieg der Christlichsozialen unter dem populären Wiener Bürgermeister Karl Lueger (1844–1910). Damit wurde das im Prinzip bis heute bestehende Parteiensystem in Österreich in seinen Grundzügen festgelegt. Im Mai 1907 wurde in Österreich erstmals nach dem allgemeinen und gleichen Wahlrecht (allerdings nur für Männer) gewählt, wobei die Christlichsozialen stärkste Partei wurden.

Die staatsrechtliche Annexion Bosnien-Herzegowinas durch Österreich-Ungarn im Oktober 1908 verschärfte die Lage auf dem Balkan, da Serbien mit seinen »großserbischen Träumen« entschieden dagegen war und dabei von Russland unterstützt wurde. Diese Gegensätze wurden durch die Balkankriege 1912/13 noch verstärkt. Die Ermordung des Thronfolgers Erzherzog Franz Ferdinand und seiner Gemahlin in Sarajewo am 28. 6. 1914, dem St.-Veits-Tag, war der äußere Anlass, der Funke im Pulverfass, der zum Ausbruch des Ersten Weltkriegs führte.

Österreich-Ungarns letzter Krieg hatte in den ersten beiden Jahren einen sehr wechselvollen Verlauf. An der Front gegen Russland in Galizien musste die k. u. k. Armee anfänglich bis zu den Karpathen zurückweichen. Erst im Mai 1915 gelang mit dem Durchbruch von Tarnów-Gorlice größtenteils die Rückeroberung der verlorenen Gebiete. Im Oktober 1915 wurden Serbien, Montenegro und Albanien bis zur griechischen Grenze und etwas darüber hinaus besetzt.

Als im Mai 1915 Italien Österreich-Ungarn den Krieg erklärte, musste unter behelfsmäßigen Umständen die Front in den Alpen und am Isonzo aufgebaut werden. Ab diesem Zeitpunkt befand sich Österreich in einem Zweifrontenkrieg. Und 1916 trat schließlich Rumänien in den Krieg gegen Deutschland und Österreich-Ungarn ein und konnte anfänglich Teile Siebenbürgens erobern, wurde aber später mit Hilfe deutscher Truppen zurückgeworfen. Wie überhaupt Wien in politischer, wirtschaftlicher und militärischer Hinsicht immer mehr von Berlin abhängig wurde und kaum mehr alleine entscheiden konnte.

Das war die Situation, in der sich Österreich-Ungarn im Spät-Herbst 1916 befand, als der alte Kaiser nach fast 68 Regierungsjahren und im 87. Lebensjahr stehend im Schloss Schönbrunn, dort wo er geboren worden war, am 21. 11. 1916 verstarb. Mit seinem Tod zerbrach die wichtige Klammer, die das Reich noch zusammengehalten hatte.

Sein Leben war nicht einfach gewesen und von allgemeinen wie vor allem privaten Schicksalsschlägen geprägt worden. Mit 18 Jahren, kaum dem Kindesalter entwachsen, wurde er in der unruhigen Zeit der Jahre 1848/49 Herrscher einer kontinentalen Großmacht. Innen- wie außenpolitisch häuften sich die Probleme. Er verlor die Lombardei und Venetien und musste sich als deutsche Führungsmacht verabschieden. Der Versuch eines politischen Ausgleichs auf dem Balkan misslang und führte zu einem Weltkrieg, der den »Tod des Doppeladlers« bedeutete.

Seine erste Tochter starb noch als kleines Kind, sein Bruder wurde erschossen, sein Sohn brachte sich um, seine Frau wurde erstochen und sein Neffe ermordet. Einen Monat vor seinem Tod wurde der österreichische Ministerpräsident Karl Graf Stürgkh (1859–1916) bei einem politischen Attentat von einem Sozialdemokraten erschossen. »Mir bleibt nichts erspart«, soll Franz Joseph anlässlich der Mitteilung eines dieser Unglücke gesagt haben. Ihm »erspart« geblieben ist aber durch einen für ihn gnädigen persönlichen Verlauf der Geschichte, das Ende des Habsburgerreiches erleben zu müssen.

Wie viele Habsburger sehnte sich Franz Joseph auch nach einem glücklichen Familienleben, das ihm versagt blieb. In seiner zweiten Lebenshälfte legte er die Impulsivität seiner Jugend ab, war in der Ausübung seiner Regierungsgeschäfte penibel, gewissenhaft und pflichttreu. Sein Lebensstil war eher spartanisch und einfach. Außer der Jagd, der er leidenschaftlich nachging, kannte er kein Vergnügen.

Nach all dem wundert es, dass Ks. Franz Joseph I. vor allem ab den fünfziger Jahren des 20. Jh. zu einem Mythos (vgl. der »Habsburg-Mythos in der Literatur« von Claudio Magris) – nicht zuletzt auch in den Nachfolgestaaten der Monarchie – werden konnte, der all die negativen Facetten der Geschichte seiner Regierungszeit vergessen ließ: die sozialen und nationalen Spannungen mit oft blutigen Konflikten sowie das Massensterben im Ersten Weltkrieg. An all dem trugen er und die Dynastie zumindest mittelbar Verantwortung. Doch diese franzisko-josephinische Epoche erscheint als letzter Glanz eines fast »märchenhaften« Imperiums, dem man nicht nur romantisch-nostalgisch nachtrauert, sondern dessen Fehlen ab 1918 in diesem Raum zu noch größeren Konflikten, Unterdrückungen, Morden, kriegerischen Handlungen u. a. geführt hat, die teilweise bis über die Jahrtausendwende angedauert haben. Und so leben er, aber vor allem auch seine Frau, Kaiserin Elisabeth (»Sisi«), als Ikonen in unterschiedlichen Ausformungen noch bis heute.

Kaiser Karl I.

(1916–1918)

Ks. Karl I. wurde am 17. 8. 1887 auf Schloss Persenbeug bei Ybbs/Donau geboren. Seine Eltern waren Ehz. Otto Franz Joseph (1865–1906), ein Sohn von Ehz. Karl Ludwig (1833–1896), Bruder Ks. Franz Josephs (siehe oben), sowie von Maria Annunziata von beider Sizilien (1843–1871), und Maria Josefa von Sachsen (1867–1944). Er ehelichte 1911 Zita (1892–1989), eine Tochter von Hz. Robert von Bourbon-Parma (1848–1907). Er hatte acht Kinder, darunter Otto Franz Joseph (*1912), bis 31. 12. 2006 Chef des Hauses Habsburg-Lothringen (am 1. 1. 2007 folgte ihm ältester Sohn Karl (*1961)) und von 1979–1999 Mitglied des Europäischen Parlaments, Robert von Österreich-d'Este (1915–1996) – dessen Sohn Lorenz (*1955) ehelichte Astrid (*1962), eine Tochter von Albert II. (*1934), Kg. der Belgier – und Karl Ludwig (1918–2007) – dessen Sohn Karl Christian (*1945) ehelichte Marie Astrid (*1954), eine Tochter von Ghz. Jean von Luxemburg (*1921).

21. 11. 1916	Regierungsübernahme als Ks. von Österreich und Kg. von Ungarn nach dem Tod Ks. Franz Josephs I.
30. 12. 1916	Krönung zum Kg. von Ungarn in Budapest, St.-Matthias-Kirche
11. 11. 1918	Verzicht auf den »Anteil an den Staatsgeschäften« als Ks. von Österreich
13. 11. 1918	Verzicht auf die Herrscherrechte als Kg. von Ungarn
1. 4. 1922	Tod in Funchal auf Madeira; Beisetzung in der Kirche Nossa Senhora do Monte ebendort
3. 10. 2004	Seligsprechung in Rom durch Papst Johannes Paul II. (1978–2005)

Nach der Ermordung Erzherzog Franz Ferdinands 1914 in Sarajewo ging die Thronfolge auf Erzherzog Karl über. Er war ein Großneffe Ks. Franz Josephs und der nächste Erbe, nachdem 1896 sein Großvater Erzherzog Karl Ludwig und 1906 sein Vater, Erzherzog Otto, verstorben waren. Spätestens zu diesem Zeitpunkt wusste Karl, dass er einmal Kaiser werden würde, nachdem die Nachkommen Erzherzog Franz Ferdinands von der Nachfolge ausgeschlossen waren. Dementsprechend gestaltete sich seine Erziehung.

Bei seinem Regierungsantritt sah sich Ks. Karl I. zunehmend innen- wie außenpolitischer Schwierigkeiten gegenüber. Trotzdem war er entschlossen, einen Frieden herbeizuführen. Mit Hilfe seiner Schwäger, den Prinzen Sixtus (1886–1934) und Xavier (1889–1977) von Bourbon-Parma, versuchte er, mit dem französischen Präsidenten Raymond Poincaré (1860–1934) in Kontakt zu treten, um über einen Separatfrieden zu sondieren. Im Frühjahr 1918 wurden diese Sixtus-Briefe in Frankreich veröffentlicht und führten zu entsprechenden innen- wie außenpolitischen Irritationen (sog. »Sixtus-Brief-Affäre«).

Militärisch entwickelte sich das Jahr 1917 für die Mittelmächte eigentlich günstig. Durch die Abdankung Zar Nikolaus II. (1868–1918) und die darauf folgende russische Revolution fiel die Ostfront weitgehend weg, und Kräfte konnten für die Westfront (Frankreich) und die Südwestfront (Italien) freigemacht werden. Dort gelang es im Oktober 1917 in der 12. Isonzoschlacht, den italienischen Druck auf die österreichische Grenze zu beseitigen. Die Truppen der Mittelmächte konnten bis zur Piave durchbrechen. Aber nach dem Kriegseintritt der USA gelangten frische Truppen nach Europa, die im Sommer 1918 den Engländern und Franzosen halfen, die Deutschen an der Westfront zurückzudrängen. Die militärische Lage wurde daher für die Mittelmächte immer aussichtsloser.

Ks. Karl versuchte im Oktober 1918 – viel zu spät – eine Umwandlung Österreichs- Ungarns in einen auf die Nationen gestützten Bundesstaat. Da aber Ungarn sich verweigerte, blieb das vergeblich. Nach der Reihe bildeten die einzelnen Nationen Nationalräte. Am 3. 11. 1918 wurde der Waffenstillstand mit Italien abgeschlossen. Am 11. 11. 1918 verzichtete Ks. Karl I. auf »jeden Anteil an den Staatsgeschäften«. Am 12. 11. wurde in Wien die Republik ausgerufen. Am 13. 11. 1918 verzichtete Karl für Ungarn auf seine Herrscherrechte. Beide Erklärungen waren formell gesehen aber keine Abdankungen.

Am 23. 3. 1919 gingen er und seine Familie ins Schweizer Exil. Beim Grenzübergang widerrief er seine Abdankung. Am 3. 4. 1919 wurden in Österreich die rigiden Habsburger-Gesetze beschlossen, die auch wesentliche Teile des Privatvermögens enteignete und einen Aufenthalt von Mitgliedern des Hauses Habsburg-Lothringen in Österreich nur dann erlaubte, wenn diese formell aus dem Hause austreten und einen Thronverzicht ablegen.

In Ungarn wurde ebenfalls die Republik ausgerufen. Nach einem Zwischenspiel als Räterepublik gelang es im März 1920 dem früheren k. u. k. Vizeadmiral Nikolaus von Horthy (1868–1957), formell die Monarchie wiederzuerrichten und sich als Reichsverweser zu installieren. Im März 1921 begab sich Ks. Karl inkognito nach Budapest, um von Horthy die Übergabe der Macht zu verlangen (Erster Restaurationsversuch), was dieser aber ablehnte. Im Oktober desselben Jahres unternahm er einen Zweiten Restaurationsversuch. Mit königstreuen Verbänden rückte er bis kurz vor Budapest vor, er und seine Frau Zita wurden aber durch Verrat gefangengenommen, und die kaiserliche Familie wurde auf die Insel Madeira verbannt. Am 6. 11. 1921 erklärte der ungarische Reichstag das Haus Habsburg-Lothringen für abgesetzt. Ungarn war nun ein Königreich ohne König. Karl starb wenige Monate später Anfang April 1922 in Funchal im Alter von nur 34 Jahren.

Ks. Karl war von großem Verantwortungsgefühl getragen und von tiefer Religiosität. Sein Wesen war von einer großen Menschenfreundlichkeit und Herzensgüte geprägt. Das alles sind Eigenschaften, die in einer extremen Situation wie dem Weltkrieg und in einer derart exponierten Stellung nicht immer von Vorteil waren. Hinzu kam, dass Karl nicht immer eine glückliche Hand in der Auswahl seiner Mitarbeiter hatte und stets das sagte, was er dachte. Letztendlich stand es aber nicht mehr in seiner Macht, das Ende der österreichisch-ungarischen Monarchie aufzuhalten. Damit verbunden war auch das Ende einer Dynastie, die über 650 Jahre die Geschicke des »deutschen Mitteleuropas« bestimmte und damit auch einen wesentlichen Beitrag für die »Spur Österreichs in der deutschen Geschichte« abgab.

Nach jahrzehntelangen Bemühungen wurde Ks. Karl am 3. 10. 2004 von Papst Johannes Paul II., dessen Vater unter ihm als

k. u. k. Offizier gedient hatte, in Rom selig gesprochen. Auch wenn es dazu kritische Stimmen gab, so symbolisierte dieser Akt einen Dank an das Haus Habsburg für dessen Leistungen für die katholische Kirche.

Von dem Karolinger Ks. Karl dem Großen, der in Aachen als Heiliger verehrt werden kann (siehe S. 17), bis zum letzten Habsburger Ks. Karl dem Seligen spannt sich ein Bogen von mehr als 1100 Jahren.

Kaiser Karl I.

DIE HOHENZOLLERN-KAISER (1871–1918)

Die Hohenzollern waren ursprünglich ein schwäbisches Geschlecht, ab 1191 Burggrafen von Nürnberg und seit 1415 Markgrafen und Kurfürsten von Brandenburg. Im Laufe der Zeit gelang es ihnen, durch strategischen Gebietserwerb in der Nordhälfte Deutschlands eine Vormachtstellung zu erringen. Einerseits waren es Gebiete östlich ihres Stammlandes, wie das Herzogtum Pommern und dann vor allem das Herzogtum Preußen, in dem sie dann am 18. 1. 1701 die Königswürde erlangten. Andererseits versuchten sie mit Erfolg, sich im Westen am Rhein festzusetzen: zuerst im Herzogtum Kleve bis hin zu den ökonomisch wichtigen Rheinprovinzen, die im Wiener Kongress erworben werden konnten. Nachdem im Osten das ebenfalls wirtschaftlich wichtige Herzogtum Schlesien erobert wurde, konnten infolge des Krieges von 1866 Hannover, Nassau, Hessen-Kassel, Schleswig-Holstein und Frankfurt annektiert werden.

Seit 1815 begann in Konkurrenz zu Österreich für den Hohenzollern-Staat das Vermögen, aber später auch der Wille, beim deutschen Einigungswerk entscheidend mitzuwirken. Begünstigt wurde das auch dadurch, dass sich Österreich 1815 durch seinen Verzicht auf Vorderösterreich sowie die Niederlande und seine Hinwendung nach Italien von Deutschland abzukehren schien. Damit fiel Preußen eine gewisse Prärogative zu, die bereits 1833/34 zu dem von ihm geschaffenen Deutschen Zollverein führte.

In den revolutionären Jahren 1848 bis 1850 zeigte sich, dass Österreich stärker in Italien und Ungarn involviert war. Das Frankfurter Paulskirchenparlament trug Kg. Friedrich Wilhelm IV. von Preußen (1795–1861) die Kaiserkrone an, weil eine großösterreichische/großdeutsche Lösung mit dem Habsburger-Reich letztlich nicht möglich war. Nicht zuletzt in der Person Otto Graf von Bismarcks (1815–1898) gelang es Preußen nach 1850, die »deutsche Frage« in seinem, d. h. kleindeutschem

Sinne zu lösen. Die Kontroverse um die schleswig-holsteinische Frage war der Auslöser für den Krieg von 1866, in dem Österreich militärisch unterlag. Damit war der Weg zu einem halbfertigen, preußisch-kleindeutschen Nationalstaat frei.

Dieses neue Deutsche Reich war jedoch formal ein Bundesstaat, bestehend aus überwiegend Monarchien aber auch aus Republiken (Hamburg, Bremen und Lübeck). Daher war das Deutsche Reich von 1871 streng genommen keine Monarchie. Es war ein Bundesstaat, in dem Preußen, bzw. dessen König, das Präsidium innehatte. Für diesen »Bundespräsidenten« wurde der Titel »Deutscher Kaiser« eingeführt. Mit den nun eingeführten Bezeichnungen »Deutsches Reich« und »Deutscher Kaiser« wollte man aber keineswegs sich in der Kontinuität des 1806 untergegangen »alten Reiches« sehen, obwohl die heraldisch eingeführte neue Kaiserkrone (die es aber in Wirklichkeit nie gegeben hat) eine starke Ähnlichkeit mit der Wiener Reichskrone aufwies. In dieser Konsequenz wurde die Zählung bei diesen drei Hohenzollern-Kaisern nach der bei den Königen von Preußen vorgenommenen. Hätte man sich als Fortsetzung des »alten Reiches« verstanden, dann hätte Ks. Friedrich III. (siehe S. 210) die Zählung IV. bekommen müssen. Man war also lediglich nur bestrebt, den Nimbus, der sich mit Begriffen wie Reich und Kaiser verband, für die Festigung des jungen Bundesstaates der Deutschen zu nutzen.

In diesem neuen deutschen Nationalstaat dominierte rein statistisch-geographisch und in der Folge vor allem auch wirtschaftlich das Königreich Preußen (64,5 Prozent der Fläche und 61,5 Prozent der Einwohner des Deutschen Reiches nach der Volkszählung von 1905). Infolge der Militärkonventionen, die Preußen mit den übrigen Bundesstaaten abschloss, war mit Ausnahme Bayerns das »deutsche« Heer eigentlich ein »preußisches« Heer. Daher wird nicht zu unrecht häufig kommentiert, dass das Deutsche Reich, auch »Wilhelminisches Reich« genannt, eigentlich eine Fortführung Preußens in einer größeren Dimension war. Der nach der Verfassung von 1871 bundesstaatliche Charakter dieses Reiches geriet zunehmend in den Hintergrund, und vor allem unter Ks. Wilhelm II. (siehe S. 211f.) trat die Person des Kg. von Preußen als »Deutscher Kaiser« stärker in den Vordergrund, so dass das Deutsche Reich in der Außen- wie Binnenwahrnehmung als Monarchie aufgefasst wurde.

Kaiser Wilhelm I.

(1871–1888)

Ks. Wilhelm I. wurde am 22. 3. 1797 in Berlin geboren. Seine Eltern waren Kg. Friedrich Wilhelm III. (1770–1840) von Preußen und Luise (1776–1810), eine Tochter Hz. Karls II. von Mecklenburg-Strelitz (1741–1816). Er ehelichte 1829 Augusta (1811–1890), eine Tochter von Ghz. Karl Friedrich von Sachsen-Weimar-Eisenach (1783–1853). Er hatte zwei Kinder, darunter Ks. Friedrich III. (siehe unten).

7. 10. 1858	Prinzregent von Preußen für seinen Bruder Kg. Friedrich Wilhelm IV.
2. 1. 1861	Kg. von Preußen nach dem Tod Kg. Friedrich Wilhelms IV.
18. 10. 1861	Selbstkrönung zum König von Preußen in der Schlosskirche von Königsberg
18. 1. 1871	Proklamation zum Deutschen Ks. in Versailles
9. 3. 1888	Tod in Berlin; Beisetzung im Mausoleum im Schlosspark Berlin-Charlottenburg

Prinz Wilhelm war seit dem Herbst 1857 mit der Stellvertretung seines älteren und kinderlosen Bruders Kg. Friedrich Wilhelm IV. (1795–1861), dem »Romantiker auf dem Königsthron«, betraut und ab 7. 10. 1858 offiziell Prinzregent. In seinen ersten Ansprachen glaubte man, einen liberalen Systemwechsel, eine neue Ära herauslesen zu können. Doch letztlich war sein Verständnis vom Gottesgnadentum ebenso ausgeprägt wie das seines Bruders, dem er Anfang 1861 offiziell nachfolgte. So krönte er sich selbst in der Königsberger Schlosskirche, dem Ort der ersten preußischen Königskrönung. Der bürgerliche Liberalismus war davon enttäuscht.

Kg. Wilhelm I. war mit der Übernahme der Regierungsgewalt kein anderer geworden. Wohl war er weitaus sachlicher und realistischer, hatte aber auch die Überzeugung, dass dem König im Staat eine ausschlaggebende Rolle gebührt. Die Liberalen und die öffentliche Meinung, die das Ende der Reaktion herbeiwünschten, ließen sich offenbar täuschen. Diese »Getäuschten« sammelten sich in der linksliberalen Deutschen Fortschrittspartei, die bei den Wahlen zum preußischen Abgeordnetenhaus im Dezember 1861 ein Drittel der Mandate erzielen konnte. Die Folge war, dass 1862 kein Budget beschlossen werden konnte und bei neuerlichen Wahlen die Deutsche Fortschrittspartei weiter an Boden gewann. Streit gab es vor allem bei der Heeresreform, bei der Kg. Wilhelm I. nicht nachgab und sogar mit den Gedanken spielte, zurückzutreten. In dieser Situation schlug der Kriegsminister dem König vor, den damaligen preußischen Gesandten in Paris, Otto Graf von Bismarck (1815–1898), zum Ministerpräsidenten zu ernennen. Wilhelm I. hegte gegenüber ihm aber Vorurteile. Bereits 1848 hatte er, als man Bismarck für ein Ministeramt vorgeschlagen hatte, bemerkt: »Nur zu gebrauchen, wenn das Bajonett schrankenlos waltet.«

Doch Kg. Wilhelm I. blieb keine andere Wahl. Bismarck war als einziger bereit, auch ohne Budget zu regieren und den Kampf um die Heeresorganisation durchzustehen. Er versicherte Wilhelm I., »lieber mit dem Könige untergehen, als Eure Majestät im Kampfe mit der Parlamentsherrschaft im Stiche lassen«. Wilhelms Ehefrau Augusta, aufgewachsen im relativ offenen, liberalen Milieu Weimars, versuchte vergeblich, die Ernennung Bismarcks zu verhindern, und hatte es später niemals aufgegeben, dessen Politik zu bekämpfen. Doch dieser hatte es verstanden, das unbedingte Vertrauen des Königs zu gewinnen und auch zu erhalten.

Das nützte ihm dann 1866 nach der Niederlage Österreichs. Kg. Wilhelm I. hat es damals für selbstverständlich gehalten, im Rahmen der Friedensverhandlungen an Österreich Gebietsforderungen zu stellen, und war darin zuerst unerbittlich. Er sprach von Schuld und der Strafe, die den Besiegten treffen sollte. Bismarck riet hingegen zu äußerster Mäßigung, weil er das auf Gleichgewicht in Europa bedachte Frankreich und ein Eingreifen Russlands fürchtete. Es kam deswegen fast zu einem Eklat zwischen dem König und seinem Ministerpräsidenten. Doch konnte der Kronprinz, der spätere Ks. Friedrich III. (siehe unten), obwohl kein Freund Bismarcks, die Situation retten, indem er seinen Vater umstimmen konnte. Hingegen schreckte Wilhelm I. aus Legitimitätsgründen vor den von Bismarck als notwendig erachteten Annexionen Hannovers, Kurhessens, Nassaus und Frankfurts zurück, mit denen Bismarck eine Landbrücke zu den Westprovinzen Preußens erhalten wollte.

Die Nachfolge auf dem verwaisten spanischen Thron war in der Folge für Bismarck die passende Gelegenheit, Frankreich zu reizen und von Mitteleuropa abzulenken. Von ihm wurde dafür Erbprinz Leopold von Hohenzollern-Sigmaringen (1835–1905) von der katholischen Linie der Hohenzollern ins Spiel gebracht, deren Fürstentum sich 1848 an Preußen angeschlossen hatte. Für Frankreich war ein solches Ansinnen eine Provokation und erinnerte natürlich frappant an die Umklammerung durch das Haus Habsburg zwischen 1500 und 1700. Angestoßen von Wilhelm trat dann der Erbprinz von seiner Kandidatur zurück. Doch Paris wollte den zu einer Kur in Bad Ems weilenden König zu einer Erklärung drängen, dass er eine neuerliche Kandidatur seines Hauses nicht zulassen werde, was er aber höflich, aber bestimmt ablehnte. Er setzte über diesen Vorgang Bismarck in Kenntnis, der darüber die »Emser Depesche« derart geschickt in die Öffentlichkeit lancierte, als sei der französische Gesandte vom König zurechtgewiesen worden. Das konnte Frankreich nicht hinnehmen und erklärte Preußen am 19. 7. 1870 den Krieg.

Kg. Wilhelm nahm wie 1866 persönlich am Kriegsschauplatz in seiner Eigenschaft als Oberbefehlshaber teil und unterstützte die Politik Bismarcks mit dem Ziel eines baldigen Waffenstillstandes, um das Eingreifen dritter Mächte zu verhindern. Der Waffenstillstand wurde am 28. 1. 1871 abgeschlossen. Inzwischen kam es aufgrund von bereits Ende 1870 stattfindenden Verhandlungen zu einem Beitritt der am Krieg beteiligten süddeutschen Staaten zum Norddeutschen Bund, womit der Gründung eines Deutschen Reiches nichts mehr im Wege stand. Dass dem Kg. von Preußen die Kaiserwürde zustand, stand außer Zweifel. Nicht zuletzt infolge finanzieller Zuwendungen konnte es arrangiert werden, dass Kg. Ludwig II. von Bayern (1845–1886), nach dem Kg. von Preußen der nächst bedeutende Inhaber eines deutschen Thrones, Wilhelm I. den Kaisertitel antrug. So kam es dann zur Kaiserproklamation am 18. 1. 1871 in Versailles, genau 170 Jahre nach der ersten preußischen Königskrönung in Königsberg.

Wilhelm verstand es recht bald, nicht zuletzt durch seine würdige Erscheinung, die an den späteren Ks. Franz Joseph erinnert, die Zuneigung aller Deutschen zu gewinnen, auch die der Menschen aus dem Süden des Reiches, die ihm anfänglich durchaus distanziert gegenüber standen. Als Beispiel für diese anfängliche Distanz vor allem im katholischen Süden Deutschlands möge nur ein Flugblatt aus dem ehemals österreichischen Breisgau aus der Jahreswende 1870/71 dienen, worin stand: »Herr Bismarck, Herr Bismarck, wir gehen nicht nach Berlin, es gibt nur eine Kaiserstadt, und die ist Wien!«

Außenpolitisch war Ks. Wilhelm I. anfänglich auf einem Kurs der Dankbarkeit gegenüber Russland, das sich in der Zeit zwischen 1864 und 1870/71 gegenüber Preußen wohlwollend neutral verhielt. Doch unmissverständlich standen er und Bismarck in Treue zu Österreich-Ungarn. Dadurch kam es in der Balkanfrage ab Ende 1876 zu einer Entfremdung von Russland. Das verschärfte sich noch 1878 beim Berliner Kongress, als Bismarck als »ehrlicher Makler« Österreich unterstützte, um so auch die deutschen Interessen wahren zu können. Dadurch kam es, ähnlich wie 1866, zu einem grundlegenden Konflikt zwischen ihm und Wilhelm, der aus verwandtschaftlichen und anderen Gründen für den Zaren eintrat. Doch verstand es Bismarck auch diesmal, die Unterstützung des Kronprinzen, der preußischen Regierung und des Generalstabes zu bekommen, so dass Ks. Wilhelm I. nachgeben musste. Damit war der Weg für den 1879 abgeschlossenen Zweibund mit Österreich-Ungarn frei.

In der Innenpolitik war Ks. Wilhelm I. nicht gerade glücklich, dass sich Bismarck ab 1867 parlamentarisch auf die Nationalliberalen stützte. Dazu war er zu konservativ und zu christlich geprägt. Auch hatte er Vorbehalte gegen den von Bismarck Anfang der siebziger Jahre angezettelten Kulturkampf gegen die katholische Kirche und den Politischen Katholizismus. Daher wurde das Ende der Zusammenarbeit mit den Nationalliberalen im Jahr 1878 von Ks. Wilhelm I. im Grunde begrüßt, ebenso die ab 1880 einsetzende Milderung des Kulturkampfes.

Persönlich war Ks. Wilhelm bescheiden und lebte seinen Untertanen vor, was man im Nachhinein als preußische Tugenden bezeichnete, auch das Pflichtbewusstsein. In deren rücksichtloser Erfüllung hat er sich bei der Grundsteinlegung des Nord-

Ostsee-Kanals, der dann den Namen Kaiser-Wilhelm-Kanal erhalten sollte, eine Krankheit zugezogen, der er am 9. 3. 1888 fast 91jährig erlag.

Kaiser Friedrich III.

(1888)

Ks. Friedrich III. wurde am 18. 10. 1831 in Potsdam geboren. Seine Eltern waren Ks. Wilhelm I. und Augusta von Sachsen-Weimar-Eisenach (siehe oben). Er ehelichte 1858 Victoria (1840–1901), eine Tochter von Kg. Victoria von England (1819–1901) und Albert von Sachsen-Coburg und Gotha (1819–1861). Er hatte acht Kinder, darunter Ks. Wilhelm II. (siehe unten) und Sophie (1870–1931), Ehefrau von Kg. Konstantin I. von Griechenland (1868–1923).

9. 3. 1888	Deutscher Ks. und Kg. von Preußen nach dem Tod seines Vaters Ks. Wilhelm I.
15. 6. 1888	Tod in Potsdam; Beisetzung in der Friedenskirche ebendort

Als Ks. Friedrich III. als 57jähriger das Erbe seines Vaters nach 30jähriger Kronprinzenzeit antrat, war er bereits vom Tode gezeichnet. Er hatte Kehlkopfkrebs und war nach einer Stimmbandoperation stumm. Auf ihn richteten sich aber trotzdem die Hoffnungen einer deutsch-liberalen Generation, die u. a. in Opposition zur Politik Bismarcks stand. Der Kaiser machte sich zwar mit Interesse und Eifer an die Arbeit, aber war doch zu sehr behindert, als dass er den selbst und von den ihn unterstützenden Kreisen erwünschten Kurswechsel herbeiführen konnte. »Hätte der Kaiser, wenn er gesund auf den Thron gelangt wäre, liberal regiert und ein liberales Kabinett, ein ‚Ministerium Gladstone' berufen…?« (Peter Mast) Wir wissen es nicht. Doch bleibt die Gewissheit, dass unter einem gesunden und vitalen Ks. Friedrich III. mit einer angenommenen Regierungszeit von rund 25 Jahren (oder gar mehr), also bis an den Vorabend jenes Ereignisses, durch in »Europa die Lichter« ausgingen, die deutsche, aber vor allem auch die europäische Geschichte möglicherweise anders verlaufen wäre.

Friedrich Wilhelm, wie er eigentlich hieß, war zwar eine stattliche Erscheinung und ein guter Soldat, aber er war kein Haudegen. Er war ruhig und ausgeglichen, freundlich und liebenswürdig. Aber es fehlte ihm oft am eigenen kritischen Urteil, so dass andere – stärkere Persönlichkeiten – auf ihn leicht Einfluss nehmen konnten. Dazu zählten u. a. seine Mutter und seine Gemahlin, die ihn zu einer liberalen, englischen Denkungsart brachten.

Nach der Reichsgründung verbesserte sich das anfänglich kritische Verhältnis zwischen ihm und Bismarck. Er erkannte dessen besonderen Leistungen für das Haus Hohenzollern und Deutschland an. Die 99 Tage seiner Regierung waren viel zu kurz, um Spuren in der Innen- und Außenpolitik zu hinterlassen. Zurück bleibt in der historischen Erinnerung ein Bild von unerfüllten Möglichkeiten und Chancen.

Kaiser Wilhelm II.

(1888–1918)

Ks. Wilhelm II. wurde am 27. 1. 1859 in Berlin geboren. Seine Eltern waren Ks. Friedrich III. und Victoria von England (siehe oben). Er war zweimal verheiratet: ab 1881 mit Auguste Viktoria (1858–1921), einer Tochter von Hz. Friedrich VIII. von Schleswig-Holstein-Sonderburg-Augustenburg (1829–1880), und 1921 mit Hermine (1887–1947), einer Tochter von Ft. Heinrich XXII. von Reuß ä. L. (1845–1902) und verwitweten Prinzessin von Schönaich-Corolath. Er hatte sieben Kinder, darunter Kronprinz Wilhelm (1882–1951) und Viktoria Luise (1892–1980), Ehefrau von Hz. Ernst August zu Braunschweig und Lüneburg (1887–1953). Chef des Hauses Hohenzollern nach dem Ableben von Kronprinz Wilhelm war zuerst dessen Sohn Louis Ferdinand (1907–1994). Nachdem dessen gleichnamiger Sohn Louis Ferdinand (1944–1977) verunglückt war, wurde ab 1994 wiederum dessen Sohn Georg Friedrich (*1976) Chef des Hauses. Darüber hinaus heiratete kein Nachkomme Ks. Wilhelms II. in ein regierendes Haus ein.

15. 6. 1888	Deutscher Ks. und Kg. von Preußen nach dem Tod seines Vaters Friedrich III.
9. 11. 1918	Abdankung als Deutscher Ks. und Kg. von Preußen
4. 6. 1941	Tod in Haus Doorn (Niederlande); Beisetzung im dortigen Mausoleum

Ks. Wilhelm II. war gerade 29 Jahre alt, als er an die Regierung kam. Sein Vater taxierte ihn ein Jahr vor seinem Tod noch als »unerfahren«, behaftet mit »mangelnder Reife« und einem »Hang zur Überhebung wie zur Überschätzung«. Und so war Wilhelm II. von unbändigem Tatendrang, als er den Thron bestieg, und wollte sich eigentlich bald des Reichskanzlers Bismarck entledigen, den er für hinderlich hielt. Zum ersten offenen Ausbruch kam der Gegensatz zwischen Kaiser und Kanzler in der sozialen Frage. Wilhelm II. wollte nicht bei den bereits geschaffenen Sozialgesetzen (1883 Krankenversicherung, 1884 Unfallversicherung) stehen bleiben, sondern mehr an sozialer Sicherheit durchsetzen. Bismarck sah darin eine Einschränkung der Wettbewerbsfähigkeit der deutschen Wirtschaft. Wilhelm hatte wiederum den Ehrgeiz, ein »soziales Königtum« zu gründen. Im Nachhinein ist Wilhelm dabei sicherlich ein historisch richtiges Gespür zu attestieren, während der alternde Bismarck (1815–1898) nicht immer glücklich in der Kommunikation mit seinem Kaiser und König agierte.

Die Stellung Bismarcks verschlechterte sich zunehmend, so dass dieser sogar an eine Aufhebung des allgemeinen Wahlrechts für den Reichstag dachte, während Wilhelm II. betonte, mit diesem regieren zu wollen. Der Bruch war jedoch inzwischen irreparabel geworden, so dass Bismarck seinen Rücktritt einreichte, der am 20. 3. 1890 auch angenommen wurde. Ks. Wilhelm II. beabsichtigte nun, ein »persönliches Regiment« zu führen, und ernannte Leo Graf von Caprivi (1831–1899), einen General, zum Kanzler, weil er glaubte, dieser sei ihm gegenüber willfähriger.

Die Persönlichkeit Ks. Wilhelms II. erwies sich als konzentrationsunfähig und war sprunghaft. Er war in seiner Struktur auch von gegensätzlichen Charaktereigenschaften geprägt, so stand Realismus oft gegen Selbsttäuschung, Rücksicht neben Taktlosigkeit. Hinzu kamen noch Minderwertigkeitskomplexe infolge seines verkürzten Armes und seiner teils verkrüppelten linken Hand, die bei einer schweren, komplizierten Geburt entstanden war. »Zu seiner Unsicherheit, die er ständig zu überspielen suchte, trat seine Unreife im Menschlichen wie im Sachlichen … Dieser Mangel an innerer Gefestigkeit ließ ihn das entbehren, was Bismarck vor allem an ihm vermisste: Augenmaß.« (Peter Mast)

Nachdem die sozialpolitischen Maßnahmen (1890/91 Arbeiterschutzgesetzgebung, wie u. a. Begrenzung der täglichen Arbeitszeit, Verbot von Kinderarbeit) nicht wie erhofft zu einem Stimmungsumschwung bei der Arbeiterschaft geführt hatte war der Elan des Kaisers auf diesem Gebiet bald erlahmt. Im Gegenteil, das 1890 nicht mehr verlängerte Sozialistengesetz wollte er nach dem Erfurter Parteitag der SPD 1891 durch ein Ausnahmegesetz ersetzt wissen, was Reichskanzler Caprivi noch verhindern konnte. Dieser wollte, gestützt auf (durchaus wechselnde) Mehrheiten im Reichstag, regieren, was aber Wilhelm suspekt war. Daher wurde er 1894 durch Chlodwig Fürst Hohenlohe-Schillingsfürst (1819–1901) als Reichskanzler ersetzt, der seine Aufgabe im Wesentlichen darin sah, Ks. Wilhelm II. von den gröbsten Missgriffen abzuhalten. Es kam in der Innenpolitik zu keiner reaktionären Wende, was weitgehend auf das Erstarken der Zentrumspartei zurückzuführen war. So gab es z. B. bis 1906 weitere sozialpolitische Maßnahmen.

Aber Wilhelm II. interessierte sich nun hauptsächlich für die Außenpolitik und entwickelte den Ehrgeiz, das Deutsche Reich aus seiner mitteleuropäischen Enge zur Weltgeltung zu führen, die sich mit England messen könnte. Er ließ den Standpunkt Bismarcks, Deutschland sei »saturiert«, hinter sich und wusste sich dabei mit einem Großteil des deutschen Bürgertums eins. Die Risiken einer Mittellage verlor man dadurch zunehmend aus dem Auge. Dazu zählte 1890 die Nicht-Erneuerung des Rückversicherungsvertrages mit Russland, wodurch dessen Annäherung mit Frankreich begünstigt wurde. 1895/96 kam es wegen der emotionalen Unterstützung Wilhelms II. für die Burenrepublik in Südafrika (Krügerdepesche) zu einer tiefen Missstimmung in England, wo man über dessen Haltung – er war schließlich der Enkel der Kgn. Victoria – empört war. Die Folge war eine Annäherung Englands an Frankreich. Die Marokko-Krise 1905, wo sich Wilhelm II. persönlich nach Tanger begab, hätte beinahe zum Krieg geführt und brachte Frankreich und England noch enger zusammen.

Auch wenn es Ks. Wilhelm oft nicht so meinte, wie auch dokumentiert ist, so hat er doch durch zahlreiche fahrlässige Ausdrucksweisen und eindeutige außenpolitische Missgriffe Empörung erregt. Insbesondere seine Flottenpolitik musste England herausfordern und weitere Versuche, sich mit London zu verständigen, unmöglich machen. Dazu zählte u. a. Wilhelms Interview, das am 28. 11. 1908 im »Daily Telegraph« erschien und seine politische Instinktlosigkeit und Naivität enthüllte, etwa mit der Bemerkung, in Deutschland gäbe es – im Gegensatz zu ihm – eine weit verbreitete englandfeindliche Stimmung. Dieses Interview führte auch zu einer innenpolitischen Krise (Daily-Telegraph-Affäre), weil der Text zwar dem Auswärtigen Amt zur Prüfung vorgelegen hatte, nicht aber dem seit 1900 amtierenden Reichskanzler Bernhard Fürst von Bülow (1849–1929), der gerade auf Urlaub weilte. Im Reichstag kam es deswegen zu einer erregten Debatte, bei der sich der Reichskanzler auf Wilhelms Seite stellen musste. Ein Jahr später – nach Abflauen der Annexionskrise (Bosnien-Herzegowina) – trat dann Reichskanzler von Bülow zurück, offiziell weil die Finanzreform gescheitert war, tatsächlich aber, weil er das Vertrauen des Kaisers verloren hatte.

Auch wenn Ks. Wilhelm II. in der Innen- wie Außenpolitik meistens keine glückliche Rolle spielte, so waren seine durchaus bleibenden Förderungen auf dem Gebiet der Wissenschaft beachtenswert. So wurde auf seine Initiative 1911 »Die Kaiser-Wilhelm-Gesellschaft zur Förderung der Wissenschaften« gegründet, die sich heute »Max-Planck-Gesellschaft« nennt.

Im Jahr 1913 feierte der 53jährige Ks. Wilhelm sein 25jähriges Regierungsjubiläum. Im selben Jahr ehelichte seine jüngste Tochter Viktoria Luise Prinz Ernst August, den Erben des Herzogtums Braunschweig. Mit dieser Hochzeit fand eine Versöhnung zwischen Hohenzollern und den Welfen statt, die Wilhelm am Herzen lag. Unter den Hochzeitsgästen fand man Kg. Georg V. von England (1865–1936) und Zar Nikolaus II. von Russland (1868–1918). »Es war, als ob sich das monarchische Europa ein Abschiedsfest gäbe.«

Ein Jahr später fielen die Schüsse von Sarajewo. In dieser Julikrise zeigte sich wiederum die persönliche Ambivalenz Wilhelms. Zuerst heizte er die Stimmung an, gebrauchte im Hinblick auf Österreich das Wort von der »Nibelungentreue« und brachte damit die Wilhelmstraße (Reichskanzlei, Auswärtiges Amt) auf Kriegskurs. Von dort wurde er aber zur Beruhigung zu seiner jährlichen Nordlandfahrt geschickt. Nach seiner Rückkehr – als alles bereits auf Krieg hinauslief – merkte er nach Kenntnisnahme der serbischen Antwortnote an, eigentlich hätte »der Gieslingen [k. u. k. Gesandter in Belgrad, Anm. d. Verf.] nicht abreisen brauchen«. Doch inzwischen war ein Mechanismus in Gang gekommen, der weder von den Politikern, noch geschweige den Monarchen, die nun die verwandtschaftliche Karte auszuspielen versuchten, aufgehalten werden konnte.

Anfang August 1914 trat Wilhelm II. noch einmal in den Mittelpunkt, als er den innenpolitischen Burgfrieden einforderte: »Ich kenne keine Parteien mehr!« Am 16. 8. begab er sich ins Große Hauptquartier. Nun begann das Phänomen, dass der Kaiser, der zu Beginn seiner Regierung noch vom »persönlichen Regiment« gesprochen hatte, zunehmend an Bedeutung verlor. Das Militär dominierte, auch gegenüber der Politik. Der seit 1909 amtierende Reichskanzler Theobald von Bethmann Hollweg (1856–1921) erwies sich in dieser Lage als zu schwach. Der Erste Weltkrieg, am Beginn des modernen Massenzeitalters, entfesselte politische Kräfte von ungeheurer Dynamik, die ein einzelner Monarch nicht mehr zu bändigen vermochte. Versuche, durch die Ernennung des katholischen Reichskanzlers Georg Graf Hertling (1843–1919) im Jahr 1917, die Regierung im Reich zu parlamentarisieren (was im Herbst 1918 – viel zu spät – auch verfassungsmäßig geschah) und 1918 das preußische Dreiklassenwahlrecht abzuschaffen, änderten nichts mehr am Ausgang.

Militärisch gesehen gelangen den einen Zwei- bzw. eigentlich einen Mehrfrontenkrieg führenden Mittelmächten anfänglich und fast bis 1918 durchaus einzelne Erfolge. Die Deutschen waren im Westen zuerst in der Offensive und konnten nach der Besetzung Belgiens den Krieg nach Nordfrankreich tragen. Der aber erstarrte dort im Spätherbst 1914 zu einem Stellungskrieg mit großen Verlusten auf beiden Seiten (»Im Westen nichts Neues«), Symbol dieses sinnlosen Ringens war zweifelsohne die Schlacht um Verdun 1916. Nach einem Anfangserfolg im März

1918, machte sich aber bei den Deutschen im Sommer zunehmend Kriegsmüdigkeit jeglicher Art bemerkbar.

Im Ostpreußen gelang es im August 1914 Hindenburg, die Russen bei Tannenberg entscheidend zu schlagen, so dass dort und ab Mai 1915 auch in Galizien die russische Gefahr mehr oder minder gebannt war. Mit der russische Revolution im Herbst 1917 und dem Frieden von Brest-Litowsk im März 1918 war die Ostfront praktisch erledigt.

Auf dem Balkan gelang es 1915/16 durch die Besetzung Serbiens, Montenegros, Albaniens und Rumäniens nach dessen Kriegseintritt eine ungefährdete Verbindung zwischen den vier Verbündeten Deutschland, Österreich-Ungarn, Bulgarien und der Türkei herzustellen.

Der Eintritt Italiens im Mai 1915 brachte zuerst für Österreich ziemliche Probleme, jedoch wurde in elf Isonzoschlachten ein Durchbruch der Italiener verhindert. Im Oktober 1917 konnten die Truppen der Mittelmächte bis an die Piave vorstoßen und damit den Druck an dieser Südwestfront, die so begradigt wurde, beseitigen.

Im August 1918 erklärte die Oberste Heeresleitung unter Hindenburg die Fortführung des Krieges für aussichtslos. Am 3. 10. wurde Prinz Max von Baden (1867–1929) zum letzten Kanzler des Kaiserreiches ernannt, womit jener Prozess eingeleitete wurde, der zum Waffenstillstand vom 12. 11. 1918 führte.

Nachdem bereits am 7. 11. die Revolution in München ausgebrochen war (Abdankung Kg. Ludwigs III.), wurde auch in Berlin die Situation für Ks. Wilhelm aussichtslos. Die Tragik des 9. 11. 1918 lag nun darin, dass Reichskanzler Prinz Max von Baden die Abdankung Wilhelms verkünden ließ, ohne dass diese formal von ihm bereits vollzogen worden war. Am nächsten Tag ging er nach Holland ins Exil, wo ihm Asyl gewährt wurde. Damit endete die Herrschaft der Hohenzollern in Preußen, die im Jahr 1415 mit der Belehnung mit der Markgrafschaft Brandenburg begonnen hatte, und im Deutschen Reich, wo sie mit dessen Gründung 1871 begonnen hatte. Er verbrachte sein Exil in Haus Doorn, wo er in der Illusion befangen war, seinen Thron zurückerlangen zu können.

DER WEG DES »DEUTSCHEN MITTELEUROPAS«

Das Deutsche Reich musste 1919 im Frieden von Versailles nicht unerhebliche Gebiete (Elsass-Lothringen, Eupen-Malmedy, Nord-Schleswig, den größten Teil Westpreußens, Posen, Danzig, Ost-Oberschlesien; dann auch die Kolonien) abtreten, doch konnte im Prinzip die kleindeutsch-borussische Konzeption des Wilhelminischen Reiches unter nunmehr republikanischen Vorzeichen fortgesetzt werden. Österreich-Ungarn hingegen wurde durch die Friedensverträge von St. Germain und Trianon aufgelöst (dismembriert). Der Rest Österreichs bestand lediglich aus den deutschsprachigen Kronländern, allerdings mit folgenden Einschränkungen: Entgegen der 14-Punkte des US-Präsidenten Woodrow Wilson, die u. a. das Selbstbestimmungsrecht der Völker forderten, mussten das deutschsprachige Südtirol abgetreten werden sowie die deutschsprachigen Gebiete Böhmens, Mährens und Schlesien bei der neu gegründeten Tschechoslowakei verbleiben. Dafür kam das deutschsprachige West-Ungarn (Burgenland) zu Österreich. Aber abgesehen davon gab es noch viele weitere deutschsprachige Gebiete oder Sprachinseln in Ungarn, Rumänien, Jugoslawien und im Innern der Tschechoslowakei.

Nach einer Statistik aus dem Jahr 1932 hatte damals das Deutsche Reich rd. 65 Millionen Einwohner, Österreich rd. 7 Millionen, zusammen also rd. 72 Millionen. Durch die genannten Friedensverträge befanden sich aber rd. 3,6 Millionen Deutsche, die auf dem Gebiet des Wilhelminischen Reiches gewohnte hätten, außerhalb der Weimarer Republik. Und außerhalb der Republik Österreich in den Grenzen von 1919 befanden sich damals 5,8 Millionen Deutsche, die ansonsten innerhalb der Grenzen Österreich-Ungarns gelebt hätten. Zusammen waren das 9,4 Millionen, oder anders ausgedrückt: 11,6 Prozent der deutschen Bevölkerung des Wilhelminischen Reiches und Österreich-Ungarns lebte nunmehr außerhalb der beiden Nachfolgestaaten.

Hinzu kam, dass nach 1918 in einer demokratischen Anschlussbewegung der weitaus größte Teil der österreichischen Bevölkerung für einen Anschluss an Deutschland war, der jedoch von den Siegermächten verhindert wurde. Dass dadurch ein politischer Sprengsatz entstand, darf nicht wundern. Die Übergehung der Wünsche der Bevölkerung war *eine* der Ursachen dafür, dass der Nationalsozialismus bei großen Teilen der Bevölkerung Zuspruch fand.

Die ab 1938 erfolgte außenpolitische Radikalisierung des NS-Regimes zielte zuerst auf die »Rückgewinnung« deutscher Gebiete ab. Neben Österreich wurde das mit dem Sudetenland und ab 1939/1940 mit jenen Gebieten erreicht, die 1918/19 an Polen, Frankreich und Belgien abgetreten werden mussten. Aber dieses »Großdeutschland« zeigte in erschreckendem Maße, dass ein »deutsches Mitteleuropa« unter einheitlicher, zentraler und dazu noch verbrecherisch-diktatorischer Führung zu einer »kritischen« Masse für den Weltfrieden werden konnte.

Die Katastrophe des Jahres 1945 bedeutete jedoch die Chance für einen Neubeginn mit langfristiger Wirkung. Die Grenzen der nunmehr vereinigten Bundesrepublik Deutschland und Österreichs erinnern bei Betrachtung eines historischen Atlas' frappant an die des Ottonischen Reiches im 10. Jh. Das »deutsche Mitteleuropa« ist also nach rd. 1000 Jahren an den Beginn seiner Staatswerdung zurückgefallen. Hinzu kommt noch, dass nach 1945 die Separation Österreichs von Deutschland endgültig zu sein scheint.

Es ist hier nicht der Platz für weitere Spekulationen über die historische Langzeitentwicklung, für Fragen nach den Ursachen, nach dem Warum oder gar nach der Schuld (und damit der Sühne). Doch begann bald nach 1945 die Organisation einer europäischen Integration (EWG), die territorial ihren Ausgang auf den geopolitischen Konturen des Reiches Ks. Karls des Großen nahm. Nach Jahrhunderten, in denen sich die Mächte Europas in unterschiedlichen Bündnissen bekriegten, scheint nun für diese Region ein dauerhafter innerer Friede angebrochen zu sein – so weit man das *sub specie aeternitatis* beurteilen kann. Dass am Beginn dieser europäischen Integration Politiker, die aus dem historischen Raum dieses »deutschen Mitteleuropas« stammten, entscheidend mitgewirkt haben – es seien nur die

Namen des deutschen Bundeskanzlers Konrad Adenauer, des italienischen Ministerpräsidenten und früheren österreichischen Reichsratsabgeordneten Alcide des Gasperi und des französischen Ministerpräsidenten und geborenen »Reichsdeutschen« (Lothringer) Robert Schuman genannt –, zeigt nur, dass dessen historische Wirkmacht nach wie vor vorhanden ist – allerdings in einem geänderten Gewand.

Eine besondere Beachtung verdient in diesem Zusammenhang das Wendejahr 1989 – nach vielen historischen Beobachtern das Ende des kurzen 20. Jh. Am 14. 3. 1989 starb Kaiserin und Königin Zita, die Gemahlin des letzten österreichischen Kaisers und ungarischen Königs Karl. Sie war die letzte Repräsentantin des 1918 zu Ende gegangenen kaiserlichen »deutschen Mitteleuropas«, und ihr Tod hat einen geradezu hohen symbolischen Charakter bekommen. Während damit unwiderruflich diese Epoche der Geschichte angehört, begannen relativ bald danach Prozesse, die zur Auflösung jener politischen Ordnung führte, die 1918 – am Ende dieser Kaiserreiche – und nach 1945 gebildet wurde: Am 27. 6. 1989 durchschnitten die Außenminister Alois Mock und Gyula Horn den »Eisernen Vorhang« an der österreichisch-ungarischen Grenze; am 30. 9. kam es zu der bewegenden Szene mit Außenminister Hans-Dietrich Genscher in der deutschen Botschaft in Prag, dem alten Palais Lobkowitz, vor den dorthin geflohenen DDR-Bürgern; am 9. 11. fiel die Berliner Mauer; und am 29. 12. wurde Vacláv Havel im historischen Wladislaw-Saal in der Residenz Ks. Karls IV., Kg. Wenzels, Ks. Sigismunds und Ks. Rudolfs II. auf dem Prager Hradschin zum Präsidenten der Tschechoslowakei gewählt.

Ab 1991 zerfiel dann unter leider blutigen Umständen Jugoslawien, ein Konstrukt der Pariser Vororteverträge. Das 20. Jh. begann mit Balkankriegen, und es endete auch mit einem solchen. 1993 folgte unblutig die Teilung der Tschechoslowakei. (Während sich 1919 das Gebiet Österreich-Ungarns in sieben Staaten wiederfand, sind es ab 2006 mit der Unabhängigkeit Montenegros nunmehr 13.)

Mit der fortschreitenden Integration Europas durch die EU werden Fragen wie kleindeutsche oder großösterreichische Lösung, oder gar ob Österreich inzwischen eine eigene Nation geworden sei oder nicht – wie sie etwa in der Debatte, die

1976/1985 von dem Kieler Historiker Karl-Dietrich Erdmann (ein Volk, zwei Nationen, drei Staaten) ausgelöst wurde –, zunehmend bedeutungslos. Die meisten Menschen mit deutscher Muttersprache – vor allem jene, die aus den Gebieten des Deutschen Reiches und Österreich-Ungarns stammen – leben in der EU, wo nationalstaatliche Grenzen – vor allem innerhalb der Euro-Zone und des Schengener Abkommens – immer mehr an Bedeutung verlieren.

Und so sind die Jahre 1918 bzw. 1945 kein Ende der Geschichte des »deutschen Mitteleuropas«, sondern – basierend auf den Erfahrungen von mehr als 1000 Jahren – eine Neuorientierung für einen Weg in eine hoffentlich friedliche Zukunft, die verantwortungsvoll mitgestaltet wird.

Die Wiener Reichskrone

ANSTATT EINES LITERATUR-VERZEICHNISSES

Diese Darstellung basiert weitgehend auf den Band »Die Kaiser. 1200 Jahre europäische Geschichte«, Hg. von Gerhard Hartmann und Karl Schnith. Er erschien erstmals 1996 (Verlag Styria Graz-Wien-Köln) und in einer ergänzten bzw. korrigierten Auflage zehn Jahre später (Marix Verlag Wiesbaden). In diesem wurden die Karolinger von Wilfried Hartmann, die Zeit der Ottonen von Eduard Hlawitschka, die Salier von Karl Schnith (†), die Stauferzeit von Klaus Höflinger und Walter Koch, die Habsburger von Richard Reifenscheid (†) und Gerhard Hartmann, die Herrscher der Wittelsbacher von Hans Rall (†), die restlichen Herrscher der Epoche der springenden Königswahlen von Gerhard Hartmann, die Hohenzollern-Kaiser von Peter Mast und verschiedene erklärende Zwischenkapitel von Gerhard Hartmann verfasst. Dieser Band bietet natürlich weitaus mehr an Informationen zu den einzelnen Herrscherbiographien, als hier dargestellt werden konnte – sowohl was die genealogischen Verflechtungen, als auch was die historische Abläufe und Zusammenhänge betrifft. Das bezieht sich auch auf benützte Quellen sowie weiterführende Literatur.

Für diese Ausgabe vor allem hinsichtlich der historischen Interpretation des »deutschen Mitteleuropas« war besonders hilfreich: Verschiedene europäische Wege im Vergleich. Österreich und die Bundesrepublik Deutschland 1945/49 bis zur Gegenwart. Hg. von Michael Gehler und Ingrid Böhler. Innsbruck 2007 (hier besonders die Beiträge von Jürgen Elvert, Michael Gehler und Wolf D. Gruner. In diesem Band ist auch ein englischen Gemälde aus der 2. Hälfte des 16. Jahrhundert abgebildet, das ein Panorama Wiens aus dem Blick jenseits der Donau zeigt und unterschrieben ist mit »Vienna – the Capital of Germany«).

ABKÜRZUNGSVERZEICHNIS

a. d. H.	aus dem Hause
ä. L.	ältere Linie
ahd.	althochdeutsch
Bf.	Bischof, Bischöfe
Ebf.	Erzbischof, Erzbischöfe
Ehz.	Erzherzog
frz.	französisch
Ft.	Fürst
Gf.	Graf
Ghz.	Großherzog
Grft.	Großfürst
Hz.	Herzog
Jh.	Jahrhundert
k. u. k.	kaiserlich und königlich
Kft.	Kurfürst
Kftm.	Kurfürstentum
Kg.	König
Kgn.	Königin
Ks.	Kaiser, Kaiserin
Mgf.	Markgraf
Pfgf.	Pfalzgraf

PERSONENREGISTER*

* Die fett ausgezeichneten Namensträger werden im Text ausführlich behandelt, die anderen nur gestreift.